KB260607

한국지역복지실천론

한국지역복지실천론

이인재 저

사회복지 전문출판 나눔의집

머리말

이 책은 1994년부터 2003년까지 필자가 쓴 글들 중 우리나라 지역복지실천에 관한 글들을 모은 것이다. 이 책에 수록된 총 11편의 글 중 6편은 이미 몇몇 학술지에 발표된 글이고, 3편은 다른 책과 연구보고서에 수록된 부분을 한 편의 논문의 형식으로 수정하였고, 2편은 그 동안 미완의 상태로 있던 글을 보완하였다. 대부분 발표된 글들을 새삼 한 편의 책으로 묶어내기로 한 것은 연구자로서 그간의 활동을 한 번 되돌아보고 점검하는 계기로 삼고 싶었기 때문이다.

지역복지 실천과 관련해서는 1990년 초 대학원 박사과정 시절에 학기말 보고서로 '지방자치와 지역복지 과제'를 작성하면서 첫 관심을 가졌던 기억이 난다. 별 다른 계기가 없었다면 대학원 시절에 한 번 고민했던 주제로 지나가 버렸을지도 모른다. 사회복지 연구가 실천 현장에 기반을 두어야 한다는 사실은 상식이다. 그런 의미에서 지역복지 실천 연구를 가능하게 했던 지역복지 현장과의 만남은 실로 우연한 계기에 의해서 이루어졌다. 1990년 박사과정에 들어가면서 광명시에 살게 되었는데, 당시 광명시에는 중앙 경실련 실무 활동가로 일하던 유종성 선배가 살고 있었다. 어느 날인가 유선배는 전화를 걸어와 광명지역에서 시민운동을 시작하는데 동참할 것을 권유하였으며, 별 생각없이 참여하게 된 것이 복지문제로 지역을 만나게 되는 첫 걸음이 되었다. 교과서에서 보았던 지역운동에 참여의 여러 계기 중 가장 흔한 경우인 '지인의 소개에 의한 참여'를 통해 자연스럽게 지역복지 실천의 장(場)

에 들어서게 되었고, 이것이 나의 전공 영역을 결정하게 된 것이다.

　광명지역에서 시작된 지역 시민운동가들과의 만남은 수원지역으로 이어져 1994-1995년 수원경실련 시절을 거쳐 경기복지시민연대 활동으로 자연스럽게 연결되었다. 1994년 한신대학교에 부임하면서 수원으로 이사를 가게 되었고, 광명경실련의 소개로 수원경실련 활동을 하게 되었다. 수원거주 기간이 길지 않아 수원경실련 활동을 오래 한 것은 아니지만, 1994년 지방선거를 맞이하여 수원경실련 정책위원회에 참여한 타 분야 교수들과 함께 만든 '우리 수원 이렇게 바꾸자'라는 소책자에 사회복지분야를 담당하여 '지역복지 계획분야'에 대한 관심을 갖는 계기가 된 점이 기억에 남는다. 수원을 떠났지만 학교가 이 지역에 있는 관계로 수원지역과의 인연은 계속되었고, '사회복지학교' 등을 통한 지역활동가들과의 지속적인 만남이 이어졌다. 그 결과 지역활동가, 인권 변호사 등과 뜻을 모아 1998년 경기복지시민연대를 만들었으며, 현장의 지역복지단체들의 사정이 크게 다르지 않듯이 지금까지 큰 성과를 내지는 못하였지만 매 년 한 가지 이상의 과제를 수행하면서 조직을 유지하고 있다. 다만 고무적인 일은 2003년부터 '경기도 복지예산 분석'을 주요 의제로 설정하여 올 해까지 2년째 지속적으로 사업을 전개하고 있다는 사실과 2003년 전국에서 활동하고 있는 지역복지활동가들의 대회가 개최되어 전국적 연대모임의 단초가 마련되었다는 점이다. 지역에서 홀로 고민하던 차원에서 함께 고민할 수 있는 연대의 장이 마련됨으로서 지역복지 실천활동에 새로운 전기가 될 것으로 기대하고 있다.

　이 책에 실려 있는 11편의 글들은 지역복지 실천과 관련된 일부 이슈들을 정리한 것이다. 제1부에서는 지역복지실천의 중요한 동력으로서 사회복지운동과 지역복지실천과의 관계를 다룬 5편의 글을 실었다. 사회복지운동의 의의(1장), 지방화 시대의 사회복지 운동(2장) 그리고 관련해서 지역복지운동단체의 역할에 관한 글(3장)과 지역복지 실천의 주체로서의 사회복지실천가(4장) 그리고 지역복지실천에서 지역주민의 참여와 동원전략을 다룬 글(5장)을 소개하였다. 제1부의 문제의식은 지금까지 지역복지 실천현장이 사회복지전문가들보다는 지역시민운동 활동가들에 주도되어 왔던 현실에서 나온 것으로 (시민)운동적 관점에서 지역복지실천의 의미를 찾아보았다. 2004년 현재의 상황은 과거와는 달리 지역사회복지관을 중심으로 지역복지실천에 대한 관심이 본격적으로 대두되고 있고, 실천 현장에서도 사회복지 전문단체의 활동과 시민운동단체 활동과의 관계 정립이 주요 과제로 대두되고 있다. 제2부는 지역복지실천의 쟁점, 영역과 관련된 6편의 글을 다루었다. 2004년 7월부터 시작된 사회복지사무소 시범사업 등 지역복지 전달체계(7장)와 공공과 민간의 역할분담 및 연계체계(6장), 대규모 경제위기 이후 새롭게 제기된 근로연계복지 제도로서 자활사업의 현황과 쟁점(8장), 지방자치시대 사회복지재정(9장), 장애인복지 영역의 중요한 지역복지실천인 지역사회재활사업(10장)을 소개하였고, 마지막으로 3년 전 워싱턴대학교에서의 안식년 기간 중 초안이 만들어졌던 지역복지 연구 동향과 쟁점(11장)을 소개하였다. 여러 주제들을 다루면서 아쉬운 점도 많이 있다. 최근 이슈가 되고 있는 재정분권을 비롯한 지방분권 논의와 지역복지실천의 주요 사례들 그리고 지역복지운동의 성공적인 전략, 전술 등에 대한 논의를 담아내지 못한 점이다. 이 책의 출판을 계기로 다양한 주제들에 대한 보다 심도 있는 연구 작업들이 이루어지기를 기대해 본다.

연구 활동 10년을 결산하면서 많은 분들의 도움이 생각난다. 광명에서 지역활동을 함께했던 유종성 선배님(전 경실련 사무총장)과 서울대학교 조홍식 교수님, 수원경실련 활동을 함께 했던 중앙 경실련 박완기 국장님, 경기복지시민연대의 송원찬 실장님, 김칠준 변호사님, 한신대 임종대 교수님, 지역전달체계 연구로 인연을 맺은 보사연 변재관 박사님, 자활 현장에서 만난 안산공대 이문국 교수님, 지역복지실천가들의 지속적인 만남에 도움을 준 삼성복지재단 김성원 과장님, 출판을 흔쾌히 허락해 준 나눔의집 출판사 류보열 사장님 그 외 실천 현장에 있는 많은 활동가들과의 만남이 이 책의 출판을 가능하게 해 주었다. 우리나라 지역복지실천을 다룬 연구서가 미약한 현실에서 이 책이 담고 있는 문제의식과 제기한 과제들이 현장에서 고생하는 많은 지역복지 실천가들의 고민을 해소하는데 일조할 수 있기를 기대해 본다. 마지막으로 조그만 결실이지만 출판 작업을 마무리하면서 나의 든든한 지지자인 시은과 소현 두 딸과 아내에게도 감사의 마음을 전한다.

2004년 8월

저자 씀

차 례

제1부

사회복지운동과 지역복지실천

<h1 style="text-align:center">제 1 장
사회복지운동의 의의와 과제</h1>

1. 들어가는 글

1990년대 들어 우리 사회는 상당한 수준의 물적 토대를 마련함으로써 상대적으로 취약한 국민들의 삶의 질의 문제가 중요한 과제의 하나로 등장하고 있다. 사회복지가 삶의 질에 대한 문제를 전면적으로 다룬다고 할 때, 국가가 주체가 되어 제공하는 사회복지가 과연 국민들의 삶의 질의 문제를 어느 정도 충족시켜 주고 있는가 하는 점은 대단히 중요한 과제의 하나이다. 사회복지의 확대의 일차적 책임은 국가의 역할 제고에 있지만, 사회복지 확대는 국가의 자발적 선택에 의해서 주어지는 것이 아니라 국민들의 계속적인 요구와 투쟁에 의해서 획득할 수 있는 것이다. 본 글에서는 사회복지에 대한 국민들의 요구와 투쟁의 의미, 즉 사회복지운동의 의의와 이의 구체적 실천을 위한 과제를 살펴본다.

Turner & Killian(1972)에 의하면 "사회운동이란 사회나 어떤 집단의 변화를 가져오거나 혹은 변화에 저항하기 위해 상당한 지속성을 갖고 비교적 조직적 · 체계적으로 이루어지는 다중에 의한 운동"으로 정리된다(조돈문, 1995: 10). 이러한 정의에 비추어 볼 때 사회복지의 운동론적 시각이란 사회복지 관련당사자나 시민단체들이 주체가 되어 사회복지의 발전을 위한 적극적인 운동의 차원에서 사회복지의 변천을 조망하는 것을 의미한다. 궁극적으로 사회복지운동이 추구하는 목표는 사회복지의 이념과 관련되어 있다. 사회복지의 이념은 이타주의, 평등, 형평의 개념으로 정리되며, 선진복지국가들은 사회복지이념을 국민생활최저(national minimum)로부터 국민생활최적(optimal) 수준까지 다양하게 구체화하고 있다. 사회복지이념을 우리나라에 적용해 보면 사회복지운동의 목표는 국민생활최저선 확보, 최근 논의로는 국민기초생활보장에 있다고 볼 수 있다. 우리나라 사회복지의 수준은 한 마디로 말해 대단히 낮은 수준이다. 저수준의 국가복지에 대해서 학자들은 경제적 재생산 과정, 정치적 정당성 확보차원에서 국가의 필요에 부응하는 정도에서 복지의 수준이 결정되었다고 본다(권문일, 1989; 김기덕, 1993; 최균, 1995). 이와 관련해서 한국의 사회복지 수준이 낙후된 것은 정책결정자들이 사회복지의 확대를 통해 얻을 수 있는 사회이득보다 잃을 수 있는 사회비용이 더 크다고 판단하기 때문이라고 보는 연구결과도 있다(김태성, 1996). 이러한 연구들이 모두 우리나라의 낮은 복지수준을 특정 측면에서 잘 보여주고 있지만, 사회복지 관련당사자나 일반 국민의 시각에서 보는 사회복지의 변천을 고려하지는 못하고 있다. 즉 운동론적 차원에서 본 우리나라 사회복지의 변화상은 연구틀에 반영되어 있지 못한 것이다. 그러면 사회복지운동이란 구체적으로 무엇을 의미하는가? 선진국의 경우 지금도 사회복지를 둘러싼 많은 사회적 요구와 투쟁이 심심찮게 일어나고 있다. 1996년 독일에서는 20만 노동자들이 사회복지정책 축소에 항의하여 대규모 항의 집회를 개최하였고, 1997년에는 클린턴 정부의 복지삭감정책에 대응해서 미국 이민자들이 이에 대응하는 대규모 집회를 일으켰다. 뿐만 아니라 선진복지국가들의 경우 지역별로 많은 사회복지운동이 전개되고 있다. 과연 그러면 우리나라에서도 사회복지운동이라고 할 수 있는 사건이 있는가? 우리나라 사회운동 역사를 보면, 1987년 노동자대투쟁 후 다양한 영역에서 사회운동이 활성화된다. 경실련 등 시민운동의 활성화, 학술단체협의회 등 학술운동의 대두와 함께 노동자계급의 대규모 요구와 투쟁은 사회복지에도 변화를 가져왔으며, 초보적이지만 2단계 의료보험통합논의, 공동육아운동, 사회복지예산확보운동, 장애인운동 등 다양한 형태의 사회복지운동이 나타났다. 1990년대 중반 이후에는 지역사회를 중심으로 하는 사회복지운동이 활성화되었다. 이러한 사회복지운동들이 사회복지의 변천에 중요한 영향요인으로 작용하지는 못했지만 향후 사회복지발전을 위한 중요한 계기를 마련할 수 있었다.

이 장에서는 먼저 사회복지와 사회복지운동의 특성을 살펴보고, 우리나라에서 전개된 사회복지운동 중 지역사회를 중심으로 전개된 사회복지운동들을 간략하게 조망하고, 이에 대한 평가와 향후 사회복지운동의 활성화를 위한 과제를 살펴본다.

2. 사회복지와 사회복지운동의 특성

먼저 자본주의사회의 사회복지 성격을 파악하고 한국사회에서 사회복지의 특성을 개괄적으로 살펴보자. 자본주의 사회에서 최초의 사회복지제도로 일컬어지는 공장법(factory act)에 대한 분석은 노동자계급의 파괴를 막기 위한 사회입법이 한편으로는 자본관계를 재생산하기 위한 자본가계급의 필요성에서, 다른 한편에서는 모순적인 자본관계의 재생산으로부터 발생하는 계급투쟁의 결과로서 나타나게 되었다는 점을 보여주고 있어서, 자본주의 사회에서 복지의 발전을 설명해주는 기본적인 시각을 제공해 주고 있다. 자본주의 사회에서의 복지는 자본주의적 모순의 필연적 결과인 것이다(남구현, 1994: 31-32).

그리고 사회복지가 노동력 재생산에 기여하는 방식은 정상적인 경제관계로부터 나오는 임금과는 의미가 다르다. 기본적으로 사회복지는 정상적인 경제관계 외에 발생하는 분배기제를 의미한다. 자본의 입장에서도 유사시에 임금보다는 용이하게 삭감할 수 있다는 측면에서 경제적 호황기에 임금을 올려주기보다는 기업복지를 통해 부가급여를 확대하는 경우가 많은 것이다.

사회복지는 그것이 자본주의 사회의 틀 안에서 발전하는 한, 자본주의적 계급관계의 영향을 받는다. 선진자본주의 국가 가운데에서도 복지선진국과 복지지체국이 있으며, 이렇게 나눠지는 이유 가운데 가장 중요한 요인 중 하나는 그 나라의 계급적 역관계가 어떻게 형성되어 있는가 하는 점이다. 미국이 복지후진국으로 정체되어 있는 가장 큰 요인 중의 하나가 미약한 노동자계급의 힘에 있다(감정기, 1989: 131-132). 따라서 복지의 혜택을 받는 일반 민중의 입장에서 복지부분에 대한 지출은 투쟁을 통해 얻어내야 하는 부분이다. 또한 일단 확보된 이후에도 세력간의 역관계에 따라 항시 되돌려 질 수 있는 부분이기도 하다. 1970년 경제위기 이후 등장한 신보수주의 물결에서 가장 먼저 삭감의 대상이 된 것이 사회복지 부분인 것은 그만큼 현실의 세력관계에서 노동자계급의 힘이 밀렸다는 것을 의미한다(Pfaller 외, 1991: 280-290). 그렇기 때문에 한 나라의 계급 갈등구조는 사회복지의 현실을 규정하는 중요한 요인이 된다. 따라서 사회복지의 본질을 규명하기 위해서는 그 나라의 계급관계의 분석이 선행되어야 한다.

자본주의사회에서 사회복지의 발달은 계급적 역관계에 의해 상당부분 규정받고 있지만, 제도의 실질적 내용은 그 사회의 물질적 기초 수준의 정도를 포함한 경제적 변수, 정치적 정당성과 같은 정치적 변수의 영향에 의해 결정된다. 즉 계급적 역관계가 투영이 된 상태에서 경제적 규정요인과 정치적 변수가 서로 중첩되어 사회복지에 대한 국가의 선택을 규정하는 것이다.

한국의 사회복지제도 역시 이러한 시각에 입각하여 그 성과가 논의되고 평가되어야 한다. 한국의 사회복지정책도 마찬가지로 계급갈등과 관련된 정치적·사회적 이데올로기의 창출이라는 사회적 재생산, 사회복지정책의 경제적 기능과 정부의 정당성 확보라는 정치적 기능에 의해 규정되어 온 것이다.

여기서 사회복지를 규정하는 요인들이 현실에 반영되는 메커니즘을 분석하는 데 가장 초점을 두어야 할 부분은 계급적 역관계가 현실에 적용되는 방식이며, 계급관계에 기반한 노동자계급의 힘이 정치적 장에서 어떻게 나타나는가를 분석해야 하는 것이다.

결국 이러한 관점은 사회복지란 노동계급의 투쟁과 자본의 논리가 함께 작용하며(Gough, 1981), 여기서 중요한 것은 지배계급에 대한 대응으로서 사회복지는 그 본원적 원인이라 할 잠재적 수혜자 집단들의 조직적 운동과 주체적 참여에 의해 좌우된다는 점을 강조하고 있는 것이다.

이와 관련하여 사회복지, 특히 국가복지의 발달에서 노동운동은 중요한 역할을 한다. 노동운동은 기본적으로 노동조합의 결성에 의해 이루어지며, 노동조합의 활동은 노동계급정당과 제휴할 때 현실적인 힘을 갖는다. 이처럼 노동조합과 노동정당이 노동운동의 중심 축으로서 자본가와 국가를 상대로 경제적, 정치적 투쟁을 전개함에 있어서, 사회주의이론과 이념이 노동자의 계급적 자각을 촉진함으로써 계급이익의 관철을 뒷받침해 왔다.

노동운동의 조직적 단위는 노동조합이다. 노동조합은 설립 초기부터 조합원 상호간의 공제적 활동을 주요한 기능으로 하는 한편, 자본가와 국가를 상대로 한 경제적, 정치적 기능을 함께 행하고 있다. 노동운동이 정치적 투쟁으로 확산되면서 발전하였던 것은 근대 서유럽의 초기 노동운동을 보아도 드러난다. 특히 노동운동의 정치적 기능은 노동조합과 정당간의 상호의존관계를 통해서 수행되었다고 볼 수 있는데, 유럽에서는 독립된 노동정당의 결성이 노동조합 그 자체와 마찬가지로 자연스러운 것이었다.

노동계급의 이익을 관철하는 데에는 노동자계급정당의 필요성이 부각된다. 노동조합들이 통합된 노동운동을 하기 위해서는 일관된 이데올로기가 필요하며, 이러한 이데올로기는 노동조합주의 그 자체에서 자연적으로 생성한다기보다는 일반적으로 사회주의정당 내에서 창출되고 유지된다고 한다. 제한되어 있는 사회자원은 사회복지정책의 결정과정에서 이익집단 간의 권력투쟁을 불가피하게 하고, 따라서 사회복지정책의 결정은 정치적 역관계에 의해 좌우된다. 노동자계급정당의 경우 노동자들의 광범위한 계급의식과 정치참여에의 동기가 필요하며, 역으로 정당은 대중동원과 정치사회화의 기능도 지니고 있기 때문에, 노동자계급정당을 통해서 노동자들의 계급의식과 정치적 역량을 강화시킬 수도 있을 것이다.

결국 사회복지의 본질은 계급관계에 의해 규정되며, 경제적 · 정치적 현실을 반영한다. 사회복지의 발전은 노동운동의 발전에 의해 가능하며 현실 정치의 장에서의 힘 관계에 의존하는 것이다.

이와 같은 사회복지의 특성 · 본질을 고려할 때, 사회복지운동의 특성은 무엇인가?

첫째, 사회복지 운동은 분배, 소비영역의 변화를 요구한다는 면에서, 그리고 자본주의적 착취의 결과에 대한 투쟁이라는 면에서 부분적 성격을 띠고 있다. 즉 자본주의사회의 기본 동력인 생산영역에서의 투쟁, 자본주의적 착취의 원인에 대한 투쟁이 아니라는 측면에서 부분요구 투쟁이라 할 수 있다.

둘째, 사회복지 운동은 자본주의의 제도적 틀 내에서의 요구이기 때문에 직접적으로 국가기구와 그 제도와의 투쟁을 필연적으로 수반하고 형식적 정치투쟁의 가능성을 지니고 있다. 그러나 제도개선투쟁 혹은 부분적 요구로서의 사회복지운동은 이중적 성격을 지니고 있다. 즉 노동자계급은 개량을 쟁취하기 위해 투쟁하지만, 자본가는 근본적인 변혁을 저지하기 위해 개량을 이용하는 측면도 가지고 있다. 이러한 개량의 한계에도 불구하고, 사회복지운동은 노동자계급을 비롯한 투쟁에의 참여자들에게 생활의 개선을 가져오며, 이들에게 단결과 투쟁의 의의를 인식시키는 계기로 작용할 수 있다.

셋째, 우리나라의 경우 사회복지운동의 전개과정을 살펴보면, 노동운동 진영보다는 시민사회단체의 주도에 의해서 이루어진 경우가 대다수다. 수년 전부터 노동운동 진영에서도 사회복지문제의 중요성에 대한 인식의 전환이 이루어져 과거와는 다른 관심을 보여주고 있지만, 주·객관적 역량의 미흡으로 여전히 주변적 역할에 머무르고 있다. 이에 비해 1990년대 들어 시민사회단체는 사회복지 이슈 제기 및 제도 개선에 주도적 역할을 하고 있다. 참여연대 사회복지위원회를 비롯하여, 서울 관악구의 관악주민연대, 경기지역의 경기복지시민연대, 대구지역의 우리사회복지회(우리사회복지시민연합으로 발전되었음), 그리고 경기 성남, 안산과 충남 천안 지역의 지역단체들 등 지역별 사회복지운동단체들의 활동이 활성화되고 있다. 사회복지문제의 해결을 위해서는 노동운동단체의 주도적 역할이 요구되고 있음에도 불구하고, 현재 우리나라의 사회복지운동은 시민사회단체 주도로 이루어지고 있다.

3. 지역 사회복지운동 사례

지역 사회복지운동 현황분석에서는 사회복지 운동을 지역정치와의 관계 속에서 지역정치 공간을 활용한 서울시 관악구 사례와 사회복지운동주체가 시민사회단체와의 연대를 통해 문제를 풀어간 대구광역시 사례를 중점적으로 분석하고, 여러 지역에서 공통적으로 나타나는 다양한 사회복지 운동경향을 소개한다.

1) 지역정치 공간을 활용한 서울시 관악구 사례

사회복지와 관련해서 지역이 중심이 된 참여조직 중 지역정치와의 관계를 중심으로 활발한 활동을 보여주고 있는 사례는 서울시 관악구의 '관악주민연대'의 활동이 있다. 관악주민연대모임이 결성된 배경을 살펴보면, 1995년 지방자치단체장 선거를 앞두고 당시 지역의 현안이던 빈민지역 재개발사업이 세입자들의 권리를 제대로 보장해주지 못하고 진행 중인데 반해, 지역주민들은 아무런 대처를 못하고 있었다. 이러한 현실에서, 관악구 빈민지역에서 활동 중이던 빈민지역운동가들이 당면한 철거투쟁을 효율적으로 수행하며, 지방자치시대 지역주민들의 정치력을 고양시키기 위하여 당시 동별로 조직되어 있던 도시빈민 조직들을 구별로 재편하여 만든 조직이 관악주민연대이다(강인남, 1997).

관악주민연대의 결성은 당면한 철거투쟁이나 지방자치선거만을 고려한 것이 아니라 지역을 기반으로 하는 빈민운동의 장기적인 전망을 고려한 결과물이다. 즉 재개발에 따른 도시빈민의 주거환경의 변화는 빈민운동 조직활동의 변화를 요구하고 있으며, 주민들의 주거욕구가 제대로 충족되기 위해서는 사회복지에 대한 전문적인 지식과 지역사회운동에 대한 전망이 결합될 필요가 있었던 것이다.

관악주민연대는 첫 번째 사업으로 관악구의회에 '재개발사업시 세입자보호를 위한 주민청원'을 제출하였다. 원래 5천 명 서명을 목표로 시작하였으나 약 1만 명의 관악구민들이 서명에 참여하였으며, 1만 명 지역주민들의 집단 청원은 난곡지역 빈민운동가 출신인 김혜경 의원의 소개로 구의회에 제출되었으며, 구의회는 만장일치로 이 안을 통과시켰다. 청원의 내용은 ① 재개발지역에서 폭력행위 금지, ② 강제철거 금지, ③ 재개발사업시 세입자의 사업참여 보장, ④ 가이주단지 보장 등이다. 구의회에서 청원이 의결되었다는 사실은 단순히 주민들의 집단청원을 구의회에서 받아들였다는 것 이상의 의미를 갖는다. 그것은 관악주민연대가 지역사회에서 실질적인 정치세력으로 등장했다는 것이다. 그러한 사실은 청원의결 이후 관악주민연대는 지역주민들을 대상으로 관악구 구청장 후보자 초청토론회를 개최하였으며, 이를 통해 지역주민들의 집단적 욕구가 반영될 수 있도록 한 것에서 알 수 있다. 관악주민연대가 궁극적으로 의도하는 것은 지역 주민들이 자신들의 문제를 스스로 해결하려는 주민자치의 실현을 위한 조직이 되려고 한다는 것이다.

청원안의 통과 이후 관악주민연대는 재개발사업 이후 주거문제를 비롯한 생활상의 문제를 지역주민들의 참여에 의해 지속적으로 해결하기 위해서 봉천 5동, 봉천 9동 철거지역에 1996년 10월 공동체기획단의 구성을 제안하고 지역주민들은 1997년 1월 공동체기획단을 구성하였다. 공동체기획단은 철거 후 임시거주시설, 향후 임대아파트에서의 새로운 주민공동체문화를 만들어 나가기 위한 지속적인 교육훈련과 워크샵, 그리고 조합아파트측과의 지속적인 협상을 이끌어나가는 견인차 역할을 하였다(관악주민연대, 1997).

주민청원사업 이후 관악주민연대는 삶의 질의 과제를 지역주민 참여의 핵심적 연결고리로 파악하고, 사회복지 분야에 대한 이론적, 전문적 연구활동을 위해 사단법인 '관악사회복지'를 결성하였다. 관악사회복지는 사회복지 과제를 통한 주민연대의 확대, 재개발 이후 빈민지역의 재편에 의한 도시사회운동에 대한 새로운 전망 제시를 조직결성의 목표로 내걸었다. 1996년 3월 이후 무료법률/가정상담소를 운영 중이며 1997년 4월 이후 월 1회 '관악구 보건복지포럼'을 진행하였으며, 1998년 들어서는 매 분기별로 포럼을 진행하고 있다. 또한 1997년 6월부터는 '관악구 주민생활최저선 확보운동'을 진행 중이다. 장기계획으로는 지역사회복지정책 연구조사, 참여를 통한 주민연대의식 고양, 지역내 민간복지단체의 정보네트워크 마련, 지역내 사회복지관련전문가 등 자원과의 관계망 구축사업 등을 구상하고 있다.

관악주민연대는 1995년 지방선거시 구청장, 구의원후보 초청 토론회 개최, 사단법인 관악사회복지 설립 외에 다양한 실천적 사회복지활동을 펼치고 있다. 즉 구립공부방 위탁 운영과 관악자활지원센터를 운영 중이며, 주민자치에 의한 사회복지관 운영을 계획 중에 있다. 그리고 관악청년회와 연대하여 관악주민신문사를 설립하여 지역주민들에게 다양한 지역정보를 제공하고 있다.

구립공부방 위탁운영에 대해 살펴보면, 1997년 들어 구립공부방 위탁운영에 관한 조례를 제정하여 폐쇄 혹은 전환 직전에 있던 구립공부방을 위탁 운영함으로써 프로그램과 운영에 대한 자율성을 확대하였으며, 내용적으로는 청소년과 지역사회의 복지에 기여하였다.

관악자활지원센터는 보건복지부가 시범사업 중인 자활지원센터의 하나이다. 자활지원센터란 자활보호대상자 중 근로능력이 있는 자들이 창업 혹은 취업을 하고자 할 때, 초기에 부딪칠 수 있는 각종 위험부담과 초기 비용을 줄임으로써 자영창업 및 취업의 분위기를 조성하고 확산시켜 저소득층의 자활을 촉진하고 조기에 안정적으로 자립할 수 있도록 종합적으로 지원하는 보육센터(Incubator Center)를 의미한다(노인철 외, 1995). 관악자활지원센터의 경우 지역(관악구 봉천동)의 철거민을 중심으로 한 기존의 조직화된 주민조직의 적극적 참여와 주민들의 일상적 욕구에 부응한 사업내용의 선정, 그리고 지도자(봉천동 나눔의집 송경용 신부)의 탁월한 리더십이 결합되어 성공적으로 지역주민들의 자활을 돕고 있는 것으로 평가되고 있다.

지역정치와의 연계 속에서 사회복지운동을 펼치고 있는 조직으로는 안산시 사회복지협의회가 있다. 안산시 사회복지협의회는 1996년 김장훈 안산시의원의 안산보건복지협의회 구성 제안을 시작으로 3년의 준비기간을 거쳐 1998년에 창립되었다. 창립 후 한 달도 되지 않은 상태에서 5월 30일 안산시장후보초청 사회복지정책토론회를 개최하여 그 조직역량이 만만치 않음을 보여주었다. 안산사회복지협의회는 지역사회 내 사회복지기관 및 시설 그리고 장애인 등 사회복지대상자조직은 물론이고 일부 시민사회단체와 지방의회 의원이 회원으로 참석하고 있다. 안산사회복지협의회가 계획하고 있는 주요 사업으로는 안산 사회복지대학 운영, 지역사회 욕구조사, 정책세미나 등이며 시설종사자에 대한 교육훈련도 중요한 과제로 제기하고 있다. 협의회는 궁극적으로 안산시 사회복지정책에 대한 평가와 구체적 대안제시를 주요 목적으로 하고 있다(안산사회복지협의회, 1998).

2) 시민사회단체와의 연대를 강화한 대구광역시 사례

지역사회의 다양한 사회복지 욕구를 주도적으로 반영시키는 주체는 궁극적으로 사회복지운동단체들의 몫이 되어야 하며, 이것이 현실화되기 위해서는 지역내 다양한 시민사회단체와의 연대활동이 필수적으로 이루어져야 한다.

시민운동 영역에서 일어난 주민참여를 통한 사회복지운동은 대구 지역 사례를 들 수 있다(은재식, 1997). 1994년 지하철 편의시설 설치문제를 둘러싸고 '노인도 장애인도 탈 수 있는 지하철을 만들자는 시민단체협의회(이하 노장지협)'가 구성되었다. 노장지협(대구·경북지역 장애인재활협회 등 7개 단체로 구성)은 대구지역 지하철 내 엘리베이터 등 사회적 약자를 위한 편의시설을 설치해 줄 것을 요구하였다. 노장지협은 대구시장과의 면담 후 건의 내용에 대한 긍정적인 답변을 들은 후 애초에 계획했던 대중 집회를 취소하고 자체 보고대회 후 공식적인 활동을 중단하였다. 노장지협을 통해 지역의 장애인단체들은 지하철 편의시설과 같은 장애인 전체를 대상으로 공동 복지적 문제를 둘러싸고 연대활동을 펼쳤다는 점, 그리고 실제적인 성과물(장애인 편의시설 설치가 애초 2곳에서 5곳으로 늘어났다)과 향후 조직적 활동의 발판을 마련하였다는 점은 긍정적인 요인으로 볼 수 있다.

그러나 시민단체협의회라는 명칭은 내걸었지만 장애인단체 외 시민사회들과의 연대활동이 실제적으로는 이루어지지 않았다. 그것은 노장지협에 참여한 단체들이 장애인운동에 대한 실천경험의 미흡과 지역내 시민사회단체와의 교류가 없었기 때문이다. 다양한 시민사회단체와의 연대활동이 뒷받침되지 못했기 때문에 노장지협은 대구시장과의 면담 이후 조직활동을 중단하고 말았다. 즉 지속적으로 장애인과 노인문제를 전 사회적인 문제로 이슈화하여 필요한 정책대안을 제시하고 실제 정책으로 실현시키지 못한 것이다.

1995년 대구지역에서는 대구지역 사회복지연대회의(이하 복지연대회의)가 발족되었다(은재식, 1997). 복지연대회의(우리사회복지연구회 등 7개 단체로 구성)는 4대 지방선거에 적극적으로 개입하기 위해 만들어진 대구지역 최초의 시민연대 기구였다. 복지연대회의는 '지역사회복지예산의 확보'와 '사회복지제도 운영과정의 수혜자 참여'를 목적으로 정책 자료집 발간, 대구시장 후보 정책 질의 등의 사업을 추진하였으나, 지방선거이후 활동이 이어지지 못하고 서둘러 활동을 종결하였다. 복지연대는 지방선거 이후에도 지속적으로 지방의 사회복지정책을 감시하는 역할을 수행할 것으로 기대되었으나, 서둘러 활동을 종결할 수밖에 없었던 이유는 참여단체의 역량부족으로 인해 애초 복지연대회의가 구상했던 시장후보 초청토론회의 무산을 가져왔기 때문이다. 참여단체의 역량부족은 그들의 전문성의 부족과도 연결된다.

복지연대회의는 지역에서 활동 중이던 복지관련 단체들의 첫 연대모임이며, 지방선거 국면에 개입을 시도함으로써 향후 활동을 위한 중요한 단초를 마련했다는 긍정적인 평가를 받을 수 있다. 그러나 복지연대회의 역시 사회복지관련 단체와의 연대활동에 머무르고 말았으며, 다양한 시민사회단체와의 연대활동으로 발전되지 못한 한계를 가지고 있었다. 이러한 요인이 역량의 한계로 작용하였으며, 지속적인 활동으로 이어지지 못한 원인이 아닌가 생각한다.

1997년도 들어 대구지역에는 사회복지시설의 비리가 사건화되어 계속 나타나고 있었다. 2월초 영락재단 비리에 비어 신일양로원 비리사건이 터지자, 대구지역 시민사회단체는 사회복지개혁을 위한 시민연대(이하 복지연대)를 발족하게 되었다. 복지연대(우리사회복지회 등 6개 단체로 구성)는 앞의 두 조직 활동과 비교하여 시설비리라는 구체적인 비리사건을 계기로 결성되었으며, 사회복지관련 단체를 포함하여 시민사회단체로 그 참여의 폭이 확대되었다는 특징을 보여준다. 복지연대의 활동이후 대구시는 사회복지기관과 시설에 대한 감사를 실시하여 비리관련 공무원을 징계하기도 하였다.

앞의 두 운동단체가 지역현안을 사회문제화하였다면, 복지연대는 사회복지시설의 비리문제를 다룸으로써 지역의 기존 복지계에 일대 파장을 몰고 왔다. 복지연대의 활동에 대응하여 대구지역 기존 사회복지관련 단체, 대구광역시 사회복지협의회, 대구사회복지사협회 등의 조직적 활동과 새로운 단체로 대구사회복지종사자연합이 만들어졌다. 대구사회복지종사자연합은 일부 시설의 비리가 전체 사회복지계의 비리로 간주되는 것을 반대하였다. 그리고 복지연대의 주장이 그러한 위험성을 내포하고 있다고 보았다. 사회복지시설의 비리 해결을 둘러싸고 사회복지실무계와 지역시민단체연대조직이 하나가 되지 못한 것이다(우리사회복지회, 1998).

3) 사회복지실천 사례

여러 지역에서 공통적으로 나타나고 있는 사회복지실천 사례를 정리하면 다음과 같다.

(1) 사회복지교육의 강화

지역의 사회복지실무자를 비롯한 지역주민을 대상으로 한 사회복지학교 운영이 확산되고 있다. 이러한 형태의 교육은 장애우권익문제연구소의 장애우대학을 시작으로 1995년의 참여연대의 사회복지학교까지 지금까지는 주로 서울에서 이루어졌다. 지방에서는 1994년 9월 대구에서 우리사회복지회 주최로 사회복지학교(사회복지실무자, 시민단체 실무자 등이 참여)가 개최되었다. 이어서 수원(1996), 전주(1997), 안산(1997) 등에서 지역주민들을 대상으로 사회복지학교가 개최되었다. 사회복지학교에서는 지방화 시대의 사회복지과제, 사회복지예산, 사회복지법 및 조례, 장애인, 노인 등 분야별 현황 및 과제, 사회복지운동론 등이 다루어진다. 수원에서는 1997년 3월~4월 경기도 지역 대학의 사회복지전공 대학생들을 대상으로 사회복지강좌가 개최된 바도 있다.

이러한 형태의 사회교육은 수강생들에게는 사회복지에 대한 이해와 관심을 늘릴 수 있는 기회를 제공하며, 지역사회 전반에 사회복지에 대한 관심을 촉구할 수 있는 기회를 제공한다. 사회복지학교와 같은 사회복지 교육활동은 단순한 일회성 행사로 끝나지 않고 지역사회의 사회복지문제 해결의 출발점이 되어야 한다. 이를 위해서는 지역의 주민운동 지도자그룹은 수강생들로 하여금 교육 수료 이후에도 지역사회 사회복지문제에 대한 관심을 계속해서 유지하면서 지역사회 사회복지 수준을 한 단계 발전시키기 위한 다양한 활동을 조직적으로 전개할 수 있도록 해야 한다.

(2) 사회복지 이벤트 사업

대표적인 실례는 수원의 노인복지주간 사업을 들 수 있다. 1996년 1회 사업이 실시되었으며, 1997년 6월 9일부터 2회 노인복지주간 사업이 실시되었다. 이는 지역 사회 내에서 사회복지의 중요성을 부각시키고 이를 통해 지역주민들의 복지수준을 증진시키기 위한 사업이다. 이를 위해 지역사회 내 대한노인회 등 노인복지 관련 단체, 의사회, 한의사회, 약사회, 변호사회 등 전문가 단체, 경실련, YMCA 등 시민 단체, 사회복지사 등 복지관련단체, 지역내 사회복지학과 학생회 등으로 공동사업 단을 구성하며, 구체적인 사업으로는 무료진료사업, 무료법률상담, 무료 이미용, 목욕사업, 노인축제행사 등을 실시하는 것이다.

정기적으로 이루어지는 것은 아니지만, 지역사회 내 다양한 지역운동단체들 간의 관계망을 형성할 수 있는 사업으로 지방의제21(Local Agenda 21) 사업이 있다. 지방의제21은 지구환경의 위기상황에 대처하기 위하여 세계 각국 지방자치단체의 주요그룹들이 동반자 관계를 형성하여 구체적인 환경보전활동을 벌이는 범지국적 시민운동이다. 지방의제21의 핵심개념은 "지속가능한 개발", 동반자관계(partner-ship), 과정(process)의 세 가지로 정리할 수 있다(이창우, 1996). 우리나라에서는 서울, 부산, 인천, 대구, 대전, 광주, 안산, 순천, 청주, 수원 등에서 추진 중이거나, 보고서가 발표된 바 있다. 지방의제21 사업이 궁극적으로 지역주민들의 삶의 질의 과제를 다루기 때문에 지역내 사회복지과제와 연관성을 가지지 않을 수 없다.

이러한 이벤트 사업 역시 지역사회 내 사회복지에 대한 관심을 제고시킬 수 있는 기회를 제공하며, 지역사회 내 다양한 단체들로 하여금 지역사회 내 사회문제를 다룰 수 있는 기회를 제공한다.

3) 지역사회 내 다양한 사회복지조직의 활성화

지역내 사회복지조직으로는 사회복지협의회와 사회복지사조직을 고려할 수 있다. 이들 조직은 지금까지는 주로 광역단체 위주로 구성되어 있다. 그러나 경기도의 경우 부천, 수원 등 규모가 큰 기초자치단체들은 사회복지협의회(안산) 혹은 사회복지사조직(부천, 수원)이 결성되어 있다. 지역사회에서 사회복지문제를 다루기 위해서는 우선 이와 같은 실무자단체와의 유대가 필수적이다. 지역의 사회복지 실무자단체는 조직 내부 구성원들의 내적 유대를 만들어나가는 것도 주요한 과제이지만 지역 사회내 다양한 사회복지과제와 이슈를 개발하고 그에 대한 전문적이고 실천적인 대안을 제시하는 중요한 역할을 수행해야 한다.

다음으로 고려할 수 있는 것이 지역사회 내 연구자를 비롯한 사회복지 전문가들을 중심으로 사회복지문제를 정기적으로 다루는 지역사회조직(포럼, 연구모임 등)의 구성이다. 예를 들면, 대전광역시의 경우 대전사회복지포럼이 결성되어 활발한 활동을 펼치고 있다. 이 조직에서 지역사회 내 사회복지이슈를 정기적으로 점검하면서, 운동단체, 실무자단체와 연대해서사회복지과제를 다루어 나갈 수 있을 것이다.

4. 사회복지운동의 과제

1) 사회복지운동의 주체 및 선도 조직

(1) 사회복지운동의 주체

사회복지의 발전은 경제적인 논리만으로도, 이데올로기적 논의만으로도 이루어지는 것은 아니다. 예를 들어 사회민주주의적 복지국가를 이상으로 한다면, 그러한 이데올로기를 내세우고 이를 실현할 수 있는 구체화된 정책을 개발하고 또 그것을 조직화해서 사회적인 집단을 동원할 수 있는 정치세력, 시민운동세력 등이 형성되어야 한다. 따라서 우리의 경우도 사회복지적 개혁을 달성하기 위한 주체적인 세력이 필요하다.

이와 관련하여 북유럽의 경험에서 얻는 교훈은 노동자들의 이해관계를 직접적으로 반영하는 사민당이 장기적인 집권을 함으로써 지속적인 사회개혁 프로그램을 유지할 수 있었으며, 사회복지를 요구한 주체적인 집단들이 존재했다는 점이다. 즉 사회복지를 발전시킬 수 있는 주체세력의 발전이 무엇보다 필요한 것이다.

사회복지운동의 주체는 현실적으로 사회복지실천가조직 혹은 일반 시민운동단체가 될 수 있으며, 사회복지실천가조직의 주도적인 활동과 시민운동단체의 적극적인 참여가 요구된다. 두 가지 차원의 운동은 변증법적으로 결합되어야 하며, 이것은 두 가지 운동이 동시에 이루어지며, 상호작용하면서 동시에 상승 작용하여야 한다는 것을 의미한다(이인재, 1995).

(2) 사회복지실천가의 역할

여기서 사회복지운동의 주체는 사회복지실천가가 되어야 한다는 다분히 명목적인 주장의 실천 가능성을 고려해보자. 먼저 무엇보다 보수화되어 있는 우리나라 사회복지실무계—그 단적인 예가 사회복지실천현장에 그 존재를 찾아보기 힘든 노동조합(성숙진, 1997), 전문가모형을 선호하는 다수의 연구조사결과를 들 수 있다(박종우, 1994; 이인재, 1998)—를 볼 때 얼마나 현실성이 있는 주장인지 의문이 들 수도 있다. 대구의 복지연대활동이 기존 사회복지계의 조직적 반발을 가져온 것은 그 좋은 예가 될 것이다.

그러나 우리나라 사회복지 실천현장에서 사회복지노조의 결성이 결코 절망적인 것은 아니라는 연구결과(이인재, 1998)를 고려할 때, 문제는 지역에서 사회복지실천가들이 사회복지운동의 주체가 될 수 있는 전략 전술적 고려가 필요하다는 것이다. 즉 어떻게 이들이 조직화될 수 있는가를 심도 있게 고민해야 하는 것이다. 이것이 복지연대와 기존 사회복지계와의 갈등관계를 가져온 대구지역 사례를 통해 우리가 얻을 수 있는 교훈 중의 하나다.

그리고 지역사회에서 사회복지실천가들의 조직화, 사회복지운동에서 주체 활동, 이를 위한 전략, 전술적 고려를 통한 이론적, 실천적 과제의 추구는 우리나라 사회복지 실천방법 중 현재 공백으로 있는 한국의 지역사회조직론의 중요한 이론화 작업과 고유한 실천영역의 확보와도 관련되어있다.

(3) 운동 선도조직의 존재

또 하나 관악지역과 대구지역 사례가 주는 가장 큰 교훈은 주민참여에 기반한 사회복지운동을 위한 선도조직(leading organization)이 존재했다는 점이다.

관악의 경우 관악주민연대는 1995년 빈민지역 재개발사업을 계기로 결성되어 주민청원의 성사, 주민공동체기획단 사업(1996), 관악사회복지(1996), 구립공부방 위탁운영(1997), 관악자활지원센터(1997) 등의 사업에 중추적 역할을 담당하고 있다. 관악주민연대는 구성원의 관악구 의회의 진출 등을 통해 관악구 의회와도 활발한 연대활동을 펼치고 있다.

대구의 우리사회복지회는 1995년 창립되어 앞서 살펴본 복지연대회의(1995)와 복지연대(1997)의 활동을 가능하게 한 선도조직이다. 우리사회복지연구회는 연대활동 외에 의정감시단 활동, 조례재정시민연대 활동, 정책토론회, 사회복지학교(대학) 활동, 장애 및 탁아캠프 등 다양한 활동을 전개하고 있다. 의정감시단 및 조례재정 시민연대 등 지방정치와의 간접적인 활동을 펼치고 있으나, 활동가들의 지방의회에의 직접 진출이나 지방의회 의원들과의 연대활동이 전반적으로 미흡하여 활동에 비해 그 성과가 지속적으로 이어지지 못하고 있는 점이 한계로 나타나고 있다. 그리고 광역시라는 공간이 현재 우리사회복지회가 담당하기에는 지나치게 넓다는 한계가 있다.

이러한 사회복지 주민참여 선도조직은 실천현장의 다양성을 고려하고 조직운영의 민주성을 지키면서 지역내 시민사회운동과의 연대활동을 통해 사회복지운동이라는 조직 고유의 사업을 진행시켜야 한다.

2) 노동운동단체, 시민운동단체와의 연대활동

노동운동이 사회복지 발전에 적극적으로 참여해야 하는 이유는 두 가지로 정리된다. 먼저 사회복지의 발전은 노동자들의 생활의 질을 직접적으로 향상시킬 수 있다는 점이다. 국가에 의한 사회복지의 확대는 노동자들의 소비생활 영역에서 노동력 재생산 비용을 사회화시키게 되고, 이것은 실질적으로 임금인상의 효과와 동일하다.

실질생활의 향상보다 더 중요한 이유는 사회복지 문제에 대한 이슈 선점, 정책대안 제시 등의 활동을 통해 여타 계급 · 계층과의 사회적 관계 속에서 노동운동의 '사회적 헤게모니'를 강화할 수 있기 때문이다. 발달된 자본주의 사회에서의 사회복지는 전 국민의 이해관계가 동시에 걸려 있는 매우 중요한 부분이 된다. 국가와 자본의 논리에 대응하는 전 계급·계층의 '보편적 이해관계'를 노동운동이 대변함으로써만 노동운동은 계급운동으로서의 보편적 인간해방을 가능하게 할 수 있다. 전략적으로도 노동운동의 사회적·정치적 헤게모니는 이를 통해서 강화될 수 있다(남구현·김연명, 1995: 59).

1995년 들어 민주노총 건설이 추진되면서 민노총(준)은 5대 사회개혁 프로그램을 제시하여, 이러한 인식의 전환을 보여주었다. 5대 사회개혁 프로그램은 의료보험통합 및 보험적용 확대, 국민연금 기금의 민주적 운용, 세제 및 재정 개혁, 재벌 경제력 집중 규제, 교육 개혁 등이다. 그리고 실제 노동자들을 대상으로 조사한 연구결과를 보더라도 대다수 노동자(조사자의 82.1%)들이 복지국가로 발전하는 데 긍정적인 역할을 할 것으로 전망하고 있다(감정기, 1994: 21).

그리고 사회복지운동과 노동운동의 연대 형성의 가능성 역시 높은 편이라 할 수 있다. 첫째, 우리나라의 경우도 정치적 민주화의 심화와 물적 생존권의 확보는 사회전역의 최우선 과제인 동시에 노동운동과 사회복지운동이 공유하는 공통적인 운동목표이다. 둘째, 우리나라의 심각한 경제적 불평등, 거대한 빈곤층의 존재, 환경의 질과 여성의 권익에 대한 경시, 계급타협의 부재, 사회복지의 미비 등은 상당 부분 국가와 자본이 주도한 성장제일주의에 기인하고 있어 국가와 자본은 노동운동의 적대자인 동시에 신사회운동의 적대자이기도 하다. 따라서 두 운동진영 간의 유대는 어렵지 않을 것이다. 민주노총의 사회개혁 프로그램과 관련해서 실제 단초도 보여주고 있다.

시민운동단체가 시민들의 삶의 질과 관련해서 사회복지를 다루기 시작한 것은 극히 최근의 일이며, 대표적으로 경실련과 참여연대조직이 있다. 이들 조직들의 활동이 아직은 일반 시민들의 적극적인 참여와 호응을 불러일으키지 못하고 있으며, 전공 학자들 중심의 위원회 활동에 머무르고 있다. 그러나 이를 극복하기 위한 다양한 방안들이 모색되고 있다. 예를 들어 참여연대의 경우 시민들의 사회복지운동에 참여시키고 호응을 고양시키기 위해 시민과 사회복지 종사자들을 대상으로 '사회복지학교'를 운영하고 있다. 최근에는 의료보험 통합, 국민연금 확대, 국민기초생활보장 등의 중요한 이슈를 주도적으로 제기하며 그것을 실현하기 위해 노력하고 있으며, 관련단체들과의 연대활동도 활발하게 이루어내고 있다.

사회복지운동단체는 개별 차원의 다양한 운동단체에의 참여함은 물론 독자적인 실천적 활동에 더하여 기존 운동단체와 유대하고 노동운동과도 연대활동을 적극적으로 추진해야 한다. 향후 과제는 사회복지운동의 활성화를 이루기 위한 시민운동과 노동운동과의 연대 가능성에 달려 있다. 앞서 본 바 대로 최근 노동운동에서도 그 동안 거의 관심을 보이지 않던 사회복지적 과제에 대한 관심을 높이고 있다. 이에 따라 일부 대기업노조를 중심으로 노동 현장에서는 작업장 내 요구의 수준, 예컨대 임금 인상, 작업장 환경개선 등의 노동조건 개선을 넘어서는 전반적인 사회개혁에 관한 요구가 제기되고 있다. 따라서 양 단체간의 연대의 가능성이 점차 확대되고 있다. 그러나 사회개혁 요구를 개별 노조차원에서 제기하는 데는 한계가 있기 때문에, 개별노조 차원을 넘어서는 산별 차원, 지역차원, 나아가 전국차원에서 사회개혁과제에 대한 요구가 확대되어야 한다.

3) 지역정치에의 참여 및 지역단체와의 연대활동

지역에서 사회복지활동을 활성화시키기 위해서는 지역정치에의 직·간접적 참여가 중요한 과제가 된다. 사회복지 전문가들의 경우 지역주민의 삶의 질의 과제를 다루는 전문가이기 때문에 지역정치에 직접적으로 참여할 경우 긍정적 조건이 된다.

지방화시대에 실제로 그런 사례가 적지 않다. 단체장의 경우 앞서 살펴본 서울시 송파구와 대구시 달서구가 좋은 예가 된다. 대구시 달서구의 경우 구청장이 사회복지에 대해 상당히 이해도가 높으며, 적극적으로 사회복지사업을 펼친 결과 3년간

보건복지사무소 시범지역의 하나였는데, 동시에 시범사업 중이던 4개 지역과 비교하여 복지부문 업무의 통합을 통한 효율성 향상 등 훌륭한 성과를 보여주고 있다(이현송 · 강혜규, 1997).

단체장만큼은 영향력이 크지 못하지만 그 못지않게 사회복지 활동의 활성화를 가져오는 것이 지방의회 의원의 활약이다. 예를 들면 앞서 소개한 서울시 관악구 관악주민연대의 주민청원을 소개한 김혜경 의원의 활동이 있으며, 안산시 사회복지협의회의 경우도 안산시 의회 김장훈 의원의 보건복지협의회 구성 제의에서 시작되었다. 그 외 과천시 의회의 사회복지특위 활동, 성남시 의원과 참사랑복지회의 활동 등의 다양한 사례가 있다.

단체장이나 지방의회 의원으로서의 직접적인 활동은 아니지만, 이들과의 연대활동을 통한 간접 참여는 직접 참여보다는 못하지만 지역의회와 단체장들의 관심을 제고시키는 중요한 역할을 한다. 이를 위해서는 지역사회 내 전문가단체나 시민사회단체는 지역의 단체장이나 지역의원들에 대한 전문적 그리고 조직적 지원이 필요하다.

지역에서 사회복지활동에서 중요한 변수는 지역내 시민사회단체와의 연대활동이다. 관악구의 경우 빈민활동을 수행 중이던 단체와의 연대활동이 관악주민연대의 중심 축이 되었으며, 대구시 우리사회복지회의 활동 역시 대구지역 내 시민사회단체와의 연대활동이 활동성과의 관건이 되고 있다. 안산시의 경우도 안산사회복지협의회 활동의 상당부분은 지역내 시민사회단체와의 연대활동 정도에 달려 있다.

5. 사회복지운동실천의 전략적 고려

이와 더불어 고려해야 할 과제는 사회복지운동이 발생하는 주관적 · 객관적 상황과 구체적 전략 · 전술의 마련에 있다. 이와 관련된 사항은 다음과 같다.

1) 정치적 참여구조 확보

사회복지 운동의 성공을 위해서는 무엇보다 정치적 참여 구조를 확보하는 것이 중요하다. 사회운동에의 참여를 결정짓는 구조적 요인 중 하나가 바로 정치적 참여 구조와 관련되어 있다. 이것은 곧 사회복지문제가 정치쟁점화 되어야 한다는 것이다. 사회복지 이슈가 정치쟁점화 되지 못하면 지역 주민들의 참여를 동원해 내기가 어려울 것이다. 스웨덴의 경우 사회복지 이슈를 정치쟁점화하여 사회복지 문제에 대한 국민들의 적극적인 관심을 이끌어 낼 수 있었다(이인재, 1994: 113-114).

정치권력화하기 위해서는 사회복지의 중요한 대상자가 되는 노동자와 시민들의 조직화, 그리고 이들 조직의 정치 참여의 확대, 무엇보다 노동조합의 정치적 참여가 허용되어야 한다. 그리고 노동자, 농민, 일반 시민들의 요구를 수용할 수 있는 정치 세력이 형성되어 정치적 세력을 확대해야 한다. 정치적 힘의 뒷받침이 없는 사회적 요구는 적극적인 정책적 과제로 구체화되지 못한다.

사회복지의 확대 주장이 현실성을 가지기 위해서는 사회복지 주창자들이 정치적 권력을 장악해야 한다는 주장은 이미 여러 곳에서 제기되고 있다. 안병영은 우리나라 사회복지정책의 확대에 걸림돌이 되고 있는 요소 중 하나로 계급정치의 부재를 들면서, 복지국가로 가는 길목에서 중요한 것은 민주적이고 강력한 노조와 친노동계급적 이해를 가진 실용주의적 진보정당의 출현이라고 보고 있다(안병영, 1993: 19). 김상균 역시 한국이 지향해야 할 복지국가의 모델로 사회민주주의 모형을 제시하면서, 이를 실현하기 위해서는 정치가 결정적이라고 보고, 사회민주주의 정당 결성의 시급함을 강조하고 있다(김상균, 1992: 252, 443).

2) 지역조직 활성화

사회복지운동 실천의 핵심은 지역 조직의 활성화에 달려 있다. 기존의 조직을 통한 사회 운동에의 참여가 가장 일상적인 형태의 조직에의 참여 방안이라는 것이 기존 연구에서 확인되고 있다(Snow, Zurcher and Ekland-Olson, 1980). 지역사회 조직론의 주민 동원전략의 첫째 원칙이 지역사회 내의 기존 조직을 활용하여 참여자들을 확대하는 일이다(Rubin & Rubin, 1986: 136-156). 이때 리더는 지역사회 내의 기존 조직에 대한 지식과 정보를 가지고 있어야 한다. 그래서 그들로 하여금, 지역사회 내의 문제 해결을 위해서 집단적 차원에서 참여할 수 있도록 그들에게 동기 부여를 할 수 있어야 한다. 사회복지 운동에 참여할 수 있는 일차적인 고려 대상은 각종 사회복지 관련 단체들, 지역내 사회복지 전문가 조직, 예컨대 사회복지사조직, 연구자 모임, 장애인조직, 노인조직, 사회복지기관 이용자 조직이며 나아가 각종 시민운동단체, 사회단체들로서 이들의 참여를 촉진시켜야 한다. 그리고 지방의회 의원들과의 연대에 대해서도 관심을 가져야 한다.

지역조직의 활성화 방안의 하나로 생활 현장에 뿌리를 두고 있는 조직도 활용할 수 있을 것이다. 선진국의 경우 과거에는 개인의 사적 영역에 속하던 개인 생활의 많은 부분에 대한 국가의 개입은 새로운 사회 운동을 가져 왔다. 이것은 곧 생활 영역으로부터 새로운 조직의 발전을 요구하고 있는 것이다. 예를 들면 지역 주민들의 자발적 의사에 따라 가입할 수 있으며, 회원들의 회비에 의해서 운영되고 지역 주민들의 소비생활과 밀접히 관련되어 있는 생활협동조합(소비자 협동조합)을 통한 조직의 활성화를 생각할 수 있을 것이다. 생협운동이 활발한 이웃 일본의 경우 1990년 현재 전국적으로 1,271개 조합에 3,372만 8천 명의 조합원을 확보하여 생필품 구매사업과 각종 공제사업을 실시하고 있다. 우리나라의 경우도 각 지역사회별로 생협(소비자협동조합)이 결성된 곳이 많은데 지역주민들을 대상으로 조합활동을 활성화시켜 나가야 할 것이다(이인재, 1994: 111-112).

3) 주민의 권리의식 강화

주민들의 권리의식이 활성화되어야 한다. 국가나 공공단체에 의한 개인의 권리에 대한 침해나 방해에는 강력하게 항의하고, 시민의 실질적인 권리를 확보하기 위한 개인차원, 집단 차원의 노력이 필요하다. 최근에 시민 단체를 중심으로 시민의 권리 확보를 위한 다양한 노력, 참여 연대의 국민의 최저생활보장에 관한 헌법소원 등은 시민들의 권리 의식 확보를 위한 중요한 계기가 된다. 이것은 개인 차원의 의식 개혁, 곧 의식화와 연관이 된다. 실제 지역 주민들을 지역사회운동으로 동원하는 미시적 변수가 바로 개인의 인지적 해방 과정에 있는 것이다. 이와 관련해서 일본의 대표적인 혁신자치체인 가와사키 시의 경우는 우리에게 시사하는 바가 적지 않다. 가와사키 시는 1971년 혁신자치체로 전환되기 이전부터 지역사회에서 이루어지는 사회교육에 대한 시교육위원의 적극적 지원과 이를 통해 계발된 시민들의 운동은 시정에 대해 시민의 주체적 참가가 이루어지는 바탕이 되어 왔다. 동시에 시민운동측도 기존 정당을 경유하지 않고 직접 지방의회에 대표자를 진출시키는 '대리인 운동'을 펼쳤다(이종구, 1995: 16).

4) 사회교육프로그램 강화

사회복지대상자 및 주민참여의 방안으로서 사회교육프로그램의 활성화가 필요하다. 사회복지운동 성공의 핵심 과제는 사회교육프로그램의 활성화에 달려 있다. 사회교육프로그램의 활성화방안을 지방화시대에 맞추어 지방자치공간의 활용방안에 초점을 두고 살펴본다. 그리고 최근에 우리 사회에 조용히 확산되고 있는 자원봉사활동의 활용방안에 대해 알아본다.

첫째, 사회교육프로그램은 지역사회 내의 다양한 인적·물적 자원을 동원하는 데 초점을 두어야 하며, 이를 위한 교육의 내용과 형식을 다각적으로 모색해야 한다. 사회교육프로그램은 민과 관의 협조체제(parternership)를 기반으로 이루어져야 한다. 일본의 예를 보면 민과 관의 협조적인 관계가 유지되었을 때 사업의 성공이 보장되었다(서영진, 1992: 32-34).

일차적으로 지역사회 내 사회복지실천가 단체, 종교단체, 전문가단체, 교육기관, 시민운동단체, 기업조직 등에 대한 사회교육프로그램을 구상하고 실천하는 것이 필요하다. 프로그램의 성공을 위해서는 기존 사회단체들이 실시하는 교육생을 모집해서 하는 교육뿐만 아니라 이들 조직을 찾아가서 하는 '찾아가는 교육'을 추구해야 한다. 사회복지실천가는 지역사회 내 사회복지운동을 이끌어가야 하는 핵심적인 주체로서 이들에 대한 교육은 필수적인 것이다. 종교단체의 경우 현재 개별 기관별로 사회복지 봉사활동을 하는 경우가 많이 있지만 이를 체계화하고 공식적인 연결망을 갖추기 위해서는 참여와 연대를 위한 교육은 필수적이다. 변호사, 의사, 약사와 같은 전문직 조직의 경우도 조직 구성원들의 이해관계에만 머무르게 해서는 안 되며 이들의 능력을 지역사회로 환원할 수 있는 기회를 제공해야 한다. 사회복지관련 대학생들은 물론이고 초·중·고 학생들의 체계적인 자원봉사활동 역시 조직화의 필요성이 제기되고 있다. 시민운동단체가 사회복지운동에 동참하는 것은 민간 사회복지기관의 사회적 인식 제고에 중요한 변수가 될 수 있을 것이다. 마지막으로 기업의 경우 이윤의 지역사회 환원의 입장에서 사회복지기관과 결연관계를 맺을 수 있을 것이며, 기업 종사자들의 자원봉사활동을 조직적으로 운영할 수 있을 것이다.

둘째, 자원봉사활동을 적극적으로 활용하는 방안에 대해 알아보자(한영혜, 1995). 먼저 자원봉사가 갖는 개인의 변혁 가능성을 사회개혁차원으로 승화시켜야 하며, 사회운동이 갖는 사회개혁의 전망은 건전한 시민 자원봉사활동의 활성화와 연결되어야 한다. 즉, 이것은 시민운동의 미시적 차원으로의 하향 관심을 의미하는 동시에 자원봉사의 거시적 차원으로의 상향 관심을 의미한다. 이를 위해서는 자원봉사활동의 의미를 확대해야 한다. 현재까지 주로 통용되고 있는 봉사, 희생과 같은 개인차원의 자원봉사 의미를 확대하여 자조와 자기변혁을 자원봉사활동의 중요한 목표로 설정해야 한다. 자원봉사활동은 박애와 이타주의에 기반한 봉사와 시혜의 측면에서 벗어나야 하며, 시민들의 생활의 모든 영역과 관련된 지역활동으로 확대되어야 한다. 그럴 경우 자원봉사활동은 사랑과 자기희생으로 한 개인이 다른 개인에게 자신이 지닌 무언가를 제공하는 사적인 행위가 아니라 공익성 또는 공공성을 띠는 행위가 되는 것이다.

지역사회의 발전은 결국 그 사회에 속하는 개인의 생활의 질을 향상시킨다. 지역활동(자원봉사 포함)에 참가하는 사람들은 대부분의 경우 자신의 생활을 향상시키려는 목적을 가지고 있다. 그러나 이것은 사적인 이익을 추구하는 것이 아니라 공익성을 매개로 해서 자신의 삶을 스스로 책임지려는 자조적인 정신에 기초한 행위이다. 그런 의미에서 자원봉사활동은 더 이상 특정 수혜자를 대상으로 한 봉사활동이 아니라 활동을 통해 자기변혁을 이루고 주체성을 확립하며 자신의 삶을 스스로 책임질 수 있는 활동이 되어야 하는 것이다.

6. 맺는 글

우리의 높은 경제수준과 비교할 때 사회복지 수준은 대단히 낮다. 이러한 사회복지 수준을 높일 수 있는 방안은 일단 국가의 사회복지에 대한 재정 부담을 대폭 늘이는 것이며, 이를 적극적으로 모색하는 것이다. 이것은 정책결정자들의 문제만은 아니며 경제적 부의 증가에 따라 당연하게 나타나는 결과도 아니다. 사회복지의 발전은 사회복지실천가 그리고 일반국민들의 사회복지운동에 의해서 이루어질 수 있는 것이다. 본 글의 일차적 문제 제기는 여기에 있다.

사회복지운동의 과제에서 일차적으로 지적된 것은 우선 사회복지운동의 주체 및 선도 조직이 굳건하게 서야 한다는 점이다. 이를 위해서는 사회복지실천가들의 조직화가 필요하다. 사회복지실천가들의 활동은 노동운동단체, 시민사회단체와의 연대활동을 통해 그리고 지역정치에 참여와 지역조직과의 연대활동을 통해 이루어져야 하는 것이다. 마지막으로 구체적인 사회복지운동의 실천에 필요한 전략적 관점에서 주관적 · 객관적 상황과 전략 · 전술적 고려가 필요하다. 즉 사회복지의 정치쟁점화, 지역조직의 활성화, 주민들의 권리의식의 활성화, 주민들의 참여를 이끌어내는 사회교육프로그램의 시행 등이 필요하다.

이상과 같은 이론적 논의가 가지는 실천적 함의는 대단히 중요하다. 우리의 현실에서 필요한 것은 실제 우리 사회 곳곳에서 이러한 사회복지운동의 확대가 필요하며, 이를 사회복지실천가들이 만들어내야 한다는 점이다. 그런 의미에서 참여연대 사회복지위원회를 비롯하여, 서울 관악구의 관악주민연대, 경기지역의 경기복지시민연대, 대구지역의 우리사회복지회, 그리고 경기 성남, 안산과 충남 천안 지역의 지역단체들의 사회복지활동은 사회복지운동의 현 주소와 발전 가능성을 동시에 보여주고 있는 것이다.

(1999년 작성)

참고문헌

감정기, "국가복지의 발달과 노동자계급정당의 역할", 『사회복지연구』 창간호, 한국사회복지연구회, 1989.

감정기, "노동복지문제에 관한 한국 노동자의 참여적 역할과 역할 의식", 『한국사회복지학』 24호, 한국사회복지학회, 1994.

강인남, "관악구 주민복지운동사례", 참여연대 사회복지특위, 『주민복지운동 2차 워크샵 자료집』, 1997.

권문일, "한국 사회보험입법의 형성에 관한 연구", 서울대학교 석사논문, 1989.

김기덕, "사회복지정책의 전망과 평가", 한국사회과학연구소 편, 『동향과 전망』 1993년도 가을호 통권 20호, 백산서당, 1993.

김상균, "사회민주주의적 복지국가와 조합주의의 모색", 『복지국가의 현재와 미래』, 한국사회복지학회, 사회복지국제학술대회, 1992: 231-252, 429-443.

김영순, "복지국가 재편의 두가지 길 - 1980년대 영국과 스웨덴에 대한 비교 연구 ", 서울대학교 박사학위논문, 1995.

김진구, "한국 사회복지사 조직화 과제", 『한국의 사회복지실태』, 한국사회복지연구회 발표문, 1997.

김태성, "한국의 사회복지는 왜 낙후되었는가", 서울대학교 사회복지연구소, (사회복지연구) 8호, 1996.

남구현, "자본주의 국가와 복지정책", 『사회복지연구』 제2호, 한신대학교 사회복지정책연구소, 1994.

남구현 · 김연명, "지방자치시대의 노동운동과 사회복지", 『한신사회복지연구』 제3호, 한신대학교 사회복지정책연구소, 1995.

노인철 외 7인, 『저소득층 실태 변화와 정책과제』, 한국보건사회연구원, 1995.

박종우(1994), "사회사업가의 전문직업적 정체성연구", 서울대 박사학위논문.

서영진, 『지방자치와 지역활성화』, 나남, 1992.

성숙진, "한국 노동조합에서의 사회사업실천방향", 한국사회복지학회, 『한국사회복지학』 32호, 1997.

안병영, "2000년대를 향한 사회복지정책의 방향", 『2000년을 향한 사회복지정책의 방향』, 한국사회보장학회, 1992: 11-26.

안산사회복지협의회, 『안산시 사회복지협의회 사업계획서』, 1998.

우리사회복지회, 『함께하는 세상』 24호, 1998.

은재식, "대구지역 사회복지운동사례", 참여연대 사회복지특위, 『주민복지운동 2차 워크샵 자료집』, 1997.

이인재, "사회복지주민참여와 동원전략에 관한 연구", 『사회복지연구』 2호, 한신대 사회복지 정책연구소, 1994.

이인재, ,"사회복지운동의 주체로서 사회복지실천가의 사회적 위상에 관한 연구", 『한국사회 복지학』 26호, 한국사회복지학회 1995.

이인재, "사회복지실무자의 사회복지 현실인식과 전망에 관한 연구", 한국사회복지학연구회, 『상황과 복지』 3호, 1998.

이종구, "일본의 지방분권과 시민적 정치주체", 『동향과 전망』 (1995 여름 · 26호), 한국사회 과학연구소, 1995,

이창우, "우리나라 지방의제 21의 현황과 과제", 수원시 지방의제21 추진위 워크샵 발표문, 1996.

이현송 · 강혜규(1997), 『시범보건복지사무소의 운영평가 및 개선방안』, 한국보건사회연구 원.

조흥식, "사회복지운동으로서의 국민생활 최저선운동", 한국사회복지학회 춘계학술발표자료 집, 1995.

최균, "한국사회복지정책의 평가와 과제", 한국사회과학연구소 사회복지연구실 편, 『한국사 회복지의 이해』, 동풍, 1995.

한영혜, " '보란티어' 운동과 시민참가의 의미", 『경제와 사회』 1995 겨울호 통권 28호, 한울, 1995.

Alfred Pfaller & Ian Gough & Goran Therborn, *Can The Welfare State Compete - A Comparative Study of Five Advanced Capitalist Countries*, The Macmillan Press, 1991.

Ian Gough, *Political Economy of the Welfare State*, The Macmillan Press, 1981.

Rubin, Herbert J. & Rubin, Irene , *Community Organization and Development*, Merrill Publishing Company 1986.

제2장
지방자치와 사회복지운동

1. 들어가는 글

1995년 6월 27일, 4대 지방 선거를 통해 본격적인 지방자치 시대가 도래하였다. 관 위주의 행정 체계가 지역 주민들의 손으로 되돌아오는 민 위주의 행정 체계를 이루기 위한 단초를 마련한 것이다. 지방자치제의 본격화는 김영삼 정부 개혁의 화두가 된 '세계화'와 본질적으로 표리 관계를 이루고 있다. 이것은 지금까지의 국가 주도의 발전 모형의 종말을 의미하기도 한다. 세계화의 추세는 국가가 보유하는 것으로 간주되어 온 권한의 재배치 문제를 제기하고 있는 것이다(이종구, 1995: 8-9). 즉 국가는 안전 보장, 금융, 통신, 경제적 인프라스트럭처 등의 영역에서 지구적 차원에서 문제 해결에 필요한 틀을 마련하기에는 너무 작은 반면에 국가 단위에서 쓰레기 처리나 생활환경 개선 등과 같은 삶의 질의 문제를 취급하기에는 너무 큰 것이다. 실제로 생활과 관련된 환경문제, 생활개선문제 등과 관련된 지방차지단체(이하 지자체) 수준의 처리능력, 권한, 합의형성 과정이 쟁점으로 등장하고 있다. 그리고 세계화·지방화시대에 맞는 새로운 파워 엘리트 집단이 주목의 대상이 되고 있다. 즉 지자체, 노동조합, 시민단체, 그리고 전문가단체와 같은 비정부단체(NGO :

Non-Government Organization)가 새로운 시대의 정치 세력으로 등장하고 있다.

최근 우리 사회는 절대빈곤의 해소라는 가장 기초적인 정책적 과제를 해소하지 못한 채, 환경문제, 교통문제, 보건의료문제 등 집합적 차원의 사회문제가 새롭게 대두되고 있다. 삶의 질의 문제는 이제 더 이상 일부 저소득층 차원의 문제가 아닌 대다수 국민들의 문제로 대두한 것이다. 지방자치제는 지역 주민들의 삶의 질의 문제를 전면적으로 다룰 수 있다는 점에서 지역 차원에서 사회복지적 이슈가 다양하게 제기될 가능성을 가지고 있다. 실제로 1995년 지방 선거에서 많은 후보자들이 사회복지적 이슈를 중요한 선거 전략의 하나로 제시하였다.

그런데 이러한 삶의 질의 과제는 행정 차원의 변화만으로는 이루어지지 않으며, 궁극적으로 지역 주민들이 적극적으로 참여하고 요구할 때에 해결되는 것이다. 삶의 질의 문제를 상당 부분 이미 해결한 선진 복지국가의 경험을 통해 우리에게 이러한 과제의 해결이 노동자계급을 비롯한 시민들의 사회복지에 대한 요구와 다양한 차원의 참여의 산물이라는 사실을 잘 확인할 수 있다.

우리나라에서 제1공화국 이래 계속되어 온 관치행정의 전통은 정책이나 행정에 대한 시민들의 참여를 거의 외면해 왔다. 이러한 모습은 주민들의 삶의 질의 문제를 다루는 사회복지 분야에도 그대로 적용되었으며, 동시에 사회복지에 대한 주민들의 요구와 참여투쟁은 대단히 미약한 실정이었다. 이제 본격화된 지방자치의 시대를 맞이하여 사회복지적 과제가 이루어지기 위해서는 여러 가지 이슈, 예컨대 중앙과 지방 간의 업무 분담의 문제, 재정 분담의 문제, 전달 체계 정비 문제들이 다루어져야 하겠지만, 무엇보다 지역 주민들의 사회복지운동에의 참여 문제가 우선적으로 고려되어야 할 것이다.

2. 사회복지 운동 참여의 이론적 고찰

1) 사회복지운동 참여 요인

사회복지 운동을 포함하여 사회 운동에 참여 문제를 살펴보면, 먼저 누가 참여하며, 어떤 이유로 왜 참여하며, 어떤 조건이 참여를 이끌며, 어떻게 운동이 참여 성원들을 전념케 하며, 지속적으로 참여하게 이끄는가 등의 질문들에 대한 해답을 찾는 것이 참여 문제의 과제이다(Benford, 1992: 1880-1887).

자신에게나 타인에게 사회 운동에의 참여를 합리화하기 위해 참여자들은 여러 가지 동기들을 만들어 낸다. 참여자들이 가족을 비롯한 주위 사람들과 참여의 문제로 갈등 상황에 있을 때, 이러한 동기 변수들은 참여에 대한 이론적 근거가 되며, 실제 행동은 이러한 이론적 근거에 대해 중요한 자극제로 작용한다. 사회 운동의 출현과 관련된 요인이 무엇인가를 연구한 사회과학자들은 여러 가지 관련 요인들을 발견하였다.

초기의 연구 결과는 급속한 사회 변동의 시기에 사회적 긴장이 고조될 때 사회 운동이 일어난다고 보았다. 그리고 당시 학자들은 사회운동에의 참여를 사회구조적인 긴장 상태로부터 나온 비이성적인 반응으로 간주하였다.

그러나 1960년대 집단행동의 폭발과 사회 운동의 증가는 이러한 식의 가정을 재고하는 계기가 되었다. 그리하여 사회 운동의 출현을 비일상적인 탈선으로 보기보다는 상대적으로 권력이 없는 도전적 집단이 선택할 수 있는 하나의 정치적 수단으로 간주한다(McAdam, 1988: 127-128; Benford, 1992: 1881). 그리고 일부 학자들은 운동에의 참여 결정을 이성적인 선택의 문제로 보았다. 즉 잠재적인 참여자들은 참여에 의해 예상되는 이익이 예상되는 손실보다 크다고 판단이 될 때는 사회 운동에 참여하게 된다는 것이다.

도전 집단이 사회 운동을 이끌어 내는 조건을 이해하기 위해서 운동의 출현에 영향을 미치는 여러 가지 요인을 살펴보아야 한다. 사회(복지)운동에의 참여를 결정짓는 요인은 크게 거시적 요인과 미시적 요인으로 구분할 수 있으며, 거시적 요인은 다시 구조적 요인과 중간차원의 지역사회 요인으로 구분된다.

(1) 구조적 요인

사회운동에 영향을 미치는 구조적 요인을 살펴보면 다음과 같다.

첫째, "정치적 참여 기회의 구조"와 관련되어 있다. 이것은 사회 운동에 의해 "조직화된 저항에 대한 정치체제의 수용"을 의미한다. 예를 들면, 선진국의 시민권 확보를 위한 사회 운동을 들 수 있다. 즉 정치적 참여의 폭을 확대하기 위한 시민들의 다양한 형태의 사회운동이 여기에 속한다.

둘째, 또 하나의 구조적 요인으로 권력과의 관계를 고려할 수 있다. 사회 운동은 때때로 권력 위기의 시기뿐만 아니라 정치적 참여가 확대되는 시기에도 권력으로부터 폭력적이거나 억압적 반응을 유보시킨다. McAdam에 의하면 1930년에서 1955년 사이에 흑인의 정치적 참여 기회의 확대가 이루어지자, 흑인의 사적 폭력이 감소되는 경향을 보이고 있다고 한다. Tilly에 의하면 집단행동과 억압의 관계를 그림으로 나타내면 종모양의 형태를 띨 것이라고 한다. 즉 집단행동의 초기에 억압이 강화되면 운동의 열기가 확산이 되며, 운동이 지나치게 확산되면 오히려 억압의 강도를 높여서 운동이 퇴보한다는 것이다(Tilly, 1978; Benford, 1992: 1881).

셋째, 유럽의 학자들이 강조하는 것으로 개인 생활의 사적 영역에 대한 국가의 개입이 "새로운 사회 운동"을 가져온다고 한다. 과거에는 사적 영역에 속하던 많은 부분들에 대한 국가의 간섭, 관여가 확대됨에 따라 발생하는 갈등이 여권 운동, 노인의 권리 등 새로운 형태의 사회 운동을 가져오고 있는 것이다. 새로운 사회운동의 출현은 경제성장, 국가안보, 정치제도에 대한 관심보다 언론의 자유, 자기결정권,

미적 취향 등을 포함하는 삶의 질의 문제에 대해 더욱 관심을 두는 가치관의 영향을 받았다고 한다(Inglehart, 1990; 양현아, 1991: 4-5).

이상의 구조적 요인들은 정치체제, 정치 문화와 관련된 것으로 사회복지 운동 참여의 배경적 요인이 된다.

(2) 지역사회 요인

다음으로 중간 차원 요인으로 지역사회 차원의 변수는 다음과 같다(김종해, 1995: 13-14).

지역사회 차원의 변수는 참여의 맥락을 형성하는 외적 환경인 동시에 참여의 잠재적 동기 요인이 되며, 여기에는 환경 변수, 생태 변수, 사회적 특성의 3가지 요인이 포함된다. 이들 중 지역사회의 사회적 특성이 중요한 변수가 된다. 지역사회의 사회적 특성이란 인구구성, 사회적 관계망, 지역사회의 규범과 전통, 기능 등을 말하며, 이 중에서도 사회관계망(social network)이 주민들의 사회 운동에의 참여에 중요한 변수가 된다. 사회 운동에의 새로운 참여자를 동원하는 주요 수단의 하나가 참여자의 기존 관계망을 활용하는 것이다. 일반적으로 가족이나 직장을 통한 사회적 유대는 여러 가지 방식으로 운동에의 참여를 강제화할 수 있다.

사회관계망 내에서의 사람들 간의 관계는 개인으로 하여금 그 사회관계망에 대한 소속감을 인식하게 만든다. 또한 사회관계망에의 참여는 사회관계망이 속해 있는 상위 체제인 지역사회에 대한 인식을 지속시킴으로써 지역주민의식을 증진시킨다. 또한 지역사회 내에서 공통적인 쟁점의 공유도 지역주민의식을 강화하는 것으로 알려져 있다(김종해, 1995: 27).

사회관계망의 수준은 확대 관계망, 이용 가능 관계망, 효과적 관계망의 3가지 수준으로 구분할 수 있다(Erickson, 1984; 김종해, 1995: 28-30). 확대 관계망은 개인이 가지고 있는 관계망의 크기의 총합이다. 여기에는 초점인물에게 알려진 모든 친구, 이웃, 친척, 서비스 제공자, 사회제도간의 모든 관계가 포함된다. 이용 가능 관계망은 초점인물과 정기적으로 상호작용하고 있는 구성원들의 총합으로 확대 관계망에서 실제적으로 초점인물이 활용할 수 있는 하위 체계이다. 이용 가능 관계망은 사회사업 임상에서 사용되는 지지 체계, 자원 체계, 비공식적 지지관계망, 원조 관계망 등의 개념과 유사하다. 확대 관계망이 미래의 잠재 가능한 원조의 근원이라면 이용 가능 관계망은 현실적으로 가능한 지지의 근원이다. 효과적 관계망은 초점인물이 곤경에 처했을 때, 그 문제에 관여하는 사람들의 수와 구성의 총체이다. 이용 가능 관계망의 하위로서 곤경에 대처하면서 자원, 정보, 지지를 구하게 되는 부분이다. 대개의 경우 친밀한 관계가 있는 사람들로서 하나 이상의 사회적 맥락이 중복되는 관계망의 성원들이다.

또 하나의 중요한 변수는 지역 조직의 존재와 활동이다(Morris, 1948). 이미 존재하고 있는 조직은 불만 세력의 훌륭한 의사소통망이 되며 동시에 자원 동원의 원천이 된다. 오늘날의 평화 운동, 시민 운동, 도덕 재무장 운동에 기여하고 있는 많은 종교단체들이 훌륭한 예가 된다. 사회복지 문제 해결에 주민들의 참여를 촉진시키는 데 지역 조직을 활용하는 문제는 사회복지학에서도 중요하게 취급하고 있다. 지역사회 조직론의 자원 동원의 중요한 원칙 중의 하나가 지역사회의 조직을 활용하는 방안이기 때문이다.

이 방안에는 지역사회의 기존 조직을 활용하여 회원을 충당하는 방안, 지역사회 내 다양한 사회적 관계망을 활용하는 방안, 지역사회 내 지도자의 활용 방안과 지역사회 내 통합을 강화하는 방안 등이 있다(이인재, 1994: 100-101).

(3) 미시적 요인

이상의 거시적 요인만으로는 사회 운동의 출현을 설명할 수 없다. 여기에 더하여 미시적인 요인들을 고려해야 한다. 미시적 요인이란 사람들이 집단적으로 특정의 불만스런 상황을 깨닫고 사회운동적 상황으로 동원되는 과정을 말하며, 이러한 "인지적 해방"(cognitive liberation) 과정은 전형적으로 문제 상황에 대한 원인이 개인에 대한 비난으로부터 체계에 대한 비난으로의 전이 과정을 포함한다고 한다(McAdam, 1982).

미시적 요인으로는 특정 상황에서 어떤 유형의 참여에 누가 참여하는가에 영향을 미치는 요소로서 인구학적 특성, 성격적 특성과 지역사회와의 관계 등이 포함된다(김종해, 1995: 14-35).

첫째, 인구학적 특성은 성, 연령, 학력 등과 직업, 소득, 계층 등의 사회경제적 지위와 거주 기간 등과 같은 요인들로서, 이러한 특성에 따라 참여의 정도와 유형에 차이가 난다.

둘째, 사회적 상황을 인식하는 것에 관한 성격적 특성에는 소외감과 상대적 박탈감이 해당된다. 소외감과 참여와의 관계는 두 가지 측면에서 관련된다. 하나는 주민 운동의 주요한 참여자가 근대산업 사회에서 주변적 존재로서 자신들의 생활에 영향을 미치는 결정에서 소외되어 있으며, 이러한 소외 구조를 극복하기 위하여 주민 운동이 발생하며, 이에 참여하게 된다는 것이다(숭실대 기독교사회연구소, 1990). 다른 하나는 참여의 동기와 관련되어 있다. 사람들이 특정한 유형으로 참여하는 이유는 보상을 기대하기 때문이다. 보상에는 경제적 이익과 사회경제적 지위의 상승에 대한 기대 그리고 통제감과 같은 심리적 편익의 보상이 있다.

상대적 박탈감의 인식 역시 사회 운동에의 참여와 관련되어 있다. 청년층, 대학생, 빈민들이 사회 운동에 대한 참여가 높은 것으로 나타나고 있는데, 이들의 공통점은 상대적 박탈에 대한 인식이 높다는 것이다. 또한 상대적 박탈감은 개발도상국에서는 근대화의 결과로 증가할 수 있으며, 사회 운동에 대한 높은 수준의 참여는 적어도 초기에는 제한된 상향 이동을 경험한 사람에게 나타난다고 한다.

셋째, 지역사회와의 관계가 참여에 미치는 영향은 주민 운동의 쟁점과 관련되어 있다. 주민 운동은 일상생활에서의 구체적인 문제, 즉 생활 세계를 쟁점으로 한다는 점에서 개인이 이러한 생활 문제를 해결하는 장인 지역사회와 관계를 가지는 방식은 주민 운동의 참여와 관계가 있다.

결론적으로 사회 운동은 동원을 위한 구조적 요인이 성숙하고, 불만에 대한 집단적 이해가 인지적 해방을 가져오는 순간에 이루어지는 것이다.

3. 사회복지운동 참여 현실

사회복지운동 참여 현실을 살펴보기 위해 먼저 제도적 차원에서 참여 현실을 고려해야 한다. 사회복지정책은 정부의 책임으로 시행되고 있지만 대부분 정책의 정당성과 효율성을 위해 관련 당사자들을 정책과정에 참여시키는 제도적 장치들을 가지고 있다. 이러한 제도적인 참여방법들은 그 수준이나 형태에 있어 다양한 모습들을 지니고 있지만 대부분 대표조직을 통한 간접적 참여의 방법을 취하고 있기 때문에 그 주요 이슈들은 대표선발방식과 대표 조직의 구성방식 및 대표 조직의 권한이라는 문제로 집약될 수 있다. 그 외 사회복지 관련 당사자나 시민단체들이 주체가 되어 직접적으로 특정 사회복지문제를 제기하고 변화를 추구하는 특정 이슈에의 참여가 있다.

1) 사회복지제도 참여

제도적 참여와 관련해서는 참여의 이론적 측면들을 고려하면서 제도운영이나 정책의 실행 차원에서 정책대상자나 시민의 참여문제가 어떻게 다루어지는지를 제도적 규정을 중심으로 살펴본다.

(1) 정책결정과정 참여

정책결정과정에 대한 참여는 정책의 자문과 심의를 담당하는 각종 심의위원회를 통해서 이루어진다. 위원회 제도는 집단적 결정과정을 통해 다수의 경험과 전문지식을 활용하여 합리적 결정을 가능케 할 뿐만 아니라 소수 관료들의 전횡을 방지하고 행정재량을 견제한다는 의의를 가진다.

법령에 의해 설치되어 있는 각종 위원회는 표 2.1과 같으며, 위원회의 구성을 보면 관계공무원 외에 이해관계 당사자와 공익대표(또는 전문가)가 위원으로 참여하고 있다. 그러나 이와 같은 형식상의 대표성에도 불구하고 이들 위원회를 진정한 의미의 참여기구로 간주할 수 없는 몇 가지 한계가 있다(이영환, 1992: 368-369).

표 2.1 사회복지제도 정책심의 기구 및 위원 구성(2004년도 현재)

관련 규정	정책심의기구	위원 구성
사회보장기본법	사회보장심의위원회	장관·노·사 대표·전문가·변호사 20인 이내
사회복지사업법	사회복지위원회	전문가·공무원·법인대표 30인 이내
의료급여법	의료보험심의위원회	보험자 2인, 피보험자 4인, 사용자 2인, 의약계 8인, 공익대표 5인
국민연금법	국민연금심의위원회	노·사대표 각 3인, 지역가입자 3인, 공익대표 5인
산재재해보상보험법	산재보상보험심의위원회	노·사대표 각 5인, 공익대표(공무원 2, 전문가 3인)
국민기포생활보장법	생활보장위원회	공무원·전문가
의료급여법	의료급여심의위원회	전문가
노인복지법	노인복지대책위원회	2000년 제5차 개정 때 폐자
장애인복지법	장애인복지조정위원회	전문가, 관련 분야 종사자, 공무원 포함한 25인 이내
장애인고용촉진 및 직업재활법	장애인고용촉진위원회	노·사 대표, 전문가, 공무원 20인 이내
영유아보육법	보육위원회	전문가, 시설종사자 대표, 보호자 대표, 공무원

첫째, 위원회의 구성에서 고위공무원들이 많은 수를 차지하고 있고, 위원의 임면권이 관련부처 장관에게 주어져 있으며, 위원장도 대부분 관련부처 고위책임자급에서 담당하고 있기 때문에 위원회는 거의 정부 의도대로 움직여질 수밖에 없다.

둘째, 대표들의 선출방식에 문제가 있다. 이해관계 당사자들은 대부분 한국노동조합총연맹, 한국경영자총협회 등 관련 단체의 추천을 받아 위촉되는 간접참여의 방법으로 참여하고 있으므로 조합원들의 직접참여 기회는 배제되어 있다. 그리고 주민이나 공익대표, 전문가 등의 경우에는 정확한 선출규정이나 조직 배경이 없기 때문에 개인적인 참여에 그치고 만다.

셋째, 위원회의 기능과 권한의 문제를 볼 때, 의결기구로서의 성격을 갖는 것이 아니라 대개 장관이 부의하는 주요 사항에 대한 심의와 자문의 기능만을 갖기 때문에 진정한 참여기구로서 의의는 적다고 하겠다.

(2) 정책실행과정 참여

정책실행기구 차원에서 시민이 제도의 관리운영에 참여하는 일은 더욱 어려운 실정이다. 사회보험은 중앙정부의 주무 부서에서 직접 운영하거나 관리공단을 설립하여 운영하고 있으며, 사회복지사업은 중앙정부에서 지방자치단체로 이어지는 정부행정체계를 통하여 운영하고 있고 별도로 아동상담소 등 전문전달체계를 설치하기도 한다. 그러나 이러한 정책실행기구 차원에서의 참여가능성은 앞서 본 정책결정과정보다 더 어려운 실정이다. 사회보험의 경우, 예를 들어 국민연금제도에서는 국민연금관리공단이 가입자 관리, 징수, 급여결정, 급부, 복지증진사업 등 제도의 운용을 담당하고 있다. 제도운영체계 및 위원, 이사들의 인적 구성과 임면권 등을 볼 때, 정책대상자나 시민의 참여는 형식적인 것 이상이 되기는 어렵다. 사회복지서비스의 경우도 그 실시기관이 국가와 지방자치단체로 되어 있는데, 여기에 시민의 참여를 보장하는 구조는 거의 없다. 이와 같이 시민들의 참여가 미약한 현실에서 시민들의 삶의 질의 문제를 다루는 사회복지정책에 실천적으로 참여할 수 있는 방법은 무엇인가?

정책심의위원회, (의료보험, 국민연금)관리공단, (의료보험)조합 등 각급 사회복지 관련 기관에 노동자, 농민, 도시자영업자 등 당사자의 실질적인 참여가 보장되는 방향으로 개혁이 이루어져야 한다(이영환, 1992: 374-375). 이를 위해서 대표의 구성비율이나 운영방식에서 시민의 대표성이 최대한 보장되어야 하며, 선출방식에서도 시민들의 직접적인 참여계기를 확보하는 개혁이 이루어져야 한다. 그 기능과 권한에 있어서도 자문과 심의에 그치지 않고 의결과 집행권한이 확보되어야 한다.

또한 이러한 개혁이 상층구조에 그치지 않고 개별 복지시설과 기관에 이르기까지 일관성 있게 이루어져야 한다. 예를 들면, 공동육아시설의 경우 학부모가 시설의 운영에 참여할 수 있어야 하며, 각종 사회복지시설의 경우는 지역주민들의 실질적인 참여를 보장할 수 있어야 한다. 최근 교육개혁의 일환으로 초·중·고등학교의 경우 학교 운영에 지역사회차원의 참여를 보장하기 위하여 '운영위원회'를 신설한 것도 이러한 맥락에서 이해할 수 있다.

그리고 이러한 참여 구조는 시민들의 대의기관인 입법부와의 연계를 통해서 강화되어야 할 것이다. 각종 위원회나 주요 집행 기구를 국회의 추천에 의해 구성하고 예산·결산이나 기금사용문제 등 주요 사항에 대한 감사권을 국회에 부여하면 행정부의 독주를 견제하고 정치적 중립성 확보에 기여할 수 있다.

2) 특정 이슈 참여

다음으로 특정 사회복지문제 해결이나 과제를 요구하는 특정 이슈에의 참여를 고려 할 수 있다. 우리나라에서 이러한 방식의 사회복지운동은 다른 사회운동에 비해 상당히 저조하였다. 그러나 지금까지 사회복지운동이 전혀 없었던 것은 아니고, 지금도 사회복지운동과 밀접한 관련을 가지는 보건의료운동, 장애운동, 공동육아운동 등이 적극적인 실천운동을 펼치고 있으며, 국민의료보장 쟁취를 위한 운동, 사회복지예산 투쟁 등이 간헐적으로 일어나고 있다. 여기서는 대표적인 사회복지운동으로 의료보장개혁운동과 사회복지 예산확보운동에의 참여를 간략하게 살펴본다.

(1) 의료보장개혁운동

의료보장개혁운동은 의료보험 제도만이 아니라 의료보호 제도까지를 논의의 대상으로 포괄하였기 때문에 논의의 범주도 의료보장 제도의 전반에 걸칠 만큼 광범위한 것이었으며, 이 논의에는 정부와 국회를 비롯하여 노동자, 농민단체 등 다양한 집단이 참여하였다.

의료보장개혁운동의 핵심은 의료보험의 통합을 둘러싼 다양한 논의과정에서 노동자, 농민, 관련 학자들의 참여에 있다. 1980년에서 1983년 초까지 계속된 1단계 의료보험 통합논의를 거쳐, 1986년 9월 1일 정부가 발표한 '국민복지증진 종합대책'에서 밝힌 전국민 의료보험실시 계획을 계기로 2단계 의료보험 통합논의가 일어났다(이두호 외, 1992: 320-354). 이 논의의 결과로 의료보험의 통합일원화를 골자로 하는 '국민의료보험법'이 1989년 국회를 통과하여 정식으로 선정되었으며, 한편 이 법이 대통령의 거부권 행사로 다시 국회에 회부되는 등의 우여곡절을 겪어왔다. 이 과정에서 의료보장개혁을 요구하는 여러 가지 형태의 참여운동이 이루어졌다(이경기, 1990; 원석조, 1990).

1994년부터는 3단계 의료보험 통합논쟁이 일어났다. 3단계 논쟁은 1989년에 완성된 '전국민 의료보험제도'가 보완·정비되었다는 점과 1·2단계 의료보험 통합논쟁이 재현되었다는 의미를 보여주고 있다. 3단계 논쟁의 가장 큰 특징은 2단계

논쟁에서 형식적인 참여에 머물렀던 노동운동권의 적극적인 참여와 활동이 벌어지고 있다는 점이다(김연명, 1995).

(2) 사회복지 예산확보 운동

1992년 사회복지관련 예산안을 두고 일어났던 사회복지 예산확보 운동은 사회복지학과 학생과 교수 그리고 사회복지실무자들이 중심이 되었다.

사회복지예산안 삭감계획이 언론에 알려지자 전국 34개 대학 사회복지(사업)학과 학생, 서울 지역 대학원 학생, 교수협의체인 사회사업(복지)대학협의회, 학술단체인 사회복지학회, 전문가단체인 사회복지사협회 등은 건의서 및 성명서 제출, 규탄집회, 항의방문 등 다양한 형태의 활동을 벌였다. 이 중 사회사업(복지)대학협의회, 사회복지학회, 사회복지사협회 등 세 단체는 합동으로 공청회(1991. 10. 22)도 개최하고 회원들이 개인적으로 언론에 예산삭감의 부당성을 지적하고 정부의 재심을 촉구하였다(동아일보, 1991. 10. 22; 경향신문, 10. 24; 서울신문, 10. 25). 학부학생들과 대학원학생들의 경우 각각 대책위원회를 결성하여 이보다 더욱 치열하고 적극적인 활동을 전개하였다(대표적인 집회는 10월 2일, 중앙대 교정에 34개 대학, 1,200명이 집결하였다).

사회복지예산투쟁은 사회복지분야에서의 참여활동과 관련해서는 보기 드문 선례가 되었다. 먼저 동일 이슈에 대해서 많은 사회복지 관련단체가 합심하여 지속적인 참여활동을 펼친 사실은 앞으로의 사회복지운동의 활성화에 훌륭한 선례가 될 것으로 보인다. 그리고 다양한 참여활동 전개가 주목을 끌었다. 예산투쟁활동에 참여한 조직체들은 성명서 내지 건의서 작성에서부터 규탄대회, 항의방문, 공청회 개최 등 실로 다양한 전술들을 사용하였다. 결과적으로 국회의 예산심의과정에서 관련단체들의 의사가 반영되지는 않았지만 다양한 방식의 전술사용은 앞으로의 사회복지운동과 관련하여 중요한 시사점을 남겨주었다(이인재, 1994).

또한 1996년 참여연대(참여민주사회시민연대) 사회복지특별위원회는 사회복지예산 확보운동을 재개하여, 단기적으로 1997년 예산안 요구, 장기적으로는 2000년대까지 사회복지예산 GNP 5% 확보운동을 전개하고 있다.

4. 사회복지운동 참여 전망 및 과제

1) 사회복지운동 참여 전망

사회복지운동 참여가 전망을 가지기 위해서는 먼저 다음의 두 가지 차원의 논의가 고려되어야 한다.

첫째, 사회복지의 독자적 논리를 개발해야 한다. 21세기는 서로 돕는 사회, 필요를 충족시켜 주는 사회가 되어야 한다고 보고 사회복지를 전면적으로 내세울 수 있는 이데올로기를 개발해야 한다. 예컨대 욕구주의(needism)를 주요 이념으로 발전시켜서 모든 논의를 인간의 욕구 충족에서 출발한다는 것도 하나의 방안이 될 수 있다. 즉 필요에 따라 분배하는 복지의 원칙이 전 사회적 원칙이 되는 사회를 이념적 지향으로 삼을 수 있는 것이다(남구현, 1994). 사회복지운동과 비슷한 고민을 안고 있는 환경운동의 경우 생태 공동체주의(eco-communalism) 이념을 독자적 논리로 내세우면서 지속가능한 개발전략을 내세우고 있다(이상헌, 1994).

둘째, 사회복지의 독자적 논리와 우리 사회의 발전을 위한 변혁적 논의를 연결시키는 작업이 이루어져야 한다. 이를 위해서는 우리 사회의 다양한 운동조직, 예를 들면 노동운동조직과 시민운동조직과의 연대활동을 발전시켜 나가야 한다.

현재 사회복지현장에서 일어나고 있는 사회복지운동, 예컨대 3절에서 살펴본 의료보장개혁운동과 사회복지예산확보운동은 물론이고 국민최저선 확보운동, 장애인권리확보운동 등의 경우는 전반적인 우리사회의 변혁을 위한 비전을 뚜렷하게 내세우지 못하고 있다(이인재, 1996: 170-172).

노동운동은 사회복지의 발전이 노동자들의 생활의 질을 직접적으로 향상시킨다는 점에서 사회복지문제에 관심을 보여야 한다. 나아가 노동운동은 근로조건과 같은 노동자들의 이해관계뿐만 아니라 사회복지 문제에 대한 이슈 선점, 정책 대안 제시 등의 활동을 통해 전 국민의 이해관계가 걸려있는 사회개혁과제에 대해서도 관심을 보여야만 한다(남구현·김연명, 1995: 59).

시민운동단체, 예컨대 경제정의실천시민연합(경실련), 참여민주사회 시민연대(참여연대) 등에서도 사회복지문제를 중요한 과제로 다루고 있으나, 전체 시민운동이 지향하는 바와 정확한 연계를 맺지 못하고 있다. 이들 조직들의 활동이 아직은 일반 시민들의 적극적인 참여와 호응을 불러일으키지 못하고 있으며, 전공 학자들 중심의 위원회 활동에 머무르고 있다. 그러나 이를 극복하기 위한 다양한 방안들이 모색되어야 한다.

2) 사회복지운동 참여의 과제

이상 두 가지 논의를 공유하면서 사회복지운동의 활성화를 위한 과제를 살펴보면 다음과 같다.

(1) 사회복지 운동주체 형성

먼저 사회복지운동의 주체가 굳건하게 형성되어야 한다. 특히 지역차원에서 지역주민들을 지역사회문제에 대한 관심을 촉구하고 이들을 조직화하기 위해서는 무엇보다 사회복지 실천가들의 활동이 요구된다. 사회복지실천가들의 활동은 우선 사회복지운동이 거의 실체가 없는 우리의 현실에서 운동을 추동할 수 있는 중요한 계기를 제공한다. 지방자치가 본격화되어 지역차원에서 사회복지 이슈가 제기될 때 사회복지 실천가들의 주도적 활동은 지역의 잠재적 자원을 동원할 수 있는 중요한 계기가 될 것이다.

사회복지실천가 활동의 한 예로 지방차원에서 사회복지전문가 1인의 역량이 복지수요 충족에 중요한 변수로 작용하고 있다. 실제 사회복지의 특성을 이해하는 지방자치단체체장─예컨대 서울시 송파구가 그 대표적 지역─이 있는 지역과 그렇지 못한 지역에서 복지문제를 다루는 행정의 자세와 차원에는 많은 차이가 난다. 단체장만큼 큰 영향력을 가지고 있지는 못하지만 지방의회 의원들 중 사회복지를 이해하는 의원이 있는 경우와 그렇지 못한 경우 역시 적지 않은 차이를 보여준다. 지역차원에서 활동하는 사회복지전문가는 사회복지 관련법규를 분석하여 지역차원에서 활용할 수 있는 제도는 조례를 통하여 마련하고, 참여방식도 직접 지방의회에 참석할 수도 있고, 다양한 조직을 통한 간접참여도 가능할 것이다. 예를 들면, 사회복지사업법(제10조 및 시행령 14조 규정)에 따르면 지방자치단체는 필요에 따라 별정직 사회복지전담공무원을 조례를 통해 임용할 수도 있다.

결국 사회복지운동은 사회복지 실천가의 주도적인 활동에 의해 추동될 수 있는 것이다.

(2) 주민 참여 활성화

사회복지문제 해결을 위해서는 궁극적으로 지역주민들의 적극적인 참여가 필수적으로 요망된다. 문제는 지역주민들은 사회복지에 대한 관심과 지식의 수준이 낮은 상태이기 때문에 운동의 적극적 담당자가 되지 못한다는 점이다. 이를 해결하기 위한 하나의 대안은 경실련, 참여연대와 같은 시민운동조직을 통한 주민의 주체적 참여를 담지해 내는 것이다. 사회복지에 대한 사회의 관심이 확대됨에 따라 이들 단체들의 사회복지활동은 점차 활성화될 것이며, 실제로 그러한 움직임을 보여주고 있다. 예를 들어 참여연대의 경우 시민들의 사회복지운동에의 참여와 호응을 고양시키기 위해 시민과 사회복지종사자를 대상으로 '사회복지학교'를 운영하고 있다(조흥식, 1995; 김연명 · 이찬진, 1995). 따라서 시민운동단체들이 사회복지운동의 중요한 주체의 하나로 등장할 것으로 보인다.

선진국의 경우 지역주민들의 상당수가 개인의 이해관계에 따라 다양한 집단활동을 통한 정책과정에의 참여를 보여주고 있다(윌렌스키 외, 1985: 118-119). 노르웨이나 스웨덴의 경우 경제활동인구의 80% 이상이 이해단체에 가입되어 있다. 그리고 공공부문 행정을 책임지고 있는 위원회와 기관들은 대개 관료와 의원 그리고 관련 이익단체의 공식적인 대표자들로 구성되며, 노르웨이의 경우 이익단체의 대표자들이 행정위원직의 48%를 차지하고 있다.

(3) 지역사회 자원활용

지역사회 자원활용 방안에는 지방의회 공간 활용 방안과 자원봉사활동 활성화 방안을 고려할 수 있다.

지방자치제가 본격화되었기 때문에 지방차원의 정책결정기구나 집행기구의 경우 지역사회를 대표하는 지방의회와의 연계를 적극적으로 모색하여야 할 것이다. 지금과 같이 지방의회 의원직이 무보수명예직인 경우 사실 이들에게 특정분야에 대해 전문성을 요구하는 것은 무리다. 따라서 지방차원에서 지방의회 의원들과 함께 지역주민들을 지방행정과정에 참여시키기 위한 다양한 방안을 모색할 필요가 있다. 예를 들면 지방의회 차원에서 각종 위원회활동을 활성화하여 지역내 각 분야 전문가들의 활동을 촉구하고, 다양한 NGO단체들과의 연대활동을 도모하는 것도 한 방안이 된다. 실제 과천시 의회의 경우 5개 특별위원회(교육문화 · 환경 · 도시교통 · 사회복지 · 농촌)를 구성하여 지역내 전문가집단, 시민운동단체와 연대하여 과천시의 행정을 감시하고, 발전방안을 함께 모색하고 있어, 지방차원의 정책과정에 대한 주민참여의 한 전형을 보여주고 있다. 지방의회의 활용방안과 함께 자원봉사활동을 적극적으로 활용하는 방안과 주민의식고양의 일환으로 사회교육프로그램의 활용방안 등도 적극적으로 고려해야 할 것이다.

5. 맺는 글

21세기는 20세기의 세계와는 다른 시대인식을 요구하고 있다. 국가의 역할이 EU, NAPTA, APEX과 같은 국가간 연합체와 일국 내 지방단위로 분산되고 있다. 이에 따라 국가 권력의 원천이 내각, 정당, 의회 등과 같은 전통적 권력집단으로부터 지자체, 노동조합, 각종 시민단체, 이익단체로 분산되고 있다.

이러한 외적변화의 배경하에서 우리나라도 본격적인 지방자치의 시대를 맞이하여 주민들의 삶의 질의 문제를 더 이상 중앙정부 권력 일변도의 정책결정에 맡길 수 없게 되었다. 지역사회에 기반한 다양한 계층의 주민들의 참여에 의한 정책의 결정과 시행이 중요한 과제로 등장한 것이다. 본 글은 이러한 문제제기에 대한 잠정적인 해답을 찾는 연구이다.

본 연구 결과가 갖는 실천적 함의는 다음과 같다.

첫째, 사회복지문제와 관련된 지역주민들의 참여를 이끌어내기 위해서는 무엇보다 참여가 이루어지는 사회적 맥락을 이해해야 한다. 즉 참여의 구조적 맥락, 지역사회 차원의 고려, 미시적 맥락을 이해해야 하는 것이다.

구조적 맥락에서 보면 사회복지 참여운동은 궁극적으로 정치차원의 운동으로 발전해야 한다. 특히 지방자치의 성공적인 정착을 위해서는 시민정신을 가진 정치적 주체의 형성이 관건이다. 즉, 생활의 질적 개선을 지향하는 시민운동, 주인의식을 가진 공무원들의 정책 시행과 지방의원들의 정책 감시, 저변에서 시민의식을 활성화시키는 사회교육 운동 등이 상호보완적으로 결합하여 기득권에 집착하는 지역 유력자층에 대해 헤게모니를 장악하는 과정이 중요하다.

둘째, 사회복지 운동 활성화를 위해서는 사회복지운동 주체가 굳건하게 형성되어야 한다. 그리고 이와 관련해서는 사회복지실천가의 역할이 적극적으로 제고되어야 한다. 즉, 지역주민들의 지역사회 사회복지문제에 관심과 참여를 추동할 수 있는 사회복지실천가들의 역할의 중요성을 강조하는 것이다. 사회복지의 독자적 논리를 개발하고, 사회복지운동이 궁극적으로 우리사회 전반의 발전과 일맥상통할 수 있도록 노력하는 사회복지 실천가들의 선구자적 자세가 필요한 것이다.

셋째, 지역주민들의 조직화 과제와 관련된 것이다. 우선 사회복지조직의 특성을 살펴보면 다음과 같다.

조직적 차원에서 고려해야 하는 문제는 우선 사회복지운동이 대상자 중심의 운동 조직을 가지고 있다는 것이다. 예컨대 장애인 단체, 노인 단체, 빈민 단체, 의료보건 단체 등이 대표적인 조직이다. 물론 사회복지개혁모임과 같은 전문가 단체나 예산대책위원회와 같은 조직은 다양한 분야의 대상자를 포괄하고 있다. 이에 따라 먼저 사회복지운동조직에서 고려해야 하는 중요한 변수는 대상자 변수이다. 따라서 이들을 어떻게 연대작업으로 이끌어 낼 것인가 하는 것이 중요한 과제가 된다. 한정된 경제력 하에서 이들에 대한 관심, 특히 재정지원문제는 상쇄관계(trade-off)일 수 있기 때문이다. 따라서 이들의 이해관계를 조정하는 것이 관건이 된다.

사회복지운동조직의 또 하나의 특징은 실무자 차원의 운동이라는 것이다. 그것은 사회복지운동의 역사가 짧고 활동방향이 대중들의 삶의 현장과 대체로 무관하게 전개되고 있기 때문이다. 그리고 운동의 구체적인 형태도 제한적이고 한시적인 경우가 많다. 따라서 이런 제한적인 활동 때문에 운동이 실무자들과 같이 운동에 전문적으로 헌신하는 사람들이 조직해 주는 범위 내에서만 전개되기 쉽다. 따라서 사회복지운동조직들은 운동에 참여하는 대중들이 자신의 생활 현장에서 조직적으로 사회복지 운동을 할 수 있는 장을 만들어 주는 데 역점을 두어야 할 것이다.

문제는 이러한 대상자 중심의 조직, 실무자 중심의 조직이 아니라 지역주민들이 적극적으로 참여할 수 있는 방안을 모색해야 한다는 것이다. 이를 위해 지역사회 내에 있는 기존 조직의 활용, 지방의회와 같은 지역사회 공간 활용 등을 제시하였다.

(1997년 작성)

참고문헌

감정기, "노동복지문제에 관한 한국 노동자의 참여적 역할과 역할 의식", 『한국사회복지학』 24호, 한국사회복지학회, 1994: 1-33 .

김연명, "의료보험제도의 동향과 쟁점", 한국사회과학연구소 사회복지연구실편, 『한국사회복지의 이해』, 1995.

김연명 · 이찬진, "공익소송과 사회복지", 한국사회복지학회 춘계학술대회 자료집, 1995.

김종해, "도시지역 지역사회행동의 주민참여요인에 대한 연구", 서울대 박사논문, 1995.

남구현, "자본주의 국가와 복지정책", 『사회복지연구』 2호, 한신대 사회복지정책연구소, 1994: 23-39.

남구현 · 김연명, "지방자치시대의 노동운동과 사회복지", 『한신사회복지연구』 제3호, 한신대학교 사회복지정책연구소, 1995: 56-78.

서영진, 『지방자치와 지역활성화』, 나남, 1992.

숭실대 기독교사회연구소, 『도시 · 주민 · 지역운동』, 한울, 1990.

양현아, "새로운 사회운동(New Social Movement)의 전개와 논리", 서울대학교 석사논문, 1991.

원석조, "한국 의료보험의 정치경제학적 연구", 중앙대 박사학위논문, 1990.

이경기, "국민의료보험법안의 형성과정과 성격에 관한 연구," 중앙대 석사학위논문, 1990.

이두호 외 4인, 『국민의료보장론』, 나남, 1992.

이상헌, "한국환경운동의 위상과 과제", 『환경과 사회』 (1994 여름 · 제3호), 한국환경 · 사회연구소, 1994: 9-17.

이영환외 9인, "한국사회의 민주적 개혁과 사회복지의 실천적 대응," 『한국사회의 민주적 변혁과 정책적 대안』, 학술단체협의회 편, 1992: 348-391.

이인재, "사회복지주민참여와 동원전략에 관한 연구", 『사회복지연구』 2호, 한신대 사회복지정책 연구소, 1994: 93-118.

이인재, ,"사회복지운동의 주체로서 사회복지실천가의 사회적 위상에 관한 연구", 『한국사회복지학』 26호, 한국사회복지학회 1995.

이인재, "한국 사회복지의 평가와 전망", 『한국자본주의와 민주주의』, 한국사회과학연구소, 1996: 159-177.

이종구, "일본의 지방분권과 시민적 정치주체", 『동향과 전망』(1995 여름 · 26호), 한국사회
　　　과학연구소, 1995: 3-18.

조홍식, "사회복지운동으로서 국민생활 최저선운동",한국사회복지학회 춘계학술대회 자료
　　　집, 1995: 187-197.

한영혜, " '보란티어'운동과 시민참가의 의미", 『경제와 사회』 1995 겨울호 통권 28호, 한울,
　　　1995.

윌렌스키(Wilensky) 외 지음, 남찬섭 옮김, 『비교사회정책』, 한울, 1985.

1996 법전, 현암사, 1996.

Benford, Robert D., "Social Movements", Borgatta, E. F. & Borgatta, M. L. , *Encyclopedia of
　　　Sociology*, 1992: 1880-1887.

Rubin, Herbert J. & Rubin, Irene, *Community Organization and Development*, Merrill Publishing
　　　Company 1986.

제3장
지역복지운동의 의의와 지역복지운동단체의 역할

1. 참여복지와 지역복지운동단체

'참여복지'는 노무현 정부 복지정책의 슬로건이다. 전 국민이 복지의 대상이자 동시에 주체로 참여하는 복지시스템, 동시에 지방분권적 복지시스템을 의미한다고 한다. 김대중 정부까지 지난 시절의 사회복지 개혁과제는 국민연금, 건강보장 등 중앙정부 차원의 개혁과제에 집중되어 있었다. 노무현 정부의 개혁과제 중 하나는 공공복지전달체계의 개편이다. 1990년대 이래로 계속해서 제기된 문제라 새삼스러울 것이 없는 사회복지사무소, 보건복지사무소, 보건복지센터 등 지방차원의 독자적 공공복지전달체계의 수립이 문제 해결의 핵심과제라 할 수 있다.

여기서 문제는 이러한 대안의 마련, 선택이 주로 사회복지서비스 공급자의 입장에서 고려되고 있다는 사실이다. 공공복지 전달체계의 개편이 주요 의제로 떠오르자 가장 적극적으로 의사표명을 하고 나선 사람들이 사회복지전담공무원들이다. 물론 일선에서 저소득층을 상대로 사회복지서비스를 제공하면서 그들이 느낀 독자적 전달체계 마련의 필요성을 모르는 바는 아니지만, 그래도 사회복지사무소의 조직 구조, 인력, 직제 등에 대한 그들의 대단한 관심은 전달체계 논의의 초점을 흐

리게 할 우려가 있다. 저소득층의 복지와 관련해서 큰 변화를 줄 수 있는 전달체계 논의에서도 아직 수요자 입장에 본 문제 해결의 목소리는 잘 보이지 않는다. 참여복지의 핵심은 복지정책의 수립과 집행과정에 지역주민들의 실질적 참여를 보장하는 것이다.

주민들의 참여가 문제진단에서부터 정책집행과정까지 일관되게 이루어지지 않을 경우 그 정책은 왜곡될 가능성이 커진다. 예를 들어 지역복지조직의 민간위탁과정을 분석한 연구결과를 보면 전문가, 지역주민들이 결정한 정책결정이 공무원들만으로 이루어지는 정책집행과정에서 어떻게 왜곡될 수 있는가를 잘 보여준다(정윤수, 1999). 즉, 주민참여의 핵심은 문제 진단 및 욕구조사 과정에서부터 정책집행까지 지역복지활동과 관련된 지역복지정책의 전 과정에 걸쳐 이루어져야 한다는 점이다.

이러한 지역주민들의 실질적 참여를 방해하는 장벽은 무엇인가? 정책결정에 대한 주민참여가 갈등을 유발하는 것은 주민참여에 대한 역할 기대의 차이(주민들은 정책결정의 권한을 갖는 것으로 생각하나 관료는 단순한 조언으로 간주한다), 제한적 기회 제공(불완전한 정보, 관 주도의 설명회, 토론회에서의 제한적 정보 제공), 그리고 변화를 위한 의도적 갈등 유발 등의 요인에 기인한다. 카우프만은 주민참여를 어렵게 하는 요인으로 3가지 차원의 장벽이 있다고 보았다(Kauffman, 1995). ① 제도 장벽으로 지역주민들의 실질적 참여를 제도적으로 불가능하게 하는 것이다. 즉 지역주민들이 참여한 회의에서 정책 결정이 이루어지는 것이 아니라 결정된 정책을 홍보하는 경우가 대부분이다. ② 정보 장벽으로, 정보 이용의 부적절성과 접근성의 문제, 그리고 단기간에 많은 양의 정보 이해의 어려움과 기술적 난점 등을 의미한다. ③ 대인관계 장벽으로 관의 무관심, 불친절한 태도 등을 의미한다.

실질적인 주민 참여가 이루어지기 위해서는 주민 참여의 장벽(제도 장벽, 정보 장벽, 대인관계 장벽 등) 해소 방안이 적극 모색되어야 한다. 주민참여는 특정 사안의 발생에 따라 간헐적으로 이루어져서는 안 되며, 지속적으로 보장되어야 한다. 여기서 조직화된 주민참여를 이루기 위한 방안으로 지역복지운동단체들의 역할에 주목하게 된다. 지역복지운동단체는 지역차원에서 복지이슈를 제기하고 다루는 조직적 활동을 전개하는 단체를 의미한다. 지역복지운동단체의 가치지향은 지역사회 변화에 있다. 지역사회 변화의 중심에는 지역주민들의 실질적 참여가 있다. 지역주민들의 참여를 조직화하는 것이 지역복지운동단체의 궁극적 존재 이유의 하나라고 할 수 있다. 이를 위해 지역복지운동단체는 지역주민들의 정책과정에 대한 관심 제고, 토착 지도력 개발, 지역주민교육, 주민자치조직 건설 등의 과제를 수행해야 한다. 결국 참여복지 실현의 제 일선의 책임은 지역복지운동단체에 있다.

본 장에서는 우리나라 지역복지운동단체들의 활동 현황과 과제를 살펴본다. 먼저 주민참여 조직화라는 지역복지운동단체들의 활동의 근거를 부여하는 지역복지운동의 의의와 운동의 주체를 살펴본다.

2. 지역복지운동의 가치지향과 지역사회 변화

1) 지역복지운동의 가치지향

(1) 지역사회 변화와 거시 실천

지역복지운동의 역사가 깊은 미국에서 지역사회복지는 개인의 변화를 우선으로 추구하는 자선조직협회의 전통과 사회환경의 변화를 강조하는 인보관 운동의 전통을 동시에 가지고 있다.[1] 그러나 지역복지활동의 특성은 개인이나 가족의 변

---

[1] 19세기 영국의 도시빈민운동으로 시작된 인보관운동은 빈민문제 해결의 제도적 접근을 시도한 사회개량운동이며 1880년대 성공회 사제인 Samuel Barnett와 옥스퍼드, 캐임브리지 대학교 대학생들이 시

화를 돕는 미시적 실천보다 집단활동을 통한 지역사회 환경변화를 추구하는 거시적 실천에 있다. 따라서 지역복지활동가는 사회복지의 전문적 가치지향을 지역사회변화에 반영시키는 실천활동을 해야 하며, 지역복지 교육의 목표는 여기에 초점을 두어야 한다.

지역복지운동의 이념은 주민의 삶의 질 향상, 즉 지역사회복지 발전에 있다. 이를 위한 지역복지 정책 개발과 주민참여, 살기 좋은 지역만들기 등이 중요한 목표로 제기된다. 지역복지 실천의 가치지향의 실현은 공공성과 전문성의 조화에서 찾을 수 있다. 개인이나 집단의 이해관계를 우선시 하는 것이 아니라 전체 지역사회의 발전에 기여한다는 의미에서의 공공성과 지역사회의 현실에 적합한 서비스의 제공이라는 측면에서 전문성에의 가치지향이 필요하다. 지역복지 조직운동이 개인이나 가족, 나아가 사적 이해의 차원이 아니라 공공성을 지향해야 한다는 것은 재론의 여지가 없다. 여기서 전문성은 일차적으로 그 목표로서 사회적 약자에 대한 가치지향(사회적 약자 인권보장, 분배 정의 실현)을 강조하고 있으며, 배타적 지식과 기술은 이러한 가치지향 실현을 위한 이차적 기준이 된다.

(2) 프레리 실천교육론

지역복지 조직운동의 근거를 잘 보여주는 이론은 브라질의 교육학자겸 활동가인 파울로 프레리(Freire)의 실천교육론이다. 프레리는 교육자나 지식인들은 사회변동에 대한 교육이 아니라 사회변동을 위한 교육을 할 것을 요구한다. 그리고 전문성, 분파 학문에 기반한 전문성 담론 위주의 학계문화는 진보적 지식인들조차도 그

작한 런던의 토인비홀이 대표적인 기관이다. 미국에서는 Jane Adams가 설립한 시카고의 헐하우스가 대표적이며, 지역사회문제 해결에 지역주민들의 주체적 참여를 강조하였다. 이에 비해 자선조직협회는 빈곤의 개인책임을 강조하였으며 자선사업의 중복과 누락 방지를 위한 협의를 위해 시작되었다. 자세한 내용은 Weil & Gamble(1995)을 참조하면 된다. 우리나라에서도 1990년대 초 성공회 사제들이 건립한 도시빈민지역 신앙/생활공동체인 나눔의 집이 인보관운동의 정신에 기반하고 있다 할 수 있다.

들이 투쟁과정에서 동참의 대상으로 생각하고 있는 사람들을 배제하게 하는 결과를 초래할 가능성이 높다고 경고한다(Freire, 1970). 프레리는 사회적 약자에 대한 가치 지향적 전문성이 아니라 배타적 지식과 기술배양에 치중하는 전문성 담론의 한계를 지적하고 있는 것이다. 오늘날 우리 사회에서 의사, 약사 등 많은 전문가 집단의 활동이 대다수 국민들의 공감을 얻지 못하는 이유가 바로 배타적 지식기술에 치중한 전문성 담론에 매몰되어 있기 때문이다. 배타적인 전문성 담론에 기반하여 지역복지 조직운동을 전개할 경우 지역복지 조직활동가는 역시 동일한 오류를 저지르게 될 가능성이 크다.

지역사회조직론의 전문적 가치지향의 실천은 지역사회구성원들의 집단적 의사결정을 통한 사회문제 해결에 있으며, 이러한 참여 강조 특성은 전문적 지식, 기술에 의존한 상향적 문제해결방식을 선호하는 전문가주의와 종종 갈등을 일으킨다. 특히 지역복지운동가들은 사회개혁적이고 평등 지향적인 가치와 전문가로서 전문가집단의 이해 사이에서 갈등하게 된다. 그러나 지역사회 조직운동의 궁극적인 목표는 지역사회의 발전에 있다. 지역사회가 문제해결의 주체가 되기 위해서는 정책결정과정에 전문가들의 독점적 지위가 반영되어서는 안 된다. 독점적 지위가 인정될 경우 배타적 전문직으로서의 이해관계를 우선시 할 가능성이 커지기 때문이다.

(3) 참여조사와 전문가 옹호활동

전문성과 지역사회조직화의 특성이 조화를 이룰 수 있는 하나의 방안으로 참여조사(participatory action research)와 이에 기반한 전문가들의 옹호활동(scholar/advocate approach)이 제시되고 있다. 이것은 지역사회 변화를 위한 학계와 실천현장의 파트너십에 기반하여 지역주민들의 적극적 참여(group empowerment)를 반영한 실천방법이다(Johnson, 1994). 실천을 배제한 이론 위주의 담론, 부분화되고 전문성 위주의 전문가주의를 지향하는 학계는 지역사회문제를 해결하는 실천적 전문가를 배출할 수 없다. 따라서 학술 활동은 지역사회의 실천활동과 긴밀한 연결망을 가져야 하며, 지역사회 문제해결을 위한 조사활동에 적극적으로 참여해야 한다.

사회적 약자의 인권 보장이라는 지역복지 조직 활동의 진정한 가치지향을 실현하는 방안의 하나는 지역주민들과 함께 참여조사 방식을 선택하는 것이다. 이 때 지역사회문제를 다루는 지역복지 조직운동가는 실천적 전문가의 역할을 수행해야 한다. 사회복지실천 현장에서 사회복지사가 당면하게 되는 최우선 과제는 실천 현장의 실질적 문제 해결과정에서 사회복지의 고유한 가치지향(공공성)과 전문성을 어떻게 조화시킬 것인가 하는 점이다. 실천 현장에서 사회복지사들이 갈등하는 핵심사안 중 하나가 바로 실천성과 전문성의 조화 여부이며, 지역복지분야의 조직활동가들에게도 이 문제는 예외는 아니다.

지역복지활동을 수행한 실천적 전문가의 실례로 미시간 대학교 학생들의 활동을 들 수 있다. 1987년 미국 미시간 주 앤아보 지역 홈리스 운동 조직(HAC) 활동에는 미시간 대학교 학생들의 적극적인 동참이 있었다. 그들은 경제개발 위주의 시 정책에 따른 노숙자 주간보호시설 폐쇄에 맞서 노숙자들과 함께 그들의 주거 마련을 위한 운동을 전개하였다. 1989년-1994년까지 계속된 운동을 통해 지방 건축정책은 친성장 정책에서 지역사회 친화적인 정책으로 전환되어야 함을 강조하였다. 앤아보 지역 홈리스 운동의 이론적 근거는 프레리의 실천교육론이었다(Kline et al., 2000).

지역복지운동의 가치지향을 정리하면 지역복지운동이란 집단활동을 통한 지역사회 환경변화를 추구하는 거시실천이며, 전문가들에 의한 정책결정이 아니라 지역주민들의 집단적 의사결정을 통한 정책결정에 의한 사회적 약자를 위한 실천에 있으며, 이때 전문가들은 참여조사와 옹호활동에 기반한 실천적 전문가로서의 활동이 요구된다 하겠다.

2) 지역사회 변화와 지역복지운동단체

사회적 약자에 대한 가치지향에 기반한 지역복지운동의 목표는 무엇인가? 아니 왜 지역복지 조직운동이 필요한가? 지역사회가 당면한 지역문제들을 해결하기 위해 지역사회를 변화시켜(empowerment, 역량강화) 지역문제를 해결하는 것이 지역복지 조직운동의 목표가 될 것이다. 사회보장의 목표는 국민들의 기본생활보장, 소득재분배, 국민들의 연대감 증대에 있다. 지역복지 실천활동의 목표 역시 이와 크게 다르지 않을 것이다. 다만 사회보장이 국가의 제도적 차원에서 목표를 달성하려고 하는 것이라면 지역복지 활동은 지역사회를 변화시켜 이러한 목표를 달성하려는 것이다.

(1) 지역사회 변화의 의미

그렇다면 지역사회를 변화시킨다는 것의 의미는 무엇인가? 그것은 다차원의 변화를 포함한다. 첫째, 그것은 지역사회의 강화를 의미한다. 둘째, 지역사회의 변화를 주도하는 조직활동의 강화를 의미한다. 셋째, 조직활동을 주도하는 지역주민들의 의식화와 주체적인 참여 확대, 그리고 토착적 지도력 배양의 의미도 가지고 있다. 넷째, 지역주민, 조직, 지역사회 차원의 연대활동과 네트워크의 발전을 의미한다. 이와 관련하여 체코웨이는 지역사회 변화를 위한 기본 개념을 다음과 같이 정리하고 있다(Checkoway, 1997).

가. 지역사회 강화

문제해결의 주체로서 지역사회의 강화를 강조하고 있다. 지역사회의 강화는 집단 조직화, 프로그램 계획, 서비스 개발 등을 행하는 것이다. 지역사회의 강화를 통한 지역복지의 발전을 목표로 하는 것이 지역복지 실천인 것이다. 지역사회의 변화는 연대를 통한 집단행동을 통해 이루어진다. 연대를 통한 문제 해결은 개별 문제에 대한 집단 차원의 해결책을 모색하는 것으로, 이 과정에서 개인은 고립감을 해소하고 사회심리적 지지를 얻게 된다. 지역사회의 변화과정에는 다양한 개인과 집단의 참여가 이루어진다. 다양한 집단/개인의 참여는 지역복지 실천활동의 주체와 관련해서도 중요한 함의를 갖는다. 지역사회의 변화과정에서는 조직화를 통한 문제해결을 모색한다. 조직화는 사회심리적 복지를 증진시키는 역량강화 과정이다. 지역복지 실천활동 역시 개인차원이 아니라 조직차원에서 이루어진다. 결국 지역사회 강화를 위한 지역복지 운동조직의 필요성과 적극적 역할의 모색이 요구된다.

나. 지역주민 참여와 지도력 개발

지역사회 문제해결은 지역주민들과 함께 시작한다. 지역주민들은 자신들의 문제에 대한 최상의 판정자이며, 문제해결과정은 그들의 경험으로부터 나와야 한다. 전문가들이 지역주민들의 욕구를 사정하는 교육을 받지만, 전문가들의 지나친 개입은 지역주민들의 능력을 저하시킬 수 있다. 지역주민들은 단지 정보 제공의 대상이 아니라 함께 문제를 공유하고 해결책을 모색하는 주체가 되어야 한다. 지역문제의 궁극적인 해결 주체는 지역주민이라는 사실에는 이견이 없다. 그러나 이들이 곧바로 문제 해결의 주체로 활동할 수 있는 것은 아니다. 지역주민들의 참여에는 많은 장벽이 있으며, 많은 경우 지역사회 활동가, 사회복지 전문가들의 일차적인 활동이 요구된다.

주민참여와 함께 지역사회의 변화를 위해서는 지도력 개발이 요구된다. 지역사회 문제해결을 위해서는 검증된 토착 지도력이 필요하다. 어떤 형태의 지도력이 필요한가는 그 지역의 상황에 따라 다를 수 있다. 상황을 판단하여 정책 결정을 주도하는 '권위적' 지도력, 다양한 대안을 모색하여 지역사회에 제시하는 '자문형' 지도력, 지역사회가 스스로 문제해결을 할 수 있도록 돕는 '가능형' 지도력 등 다양한 지도력의 유형이 있다. 결국 두 번째 과제는 지역주민참여의 의미와 토착지도력 개발로 정리할 수 있다.

다. 다양한 전략/전술 고려

지역사회의 변화에는 여러 가지 전략적 고려가 필요하다. 지역사회문제 해결을 위해서는 여러 가지 전략, 전술적 고려가 필수적이다. 그리고 지역사회 변화의 동력으로서 자원봉사인력 등 인적, 물적 연결망이 필요하다. 알린스키(Alinsky)는 지역사회 전문가는 전문기술을 보유한 사람으로 간주하고, 조직에서 리더와 지역주민을 구별하였으며, 그들 사이의 협의체 활동을 강조하였다. 그리고 전문가의 역할을 자원봉사자가 대체할 수는 없지만, 자원봉사자 역시 변화의 동력으로 지역사회 변화과정에 기여할 수 있다고 보았다. 지역복지운동 역시 다양한 사람들의 연대에 의해 가능하다.

또한 변화에 대한 신뢰, 즉 집단 개입으로 인한 지역사회의 변화 가능성에 대한 신념이 필요하다. 사람에 따라 변화의 가능성을 믿는 정도는 다르다. 그것은 개인적 특성, 지역사회의 자원배분 정도에 따른 조직화 정도, 특권의 제도화된 패턴에 따라 다르다. 변화 가능성을 믿는 방법은 개인의 의식 변화, 자각에 기초한 행동이 가능하도록 교육시키는 것이다. 프레리 교육론의 핵심은 피교육자를 위한 교육이 아니라 피교육자와 더불어 한계상황을 반성적으로 고찰하여 행동지향적인 실천활동(프락시스)에 기반한 교육이다. 이러한 교육방식만이 진정한 변화를 가져올 수 있는 것이다.

(2) 지역복지운동단체의 활동

지역사회 변화의 의미는 다양한 집단과 개인의 조직적 참여를 통한 지역사회의 강화, 주민참여와 토착지도력의 개발을 통한 문제해결, 이를 위한 다양한 전략, 전술의 고려와 변화가능성에 대한 신뢰의 중요성 등으로 정리할 수 있다. 이러한 지역 사회 변화의 의미는 지역복지단체의 활동에 반영되어야 한다.

지역복지단체의 활동은 서비스 제공, 옹호 활동, 당사자 동원, 조직화의 4가지 차원에서 평가할 수 있다(Kahn, 1995; 이문국 · 이인재, 2002).

가. 서비스 제공 활동

문제해결을 위해 사회적 서비스를 제공하는 것은 가장 전통적인 접근방법이다. 개인이 필요로 하는 것을 제공받을 수 있다는 데서 서비스 제공의 의의를 찾을 수 있다. 그러나 서비스를 제공하는 것만으로는 사람들이 공통적으로 가지고 있는 문제에 대하여 활동하도록 사람들을 조직하지 못하기 때문에, 원천적으로 문제의 원인이 되는 상황에 맞서거나 변화시키지 못하는 것이 일반적이다.

나. 옹호활동

옹호활동은 부당한 현실, 정책에 의해 고통받는 사람들을 대신해서 현실이나 정책의 변화를 추구하는 것이다. 옹호는 누군가 다른 사람이나 어느 집단을 대변하는 것을 말한다. 옹호는 인간의 삶을 실제적으로 향상시킬 수 있으며, 옹호를 통해 기관이나 제도의 운영방식을 변화시킬 수 있다. 옹호활동은 사회내 권력관계를 바꿀 수 있으나, 당사자 스스로 행동하도록 동기부여하지는 못한다.

다. 동원활동

동원은 인간의 삶을 통제하기 위해 사람들을 관여시키는 것이다. 당사자 동원은 사람들이 자신의 문제를 스스로 해결하려는 과정에서 시작된다. 동원을 통해 사람들은 자신의 힘에 대한 감각을 얻게 되며, 이 동원이 조직으로 나가는 하나의 단계가 될 수 있다. 그러나 동원은 보통 시급한 문제에 대한 직접적 반응으로, 성과가 일시적이며 제한적이다. 이에 비해 조직화는 지역사회 권력관계에 대한 지속적인 도전을 유지한다.

라. 조직화활동

조직화는 사람들의 문제를 해결할 수 있는 조직을 구성하는 것이며, 조직에는 많은 이점이 있다. 조직에는 지속성이 있으며, 이슈에 따라 경험을 쌓은 구성원과 지도자가 있다. 그리고 조직만들기 과정을 통해 개인적, 집단적으로 역량을 강화해 나간다.

칸(Kahn)이 언급한 이상의 4가지 차원의 지역복지단체 활동은 지역복지운동의 단계적, 발전적 지향점을 제시하고 있다. 즉 지금까지의 지역복지운동의 지역사회 변화의 성과는 무엇이며, 그 한계는 어디인가를 판단할 수 있는 하나의 기준점을 보여주고 있는 것이다. 3절에서는 이러한 기준에 맞추어 지역복지운동단체들의 활동을 살펴보고자 한다.

3. 지역복지실천의 주체와 조직화 과제

지역복지실천의 주요 쟁점 중 하나는 지역복지실천의 주체를 고려하는 것이다. 지역복지실천의 주체(지역복지 실천가)는 지역사회 운동가인가, 사회복지 연구자인가, 사회복지 실무자인가, 지역복지 이용자인가, 아니면 일반 지역주민들이 주체가 되어야 하는가 하는 점이 논의의 출발점이다.[2]

---

[2] 본 글에서 지역복지 실천가는 지역복지실천활동을 전개하는 사람을, 사회복지 실무자는 지역사회복지기관이나 시설에 종사하는 사회복지사를, 사회복지 연구자는 사회복지학을 가르치거나 연구하는 학자나 연구자를, 지역사회 활동가는 빈민운동, 주거운동 분야 등 지역사회 실천 현장에서 활동하는 사람을, 지역복지서비스 이용자는 주로 전통적 의미의 사회복지 서비스 대상자를 의미한다.

1) 지역사회 활동가

우리의 지역복지실천 현실은, 지역사회 활동가의 역할이 뚜렷하게 나타난다. 지역사회 활동가들은 비록 사회복지의 전문성은 상대적으로 뒤떨어질지 모르지만, 실천현장의 경험에 기초하여 실제적으로 지역복지 실천을 주도하는 경우가 많다. 실제로 서울시 관악구 관악사회복지와 대구광역시 우리사회복지회를 사례(제1장 참조)를 통해 지역사회 활동가의 리더십이 지역복지활동 성공의 핵심적인 요인임을 보여주고 있다. 지금도 관악사회복지, 우리사회복지회는 물론 경기복지시민연대 등 대부분의 지역복지 실천활동은 지역사회 활동가들의 지도력에 의존하고 있다. 사회복지실무자들의 지역복지 실천활동이 미약한 우리의 현실을 고려할 때 앞으로도 상당 기간은 지역사회 활동가들의 일차적 역할에 주목해야 할 것이다. 그렇지만 사회복지 활동가들의 활동이 상대적으로 활발하다는 의미일 뿐, 그 역할이 충분하다는 것은 아니다. 지역복지 실천활동을 주도하는 지역사회 활동가들의 수가 얼마 되지 않는 것은 물론이고 사회복지의 전문성 측면에서도 충분한 자질을 가진 것은 아니다. 그리고 대다수 지역사회조직의 경우 사회복지 연구자와의 협력관계를 통해서 지역복지 실천활동을 전개하고 있다.

선진국의 예를 보더라도, 일부 지역사회 활동가의 활동 여부에 따라 지역복지 실천의 성공여부가 결정되고 있다. 미국의 대표적 복지권 운동조직인 뉴욕 복지옹호센터(The downtown welfare advocate center)의 역사를 보면 초기 운동을 이끌던 핵심 사회운동가 2인의 퇴진은 바로 조직 와해의 결과를 가져왔다(Morrissey, 1990).

2) 사회복지 연구자

다음으로 사회복지연구자의 역할을 생각할 수 있다. 사회복지를 이론적으로 연구하는 사회복지연구자들이 지역복지실천에 앞장서는 것은 어떻게 보면 당연한 일이다. 현재 우리나라에서 활동 중인 경기복지시민연대, 관악사회복지, 우리사회복지회 등 상당 수 지역복지단체들의 경우 사회복지연구자들이 직·간접적으로 지역복지실천활동을 수행하고 있다.

사회복지 연구자들 중 미시실천 영역인 임상관련 연구자들의 경우 가족치료, 정신의료사회사업, 사회복지관 등에서 활발한 실천 활동을 전개하고 있다. 거시실천 영역인 사회복지법, 제도 관련 연구자들의 경우 일부 연구자 중심으로 4대 사회보험 영역 등 제도 개선과 관련해서 이슈 제기, 법 개정 운동, 공익 소송 등 활발한 실천 활동을 전개하고 있다. 이에 비해 지역복지 분야 연구자들의 지역사회 실천 활동은 일부 연구자들을 제외하고는 상대적으로 미약한 것이 현실이다. 관련 연구자들의 활발한 실천 활동이 요구되고 있다.

문제는 사회복지연구자들이 지역복지실천의 주된 동력이 될 수 있는가 하는 점에 있다. 아직은 미약한 우리의 실천현장 속에서 그들의 역할이 지금은 상당한 부분을 차지하고 있지만, 연구가 주업이며 상시 활동가가 아닌 사회복지연구자들이 지역복지 실천의 일차적 주체가 될 수는 없을 것이다. 다만 실천활동의 전문성 측면에서 보완하거나 지역사회 활동가와 함께 지역복지 실천을 주도할 수 있을 것이다.

3) 사회복지실무자

사회복지실무자들이 지역복지실천의 주체가 되어야 한다는 주장도 분명한 설득력을 가지고 있다. 사회복지를 이해하고 실천하는 것을 과업으로 삼고 있는 사회복지실무자들은 지역복지 실천의 당연한 주체가 되는 것이다. 그러나 지역사회복지 기관에서 근무하고 있는 사회복지실무자들은 미시적 차원의 실천 활동에 주력하고 있으며, 지역사회 실천 활동에의 참여는 미미한 수준이다. 그 이유는 여러 가지가 있겠지만 우선적으로 생각할 수 있는 것으로 지역사회복지 기관 지도자들의 지역복지활동에의 소극적 태도, 지역복지 실천활동의 공식화 미비 등에 기인하는 바가 크다.

코헨과 오스틴(Cohen & Austin, 1997)은 사회복지 실무자들의 역량강화(empowerment of staff)를 통한 사회복지서비스 조직의 변화 가능성을 보여주고 있다. 사회복지기관에서 서비스를 제공하는 실무자들의 역량강화는 조직의 긍정적 변화를 가져오고 궁극적으로 지역복지활동을 강화시킬 수 있을 것이다.

사회복지서비스 기관 내에서 실무자의 역량강화는 부분적으로 기관의 승인과 활동가의 인식개선을 통해 이루어진다. 실무자의 역량강화가 필요한 이유는 다수 기관 내에서 서비스 제공의 재구조화 이슈가 제기되고 있으며, 무엇보다도 실무자들의 역량강화가 이루어지지 않으면 서비스 이용자의 역량강화에도 부정적인 영향을 미치게 되기 때문이다. 지금까지 사회복지기관 내 직원들의 역량강화를 강조한 주도적인 모형은 직원주도 조직변화 모형(staff-initiated organizational change)으로, 이 모형은 3가지 기본 전제를 가진다. ① 기관에서 정책결정과정에 활동가의 참여에 대한 공식적인 승인은 없다. ② 사회복지기관에서 활동가들은 자율적 전문가의 기능을 수행해야 한다. ③ 조직변화는 일련의 단계를 거쳐 이루어진다. 그러나 이러한 전제에 기반한 실천활동은 실무자들의 실제적인 역량강화를 이룰 수 없다.

그래서 코헨과 오스틴은 새로운 조직변화 모형으로 앞의 3가지 전제를 비판적으로 수용한 새로운 전제들을 다음과 같이 제시하고 있다. ① 조직발전을 위한 활동가의 참여는 조직구조 내에 반영되어야 하며, 공식적으로 승인되어야 한다. ② 조직개선활동에의 참여는 전문적 사회복지활동가의 역할의 하나가 되어야 하며, 과업의 일부로 받아들여져야 한다. ③ 개인과 조직의 교육기회가 기획되어야 하며, 변화과정을 통해 격려되어야 한다. 새로운 모형에 의한 실무자들의 역량강화와 조직 변화는 연구와 조사활동에도 적용되어야 한다.[3] 코헨과 오스틴은 조직정책과정에의 실질적 의미의 참여(참여의 공식화, 과업화, 그리고 교육훈련)가 보장될 때 직원들의 역량강화가 가능하다고 본 것이다.

그러나 현재 사회복지 실무자들은 지역복지 실천에 적극적으로 동참하지 못하고 있다. 그 이유는 여러 가지 요인이 있겠지만, 사회복지실무자들의 개인적인 성향이라기 보다는 조직환경이 더 큰 제약요인으로 작용하고 있다고 볼 수 있다. 개인적 성향이 큰 문제가 되지 않는다는 사실은 조직화에 대해 사회복지실무자들이 강한 의지를 가지고 있다는 데서도 확인된다(이인재, 1998a). 즉 사회복지실무자들의 지역복지 실천활동에 대한 개인적인 인식변화도 필요하겠지만, 지역복지 실천활동에 적극적으로 참여하도록 돕는 조직환경의 마련이 시급하다. 이를 위해서는 코헨과 오스틴의 연구 결과에서 지적하고 있는 바와 같이 사회복지기관에서의 사회복지실무자들의 역량강화가 우선적으로 이루어져야 한다. 사회복지조직의 정책과정에 적극적으로 참여할 수 있도록 해야 하며(참여의 공식화와 과업화), 이를 보장하는 교육훈련기회가 제공되어야 할 것이다.

4) 지역주민

지역주민들이 지역복지운동의 주체가 되어야 한다는 주장 역시 설득력이 있다. 이 경우는 일반 지역주민들이 지역복지에 대한 관심과 지식수준이 낮은 상태이기에 때문에 지역(복지)운동조직이 주민들의 주체적 참여를 이끌어내야 한다. 지금까지는 지역주민들의 지역복지 실천에 대한 관심 정도는 높지 않은 것으로 평가된다.

---

3) 먼저 교육활동에는 학생들이 배움에 책임감을 가질 수 있는 환경과 구조가 제공되어야 한다. 여기에는 학생과 교사의 역할을 재고하는 교육에 대한 고려가 포함된다. 두 번째는 현장교육을 통해 학생들에게 조직의 문제해결 과정을 이해할 수 있는 기회를 제공해야 한다. 마지막으로는 학생들에게 교육과정에 참여하는 기회를 제공해야 한다. 연구영역에서는 그 동안 연구 대상으로 간주되었던 활동가, 서비스 이용자들이 연구의 동료로서의 역할을 해야 한다. 그러면서 연구조사에 참여적 행동조사가 활발하게 이루어져야 한다.

궁극적으로 지역복지 실천활동은 지역주민들의 주체적인 참여에 의해 이끌어져야 하겠지만, 지금의 현실에서 지역주민들의 참여를 이끌어내는 것이 일차적인 과제는 아닌 것으로 판단된다.

선진국의 경우 지역주민들이 지역복지활동의 주체로 참여하여 지역복지활동의 성과를 가져온 경우도 있다. 이 경우는 지금까지 지역사회의 복지시설에 대해 부정적이었던 지역주민들을 활동에 참여시킴으로써 지역문제 해결의 주체로 전환시키는 것이다(empowerment of neighbors). 콜비(Colby, 1997)는 지역사회 주민들을 지역사회 욕구조사에 조사원으로 참여시킴으로써 그들의 지역사회 구성원으로서의 소속감을 향상시키고 지역사회 문제해결의 잠재적인 주체로서 변화하게 되었다는 연구 결과를 보여주고 있다. 여기서 우리가 생각할 수 있는 것은 지역복지 실천과정에 지역주민들과 함께 하는 방안, 예를 들어 지역조사 과정에 참여하는 방안 등을 적극적으로 모색해야 한다는 사실이다.

5) 지역복지서비스 이용자

지역복지서비스 이용자 역시 중요한 지역복지 활동의 주체가 될 수 있다 (empowerment of client). 이용자들이 단순히 연구조사 대상으로서의 역할이 아니라 연구조사의 주체가 됨으로써 그들의 역량강화의 계기를 얻게 되는 것이다. 예를 들어 지역사회문제 해결 과정에 지역사회 거주 10대들을 참여시킴으로써 지역사회에 대한 그들의 이해 증진과 지역주민으로서의 정체성 고양을 돕는 결과를 가져온 경우도 있다. 로스와 콜만(Ross & Coleman, 2000)은 매사추세스 주 Worcester 지역의 사례연구를 통해 도시행동계획과정에 10대들을 참여시킴으로써 그들이 원하는 지역사회를 만드는 데 공헌하는 계기를 제공한 사례를 보여주고 있다.4)

---

4) 도시행동계획과정(UCAP)은 문제/정보 수집 및 자원 점검, 조직화, 우선순위선정/자원조직화, 외부자

주체적인 문제 해결 능력이 떨어진다고 평가받고 있는 무주택 노숙인들의 경우에도 이러한 계기를 발견할 수 있다. 미국의 경우도 무주택 노숙인에 대한 전문가의 견해를 살펴보면, 그들은 의존적이고 조직화가 어렵기 때문에 정치적으로 무능력한 집단으로 간주되는 경향이 강하며, 따라서 무주택 노숙인들을 위한 정치적 행동은 무주택 노숙인들에 의한 사회운동이 아니라, 그들을 위한 사회운동이 필요하다고 보는 경우가 대부분이었다. 그러나 1987년 메인주 포들랜드 시의 사례는 무주택 노숙인들의 자기 문제해결 과정을 잘 보여주고 있다(Wagner & Cohen, 1991). 1987년 7월 임시 무주택 노숙인시설 폐쇄에 대항하여, 무주택 노숙인들은 '무주택자와 빈민들의 존엄성 연합'(the Coalition for the Dignity of the Homeless and Poor)이라는 조직활동을 통해 시청청사 점거를 거쳐 공원에 집단 텐트촌을 형성하였다. 이러한 텐트촌의 형성은 지역언론의 관심을 가져 왔으며, 결국 무주택 노숙인 운동 전문가의 중재에 의해 시로부터 지속적인 임시거처 마련, 일시부조 지급, 근로연계 프로그램의 철폐 그리고 시 정책의 홍보 등의 성과를 가져왔다. 뿐만 아니라 조직 내부에 고충처리위원회가 결성되어, 무주택 노숙인 혹은 과거 무주택 노숙 활동 경험이 있는 사람들에 의한 '동료 옹호인' 활동이 활성화되었다. 이와 같은 사회운동의 경험은 물질적 혜택의 증가라는 결과 외에도 운동참가자들에게 '연대감', '역량강화(empowerment)', '재사회화'의 계기를 제공함으로써 향후 지역사회운동에 적극적으로 참여할 수 있는 동력을 제공하였다.

원활용과 실천의 4단계로 이루어진다. Woncester 지역의 경우 1, 2 단계에서 지역사회조사를 통해 아동문제 등 8가지 문제 영역을 수집하였다. 3단계에서는 지역 계획위원회 모임을 통해 지속성, 효과, 형평, 시간, 비용/기술적 요인 등 5가지 평가기준을 가지고 문제영역을 10대 문제 등 4가지로 조정하였다. 4단계에서는 실천을 위한 행동 계획을 작성하는 것으로, 10대 문제를 해결하는 데 10대들을 계획가로 참여시켰다. 그들의 욕구와 이의 실현을 가로 막고 있는 장애물(어른들의 편견과 술, 약물, 그리고 활동공간의 부족 등)을 제시하고 이것을 개선하는 구체적 실천방안을 논의한 결과 도심내 공원정비를 하나의 과제로 선정하였다. 도심내 공원정비가 아젠다로 선정되는 과정은 먼저 지역선정(maping), 욕구조사(일기 등을 활용한 10대들 욕구 조사-), 지역조사(환경 등), 선정위원회(조사 결과 논의)를 거친 결과물이다.

우리의 경우 지역복지 이용자들이 지역복지 실천활동의 주체로 활동하기에는 아직도 해결해야 할 과제가 너무 많다. 우선 사회복지 기관과 시설을 이용하는 이용자들의 인권이 보장되어야 하며, 사회복지실무자와 마찬가지로 먼저 시설과 기관의 운영에 어느 정도 참여가 이루어져야 한다.

6) 지역복지 실천 주체

이상에서 지역복지실천의 주체로서 지역사회 활동가, 사회복지연구자, 사회복지실무자, 지역주민, 지역복지 이용자들의 경우를 살펴보았다. 지역복지실천 활동이 미약한 우리의 현실을 고려해보면, 다양한 사람들의 연대를 통한 실천을 주장하는 것은 당연한 일이다. 예를 들면 지역복지운동에는 사회복지실천가의 주도적인 활동과 지역주민들의 적극적인 뒷받침이 동시에 이루어져야 한다(이인재, 1995)는 주장, 사회복지계와 지역주민단체와의 협력관계가 지역문제 해결에 필요하다는 주장(김성한, 2001) 등이 여기에 속할 것이다.

지역복지 실천 활동에 다양한 대상들의 참여가 필요하다는 지적은 지극히 당연하다. 다만 이들 대상 중 우리의 여건에서 보다 적극적으로 실천활동을 이끌어야 할 역할은 누가 담당하는 것이 더 타당하며 현실성이 있는가 하는 점을 살펴보아야 하는 것이다. 먼저, 지역복지이용자들의 경우는 지역복지활동을 통해 이들의 의식을 개선하고 지역사회에의 관심을 제고한 결과를 가져 온 경우도 있으나, 이들이 활동을 주도하기는 어렵다. 지역주민들의 경우도 이용자들의 경우와 크게 차별성을 띠고 있다고 보기는 어렵다. 그러면 지역복지활동에서 지도력을 발휘하여야 할 주체는 지역사회 운동가, 사회복지연구자, 사회복지실무자의 몫이 된다. 여기서도 사회복지실무자의 경우는 사회복지기관 내에서 역량강화라는 과제 해결이 우선적으로 요구되며, 사회복지 연구자의 경우는 지역복지실천 활동이 주된 과업이 아니다.

결국 우리의 현실에서 지역복지실천 활동을 주도해야 하는 리더십은 지역사회 운동가들의 몫이다. 물론 지역복지 실천을 모두 이들의 책임만으로 돌릴 수는 없다. 현재의 지역복지 실천활동이 그러한 것처럼 지역사회 운동가의 주도적인 활동과 이를 지원하는 사회복지연구자와 사회복지실무자의 보완적인 활동이 이루어져야 최소한의 지역복지실천이 가능할 것이다.

문제는 활동가, 연구자, 실무자 중심의 활동만으로 사회적 약자의 인권보장이라는 지역복지실천의 가치를 실현할 수 있는가 하는 점이다. 궁극적으로 지역주민과 지역복지이용자들을 지역복지활동의 주체로 세워야 한다. 즉 지역에 뿌리를 둔 토착지도력을 만들어내지 못하면 지역복지실천은 지역복지문제 제기 등 일차적인 활동은 가능할지 모르지만, 지역사회 변화를 통한 문제해결이라는 궁극적인 지역복지 실천활동의 목표달성을 이루어 내기는 어려울 것이다.

7) 지역복지 주체들의 조직화 과제

어느 세력이 주체가 되든 지역복지 실천활동은 '조직'을 통해 이루어진다. 즉 개인 차원이 아닌 조직 차원의 운동을 통해 '지역사회'를 변화시켜 활동의 목표를 달성하는 것이다.

목표를 달성하기 위해서는 지역복지 활동을 수행하는 주체들의 조직화가 필수적인 과제가 된다. 많은 사회복지 연구자와 대다수 사회복지 실무자들은 사회복지사협회 등 전문가 조직에 가입하여 활동하고 있으며, 일부 사회복지실무자들은 노동조합에 가입하여 조직활동을 수행하고 있다. 대다수 지역사회 활동가, 일부 사회복지 연구자, 일부 사회복지실무자와 일부 지역주민들은 경기복지시민연대 등 비영리 시민운동조직(NGO, NPO)에 가입하여 활동하고 있다. 그러나 현재 사회복지사협회 등 전문가 조직은 원주, 부천 등 일부지역을 제외하고는 지역복지 실천활동에 거의 관심을 보이지 않고 있다. 이에 비해 경기복지시민연대, 관악사회복지 등 지역복지를 활동의 목표로 내건 지역시민운동조직들은 상대적으로 활발한 활동을 전개하고 있다. 지역시민운동조직들은 전반적으로 지역운동이 미약한 현실에서 중요한 지역복지의 이슈를 다루고 있으나, 지역주민들과 지역복지 서비스 이용자의 참여 부족은 물론이고 사회복지 연구자와 사회복지 실무자들의 미약한 참여로 인해 아직 초보적 수준을 벗어나지 못하고 있다.

조직화 과제는 모든 사람들에게 관련된 문제이지만, 현재 너무나 미약하게 이루어지고 있다. 여기서는 향후에 활발하게 지역복지 실천활동에의 참여가 요구되고 있는 사회복지실무자들의 조직화 과제를 중점적으로 살펴본다. 이를 위해 사회복지실무자들의 조직활동이 활발한 캐나다의 사례를 살펴보자.

하디나(Hardina, 1994)는 캐나다 사회사업가들의 사회행동 지향이 강한 것은 옹호조직에 대한 정부 지원, 사회복지 활동가들의 높은 노조 조직률, 그리고 캐나다 사회사업가 윤리강령에 포함된 사회행동에의 전문적 헌신 등의 결과로 보고 있다. 캐나다는 사회사업가의 높은 노조 조직률과 주류정당으로서 사민주의 정당의 역할, 그리고 사회운동조직에 대한 연방자금의 제공 등이 사회사업가의 사회변화에 대한 권한 행사에 영향을 미치는 외부 요인이 된다.

캐나다 사회사업가 윤리강령은 사회행동, 즉 사회변화 추구, 자원배분, 차별 방지 등을 주요 역할의 하나로 보고 있다. 캐나다사회사업가협회(CASW)는 연방 정부와 주 정부를 상대로 활동을 전개하였으나, 최근에는 재정상 한계로 연방차원의 활동의 폭을 축소하고 있다. 협회의 주된 활동은 사회사업가의 전문성 보장을 위한 입법활동으로, 이로 인해 사회행동 활동이 위축되고 있다. 그 외 정부의 예산삭감에 항의하는 것도 중요한 활동의 하나이다.

사회사업가들이 사회운동에 참여하는 데 영향을 미치는 요인은 대략 4가지로 정리되는데 그 중에 하나가 사회사업가의 노조화와 노동운동의 영향이다. 캐나다 사회사업가들의 노조 가입률은 최소 50%를 넘는다. 1987년 조사에서 노조 가입률은 공무원의 경우 85%, 민간기관 사회사업가의 경우 55-60%선인 것으로 나타났다. 사회사업가를 비롯한 공무원들의 파업은 드문 현상이 아니다.[5] 사회사업가의 조직화와 관련해서는 사회변화를 위해서는 사회사업가의 노조를 통한 집단행동이 요구되며, 전문적 조직은 전문가의 자율성과 고용조건에 관심을 두고 있으나, 서비스 이용자들의 욕구나 환경변화에는 거의 관심을 보이지 않고 있다.

한국사회복지사협회의 윤리강령에서도 사회복지사의 전문적 가치, 전문 기술의 습득은 물론이고 복지대상자(복지서비스 이용자)들을 위한 사회제도적 개선에도 적극 개입한다는 사실을 명기하고 있으나, 이 분야의 실천 활동은 전반적으로 대단히 미흡하다. 이에 전문가조직 형태로는 실현시키기 어려운 사회변화를 위해서는 캐나다에서와 같이 노동조합으로의 조직화 전망도 고려해야 할 것이다. 사회복지실무자들의 전문가 조직화로의 지향이 보다 강한 것도 사실이지만, 사회변화를 위한 노동조합으로의 조직화 전망도 어두운 것은 아니다(이인재, 1998a). 소규모 작업장 단위의 노동조합 형태만 고려할 것이 아니라 산별노조, 지역노조 차원의 조직화를 적극적으로 고려해야 할 것이다.

---

5) 나머지 요인으로, 첫째, 여성주의적 실천과 여성운동의 영향. 사회사업가들은 여성운동에도 열성적으로 참여한다. 여성주의적 사회사업가들은 성 불평등 인식과 여성의 사회변동에의 적극적 역할수행을 위한 실천모형 개발을 위해 노력한다. 그리고 사회사업가와 서비스 이용자 사이의 공개적이고 동등한 관계 정립을 위해서도 현존 권력관계를 바꾸어야 한다고 강조한다.
둘째, 원주민 운동(First Nations Movement)의 영향. 원주민 출신 사회사업가들은 주류문화에 기반한 서비스 전달은 원주민 언어, 문화와 가족관계를 파괴하는 결과를 초래한다고 비판하고 있다. 이들은 주류 문화에 기반한 현존 사회적 서비스 전달구조를 변화시켜야 한다고 주장한다.
셋째, 평화운동의 영향. 캐나다 사회사업가들은 평화운동에도 적극적으로 참여하고 있다. 캐나다 군대는 전통적으로 평화유지역할을 선호한다. 사회사업가들은 캐나다 영공에서의 미국 크루즈 미사일 시험발사 반대시위 등에도 활발하게 참여하고 있다. 그 외 사회사업가들의 활동과 관련된 쟁점은 사회사업가의 정치활동, 학계의 거시실천과 미시실천 간의 논쟁, 사회사업가 조직화 전망 등이다. 먼저, 사회사업가들은 자유로운 정치활동을 전개하고 있으며, 정당의 지도자로 활약하는 사회사업가도 있다. 사회사업 학계에서는 거시영역인 사회정책과 행정과 미시영역인 임상과목 간의 관련성을 둘러싸고 논쟁(결별과 통합)이 벌어졌다.

4. 지역복지운동단체의 활동

그 동안의 사회복지운동의 전개과정을 살펴보면, 노동운동 진영보다는 시민사회단체의 주도에 의해서 이루어진 경우가 대다수에 속한다. 수년 전부터 노동운동 진영에서도 사회복지문제의 중요성에 대한 인식의 전환이 이루어져 과거와는 다른 관심을 보여주고 있지만, 주·객관적 역량의 미흡으로 여전히 주변적 역할에 머무르고 있다. 이에 비해 1990년대 들어 시민사회단체는 사회복지 이슈 제기 및 제도개선에 주도적 역할을 하고 있다. 1990년대 이후 지역복지 운동단체들의 설립배경은 지역주민운동에서 생활영역의 중요성 인식에 있다. 즉 지역운동 문제의식의 변화와 지역운동영역의 확장 차원에서 발전하였으며, 이는 지방자치제의 발전과 맥을 같이 한다. 지역복지운동단체들의 주요 활동을 칸이 제시한 4가지 차원으로 나누어 살펴보면 다음과 같다.

1) 서비스 제공 활동

(1) 직접 서비스 제공과 이벤트 사업

지역복지단체들의 활동의 많은 부분은 서비스 제공에 있다. 사회적 약자들에게 직접 서비스를 제공하거나 각종 교육훈련 프로그램을 제공하는 활동 등은 이 범주에 속한다.

직접 서비스 제공은 지역사회의 사회적 약자들을 대상으로 실직자 생계비 지원, 음식나눔 사업, 푸드뱅크 사업, 의료서비스 지원사업, 아동 방과후 교육 사업, 정신지체장애인 주간보호시설 등으로 이루어지고 있다. 관악사회복지의 경우 1998년부터 푸드뱅크 사업을 실시하고 있으며, 2002년에는 해체가정 결연 운동을 전개하였다. 천안 복지세상을 열어가는 시민모임의 경우 1999년부터 저소득가정의 아동을 대상으로 방과후 교실, 독거노인/아동/장애인가정 밑반찬 나눔을 지속적으로 실시하고 있다.

사회복지 이벤트 사업 역시 지역사회의 사회복지에 대한 관심을 제고시킬 수 있는 기회를 제공하며, 지역사회의 다양한 단체들로 하여금 지역사회 사회문제를 다룰 수 있는 기회를 제공한다. 사회복지 이벤트 사업의 대표적인 실례는 수원의 노인복지주간 사업을 들 수 있다. 1996년 1회 사업이 실시되었으며, 1997년, 1998년 연속 노인복지주간 사업이 실시되었다. 이 사업은 지역사회 내에서 사회복지의 중요성을 부각시키고 이를 통해 지역주민들의 복지수준을 증진시키기 위한 사업이다. 이를 위해 지역사회 내 대한노인회 등 노인복지 관련 단체, 의사회, 한의사회, 약사회, 변호사회 등 전문가 단체, 경실련, YMCA 등 시민단체, 사회복지사 등 복지관련 단체, 지역내 사회복지학과 학생회 등으로 공동사업단을 구성하였으며, 구체적인 사업으로는 무료진료사업, 무료법률상담, 무료 이미용, 목욕사업, 노인축제행사 등을 실시하는 것이다. 이러한 공동사업 경험 결과 참여 단체들은 1999년에는 수원 노인보건복지협의회를 구성하여 활동을 보다 공식화하고 체계화하였다(이인재, 1998b). 수원에서 노인복지주간사업을 주도했던 다산인권상담소는 1996년의 사회복지대학 프로그램을 실시하면서 축적된 경험과 1990년대 후반 들어 터진 에바다농아원 사건의 해결을 모색하는 모임을 통해 1999년 경기복지시민연대 탄생의 모태가 되었다(송원찬, 1999).

지역사회 내 다양한 지역운동단체들 간의 관계망을 형성할 수 있는 사업으로 지방의제21(local agenda 21) 사업이 있다. 이 사업은 지구환경의 위기상황에 대처하기 위하여 세계 각국 지방자치단체의 주요그룹들이 동반자 관계를 형성하여 구체적인 환경보전활동을 벌이는 범지구적 시민운동이다. 지방의제21의 핵심개념은 지속가능한 개발, 동반자 관계(partnership), 과정(process)의 3가지로 정리할 수 있다. 우리나라에서는 서울, 부산, 인천, 대구, 대전, 광주, 안산, 순천, 청주, 수원 등에서 보고서가 발표된 바 있다. 지방의제21 사업이 궁극적으로 지역주민들의 삶의 질의 과제를 다루기 때문에 지역내 사회복지과제와 연관성을 가지지 않을 수 없다. 광역단위에서는 경기도 지방의제 21 사업이 모범적으로 진행되어 2003년도 현재까지 상설 사무국을 통해 사업이 이루어지고 있으며, 지역복지 의제 실천을 위해 지역 사회복지조직과의 연대활동이 이루어지고 있다. 2000년도에는 경기복지시민연대가 경기도 청소년의제 10대 실천과제를 작성하고 일부 과제의 경우 실천 활동까지 이루어졌다. 이러한 이벤트 사업 역시 지역사회 내 사회복지에 대한 관심을 제고시킬 수 있는 기회를 제공하며, 지역사회 내 다양한 단체들로 하여금 지역사회 내 사회문제를 다룰 수 있는 기회를 제공한다.

이 분야와 관련해서 지역복지단체들이 고려할 수 있는 사업으로 첫째, 지역복지단체와 연계하여 지역단위 복지옴브즈만 제도를 도입, 운용하는 것이다. 복지옴브즈만은 사회복지대상자 및 사회복지실천가들의 권리침해 사항 등 애로사항 대응 및 개선과 사회복지기관 및 시설의 문제 해결(지역사회 개방 및 민주적 운영) 등의 역할을 기대할 수 있다. 둘째, 시민참여복지 이벤트 구상으로 자원봉사활동 축제, 문화행사, 노인복지주간 사업, 주민 대상 교육훈련 실시 등이다. 셋째, 지역복지활동으로 아동 및 청소년, 노인, 장애인, 이주노동자 인권 보장, 지역단체(지역복지운동단체, 사회복지기관, 종교기관, 전문가 단체 등)와 연계한 다양한 실천 프로그램, 이벤트 사업으로 청소년들의 장애인 편의시설 탐방, 노인복지주간, 지역 사회복지 지도 만들기 등을 고려할 수 있다.

(2) 사회복지교육 프로그램

지역의 사회복지실천가를 비롯한 지역주민을 대상으로 한 다양한 사회복지교육이 가장 대표적인 실천활동이라 볼 수 있다. 이러한 형태의 교육은 장애우권익문제연구소의 장애우대학을 시작으로 1995년의 참여연대의 사회복지학교까지 처음에는 서울에서 주로 이루어졌다. 지방에서는 1994년 9월 대구에서 우리사회복지회(현재는 우리복지시민연합으로 확대 발전하였다) 주최로 사회복지실무자, 시민단체 실무자 등을 대상으로 참여사회복지학교가 개최되었다. 이어서 수원(1996), 전주(1997), 안산(1997), 천안(1998) 등에서 지역주민들을 대상으로 사회복지학교가 개최되었다. 사회복지학교에서는 지방화시대의 사회복지과제, 사회복지예산, 사회복지법 및 조례, 장애인, 노인 등 분야별 현황 및 과제, 사회복지운동론 등이 다루어진다(이인재, 1998b). 사회복지 교육활동은 2002년 10월 경기복지시민연대의 사회복지학교, 울산 참여연대 사회복지센터의 사회복지학교까지 최근까지도 지역복지실천 활동의 대표적인 사업이 되고 있다. 대구의 우리복지시민연합은 1999년부터는 단편적인 사회복지학교 운영를 보다 체계화하여 사회복지대학, 여성복지대학, 노동복지대학, 자원활동가교실 등 주요 테마별로 강좌를 구성하는 '복지아카데미'로 확대 운영하고 있다(은재식, 1999).

다양한 형태의 사회교육은 수강생들에게는 사회복지에 대한 이해와 관심을 늘릴 수 있는 기회를 제공하며, 지역사회 전반에 사회복지에 대한 관심을 촉구할 수 있는 계기도 된다. 문제는 사회복지교육활동에 참여한 지역주민들의 지역복지에 대한 관심을 지속적으로 유지하여 조직활동으로 이끌어 내지 못한다는 점이다. 대다수 지역복지조직들이 주최한 교육활동은 한번 내지 2-3번으로 끝내 버리고, 교육생들의 관심과 애정을 조직화하는 데 실패하고 있다. 즉 지역주민이 없는 지역복지운동의 상당 부분은 지역복지조직 지도자그룹의 비전과 목표의 미흡, 적절한 전략/전술의 부재에 기인한다.

사회복지학교와 같은 사회복지 교육활동은 단순한 일회성 행사로 끝나지 않고 지역사회의 사회복지문제 해결의 출발점이 되어야 한다. 이를 위해서는 지역의 주민운동 지도자그룹은 수강생들로 하여금 교육 수료 이후에도 지역사회 사회복지 문제에 대한 관심을 계속해서 유지하면서 지역사회 사회복지 수준을 한 단계 발전시키기 위한 다양한 활동을 조직적으로 전개할 수 있도록 해야 한다. 사회복지교육과 관련해서는 교육훈련 주체, 교육훈련 내용, 교과 과정, 교육훈련 방식, 교육참가자의 주체적인 참여방안 모색 등이 주요 이슈가 된다.

서비스 제공 활동은 그 자체로서 중요한 의미를 가지지만, 활동의 성과로 옹호활동과 주민동원 나아가 주민들의 조직화로 발전되지 못하면 그것의 의의는 축소되어 버린다. 지역문제의 확인과 욕구 충족에 머무를 것이 아니라 궁극적인 문제 해결을 위한 주민조직화 단계로 발전되어야 하는 과제를 가지고 있는 것이다.

2) 옹호활동

옹호활동은 서비스 제공과 함께 지역복지 운동단체들이 전개하고 있는 대표적인 활동의 한 영역이다. 옹호활동은 지역사회단체와의 연대활동과 지방자치단체/지방의회와의 관계 및 조례 재정/개정 운동으로 나누어 볼 수 있다.

(1) 지역사회단체와의 연대활동

중앙차원의 연대활동의 대표적인 사례로 국민기초생활보장법 제정추진 연대회의 활동을 들 수 있다. 참여연대 사회복지위원회를 중심으로 1998년 3월 국민기초생활보장법 제정을 위한 활동이 시작되고, 1999년 들어 시민노동사회단체의 공동대응으로 발전하면서 3월 들어 연대회의의 형태로 구성되었다. 연대회의에는 51개 시민노동사회단체들이 참여하고 있는데, 경기도의 경기복지시민연대, 대구의 우리복지시민연합 등 많은 지역사회복지단체들이 참여하였다.[6]

지역운동영역에서 일어난 주민참여를 통한 사회복지운동 중 대구 지역 사례는 1

---

6) 국민기초생활보장제도 제정과정에서 시민단체의 활동에 대한 구체적인 내용은 박윤영(2002)을 참고하면 된다.

장에서 살펴본 바와 같이 우리사회복지회의 주도적 역할에 힘입은 시민단체협의회의 구성과 활동, 1995년 4대 지방선거 참여를 위한 대구지역 사회복지연대회의 구성과 활동 등이 이어졌다. 이 외에도 사회복지개혁을 위한 시민연대(1997)를 구성하여 사회복지시설 비리 등의 문제를 다루었다.

경기복지시민연대의 경우 지역 시민사회단체들과의 연대활동이 주요 활동 영역의 하나가 되고 있다. 설립 이후 청소년 인권문제를 주제로 지역사회 내 인권조직, 사회복지조직과의 지속적인 연대활동을 전개하고 있다. 에바다 사건 등 장애인 차별, 공무원 노동조합활동, 인권 활동, 이주 노동자 문제 등 지역사회의 삶의 질과 연관된 다양한 사업 영역에서 활발한 연대활동을 실천하고 있다. 천안의 '복지세상을 열어 가는 시민모임' 역시 실업문제, 사회복지시설 비리문제, 장애문제, 노인문제 등 다양한 영역에서 연대활동을 전개하고 있다(심재호 · 윤혜란, 2000). 서울시 관악구 관악사회복지는 평상시 연대활동의 경험을 모아 2001년 12월 이후 관악구 내 시민사회단체들과 함께 지방자치연대를 만들어 지방선거에 참여하였다(한재랑, 2002). 부산 참여자치시민연대 사회복지특위 역시 부산지역 시민단체들과의 연대하여 국민건강을 위한 네트워크 활동을 하는 등 다양한 연대활동을 실천하고 있다(정민경, 1999).

지역운동단체와의 연대활동은 지속적으로 지역복지 이슈에 대응하기 위한 것으로 옹호활동의 대표적인 사례가 된다. 그러나 복지운동단체들이 지역복지 외에 지역개발, 실업/노동, 지방자치 등 다양한 이슈들을 다루는 연대활동에 참여하고 있으나 아직 상시적 활동에 이르지 못하고 있으며, 초보적 수준에 머무르고 있다.

(2) 지방자치단체/지방의회와의 관계 및 조례 재정/개정 운동

지방자치단체의 사회복지 정책과 예산 감시는 대다수 지역복지실천단체들이 결성되는 주요 요인의 하나이다. 그러나 실제 이 작업을 모범적으로 실천하고 있는 조직을 찾기는 쉽지 않다. 정책과 예산 감시 활동을 지속적으로 전개한 대표적인 단체로 부산 참여자치시민연대 사회복지특별위원회를 들 수 있다. 1996년부터 매년 지속적으로 부산시 사회복지 예산과 정책에 대한 토론회를 통해 감시활동을 펴고 있다(박종우, 1998). 2002년 하반기에 출범한 광주의 참여자치21 사회복지위원회 역시 광주광역시의 사회복지 정책과 예산 감시를 모토로 하고 있다(이중섭, 2002). 1999년 출범한 경기복지시민연대 역시 주요 사업을 경기도 사회복지정책과 예산 감시로 설정하였으나 실제 그 사업 진행이 원활하게 진행되지 못하고 있었으나, 2002년 하반기부터는 실무자와 자원활동가를 중심으로 정기적인 경기도 의회 모니터링 활동을 시작하여, 지방자치단체 감시라는 원래 활동의 목표 달성을 위해 노력하고 있다. 대구의 우리복지시민연합은 지역주민들 중심의 복지의정감시단을 만들어 대구시 의회와 구 의회를 모니터링하여 평가하는 사업을 진행하고 있다(은재식, 1999).

지역복지실천단체들은 지역복지 수준 향상을 위한 조례 재정 및 개정에 많은 관심을 보이고 있으나 실제 성공 사례는 그렇게 많지는 않다. 대표적인 성공 사례는 과천시 보육조례 개정운동이 있다(김현, 2002). 공동육아협동조합 조합원들을 중심으로 지역사회 내 시민단체들은 함께 "과천시보육조례개정운동본부"를 만들어 20분의 1 이상의 지역주민 연서로 조례안을 청구하여 정책결정 및 시설운영상의 민주성과 투명성이 보장된 조례 개정안을 만들어낸 것이다.[7] 대구의 경우 2002년 4월 아파트생활문화연구소, 대구참여연대, 우리복지시민연합이 연대하여 영구임대주택 문제를 해결하기 위한 조례재정운동을 모색하고 있다(임재만, 2002).

조례 재정/개정운동의 결실을 위해서는 지역정치와의 긴밀한 연대활동이 요구된다. 사회복지와 관련해서 지역이 중심된 참여조직 중 지역정치와의 관계를 중심

---

7) 과천시 보육조례 개정과정에 대한 구체적 내용은 서희정(2002)을 참고하라.

으로 활발한 활동을 보여주고 있는 사례는 서울시 관악구의 '관악주민연대'의 활동이 있다(1장 참조).

지방자치단체, 지방의회와의 관계, 그리고 필요한 조례 재개정 활동은 지역복지운동단체의 중심 사업의 하나로서, 다른 활동과 비교하여 전문성을 필요로 한다. 그런 만큼 운동의 성과를 내기가 어려운 분야이기도 하다. 이 분야의 중요한 과제는 먼저 지방자치단체 복지정책 및 복지예산 분석 및 평가/감시 그리고 만들기의 완성도를 높이는 일이다. 즉 지방자치단체 복지정책 분석 및 과제 제시, 예산 편성과정 추적 및 적극적 요구(지방의회/타 단체와의 연계, 상반기 중 예산 편성 방향 정립 및 자료 준비, 하반기 복지예산 제출), 지방자치단체 사회복지 표준 분석 및 평가틀 제시 등을 고려할 수 있다.

또 하나는 지방의회 의정감시활동 및 조례 제 · 개정 건의활동이다. 지방 의회의 입법, 예 · 결산 심의, 지자체에 대한 행정사무감사 기능 등 의정감시활동 및 모니터링을 생각할 수 있다. 그리고 이상의 과제들을 실현하기 위해서는 지역정치와의 연대활동을 활발하게 전개해야 한다.

3) 당사자 동원 / 주민조직화 및 기타

(1) 당사자 동원/ 주민조직화

서비스 전달과 옹호활동에 비해 상대적으로 미약한 것이 당사자 동원과 주민조직화 활동이다. 우리복지시민연합과 관악사회복지 등 일부 역사가 있는 지역복지단체의 경우 주민조직화에 성공하였다. 그러나 대부분의 주민조직이 자원봉사조직이며, 우리복지시민연합의 경우 대학생자원모임, 사회복지학과 학생모임을, 관악사회복지의 경우 여성, 청소년, 직장인, 가족 모임을 두고 있다(김성기, 2002). 그러나 대다수 모임은 아직은 자조모임 수준이며, 지역복지 문제에 대응하는 주민자치 운동조직으로 발전하지 못하고 있다.

(2) 기타: 지역조사연구 및 지역복지정책개발

조사연구사업은 각 분야의 지역 실태조사가 대부분이며, 복지 인식 및 욕구조사 등이 이루어지고 있으며, 지역복지 정책개발사업은 지방선거시 지역의 복지공약 개발이 주요 내용이다. 천안 복지세상을 열어 가는 시민모임의 여성장애인 실태조사(2001), 관악사회복지의 관악구 복지정책 평가조사(2001), 경기복지시민연대의 경기도 사회복지 10대 과제(2002), 우리복지시민연합의 대구복지조사(2002) 등이 대표적이다.

대부분의 지역조사연구 및 지역복지정책개발사업은 지속적인 조사연구와 정책 평가 및 개발이 되지 못하고 일회적인 행사로 끝나는 경우가 많다.

5. 맺는 글: 지역복지운동단체의 과제

지역복지운동단체들의 존재 의의 중 하나는 지역복지 정책과정에 지역주민들의 참여를 조직화하는 데 있다. 앞에서 살펴본 바 대로 현재 지역복지운동단체들의 주요 활동은 지역주민들에게 직접 서비스나 교육훈련을 제공하는 서비스 제공 활동, 지역단체들과의 연대활동과 지방자치단체·지방의회와의 관계 및 조례 재개 정사업 등의 옹호활동을 주로 전개하고 있다. 지역주민들의 실질적 참여를 상시적으로 보장하는 주민조직화 활동은 아직 미약한 수준에 머무르고 있다.

이에 대한 지역복지운동단체들의 과제는 지역주민조직화 활동을 어떻게 실현할 것인가에 달려 있다. 주민조직화, 토착지도력 개발, 주민자치조직 결성 등의 과제가 이루어져야 하며, 이를 이루기 위해서는 전략, 전술적인 고려가 필요하다. 지역주민조직화 과제 달성에서 생각해야 하는 사항은 주민주체의 문제를 전략적으로 어떻게 달성할 것인가를 고려하는 것이다. 주민주체전략과 대비되는 것이 전문가들의 옹호전략이다. 전문가들의 옹호전략은 단기적인 문제해결에는 결정적인 도움을 줄 수 있지만 장기적인 주민들의 역량강화에는 문제가 될 수 있다.[8] 따라서 지역주민 주체의 조직이 되었을 때 과연 투쟁에서 승리할 수 있는 문제해결 능력이 있는가 하는 점을 신중하게 고려해야 한다. 주민 주체의 전략이 장기적으로 지역복지단체의 활동에도 반영되어야 하지만, 단기적으로 문제를 해결할 수 있는 전략인가 하는 점은 논쟁의 여지가 있다.

우리나라의 경우, 주민참여도 미흡하고, 단기 문제 해결 사례도 미흡한 실정이므로 일단 옹호전략의 중요성이나 강조가 필요하다. 문제는 전문가들의 주도에 의한 옹호전략으로 인한 문제 해결과정이 어떻게 주민 주체의 지역복지운동으로 연결될 수 있는가 하는 점이다. 경우에 따라서는 단기적인 문제해결이 주민들의 지속적인 활동을 막고 활동의 소극성을 초래할 가능성도 얼마든지 존재한다. 따라서 단기적으로 지역별로 문제해결의 성과를 가져오는 것도 중요하지만, 지역복지조직의 옹호전략을 통한 문제 해결과정을 거치면서 생길 수 있는 주민들의 무임승차 심리를 극복하고 주민주체의 조직으로 어떻게 발전시킬 것인가도 동시에 고려되어야 할 것이다.

이러한 주민주체 조직건설의 핵심적 역할은 조직 내 지도자 집단의 몫이 된다. 지역복지조직 사례연구가 주는 가장 큰 교훈은 주민참여에 기반한 사회복지운동을 위한 선도조직(leading organization)이 존재했다는 점이다(이인재, 1998b). 현재 지역복지조직을 이끌어 가고 있는 지도자그룹이 지역주민들을 실천운동의 주체로

---

8) 우리나라에서 주민주체전략과 전문가 옹호전략의 사용에 대한 사례연구는 최영선(2002)을 참조하라. 연구 결과는, 전문가 옹호전략의 사용은 단기적인 문제해결에는 도움이 되었지만, 장기적으로 주민주체 문제 해결에는 부정적인 영향을 가져 왔다는 사실을 잘 보여주고 있다.

세울 수 있는 다양한 사업과 전략/전술적 고민을 안고 가야 할 것이다. 또 하나 실현되어야 할 과제로 현재 고립되어 운영되고 있는 지역복지운동단체들의 전국적인 협의체 구성이 필요하다. 협의체 조직을 통해 유사한 문제에 대한 공동 문제 해결책 모색, 연대 의식의 고취, 공동의 이슈 개발, 교육 훈련 방안 등을 모색해 볼 수 있을 것이다.

(2003년 작성)

참고문헌

김성기, "1990년대 이후 지역복지운동단체의 성격연구", 성공회대학교 시민사회복지대학원 석사논문, (2002).

김성한(2001), "시민단체 실무자의 사회복지 인식 분석", 한국사회복지학연구회, 『상황과 복지』 제9호, 인간과 복지.

김홍일(2001), "한국사회 자활운동의 역사와 과제", 자활정책연구회 발표문.

김현(2002), "시민의 힘으로 조례를 바꾸다(과천시)", 참여연대 사회복지위원회, 『복지동향』 제43호, 나남.

박윤형(2002), "국민기초생활보장법 제정과정에 관한 연구", 한국사회복지학회 『한국사회복지학』 49호, 나남.

박종우(1998), "1999년도 부산광역시 사회복지 예산편성방향", 부산 참여자치시민연대 사회복지특별위원회 발표문.

서희정(2002), "과천시 보육조례 개정과정분석", 가톨릭대학교 사회복지대학원 석사논문.

송원찬(1999), "경기복지시민연대 깃발 꽂다" 참여연대 사회복지위원회, 『복지동향』 제5호, 나남.

심재호 · 윤혜란(2000), "충남 천안 '복지세상을 열어가는 시민모임'", 참여연대 사회복지위원회, 『복지동향』 제16호, 나남.

은재식(1999), "우리복지연합을 소개합니다", 참여연대 사회복지위원회, 『복지동향』 제11호, 나남.

이문국 · 이인재 역(2001), 『지역복지 실천전략』, (서울:나눔의 집), Si Kahn, Organizing, (NASW, 1991).

이인재(1995). "사회복지운동의 주체로서 사회복지실천가의 사회적 위상에 관한 연구", 한국사회복지학회, 『한국사회복지학』 26호.

이인재(1998a) "사회복지실무자의 현실인식과 전망에 관한 연구", 한국사회복지학연구회, 『상황과 복지』 3호, 인간과 복지.

이인재(1998b). "지방화시대의 사회복지 주민참여 사례연구", 한국사회복지학연구회, 『상황과 복지』 4호, 인간과 복지.

이인재(2002), "지역복지실천의 의미와 주체", 비판과 대안을 위한 사회복지학회, 『상황과 복지』11호, 인간과 복지.

이중섭(2000), "광주 참여자치21 사회복지위원회 구성", 참여연대 사회복지위원회, 『복지동
　　향』제48호, 나남.

임재만(2002), "최소한의 인간다운 생활이 가능한 영구임대아파트 만들기", 참여연대 사회복
　　지위원회, 『복지동향』제43호, 나남.

정민경(1999), "부산 참여자치시민연대의 사회복지특별위원회를 소개합니다", 참여연대 사회
　　복지위원회, 『복지동향』제12호, 나남.

정윤수(1999), "복지시설의 민간위탁과정에 대한 평가: 서울시 청소년시설 위탁운영기관 선정
　　사례",『한국정책학회보』제8권 제3호, 한국정책학회.

최영선(2002), "주민자치운동단체의 지역복지 실천사례 연구" 한신대학교 사회복지실천대학
　　원 석사학위논문.

한재랑(2002), "주민참여와 자치역량의 강화가 지방선거의 화두이다", 참여연대 사회복지위
　　원회, 『복지동향』제43호, 나남.

Abatena, H. (1997). "The Significance of Planned Community Participation in Problem Solving
　　and Developing a Viable Community Capability," *Journal of Community Practice*, 4(2)
　　13-34.

Checkoway, B.(1997) , "Core Concepts for Community Change," *Journal of Community Practice*,
　　4(1) 11-29.

Cohen, B. J. & Austin, M. J. (1997). "Transforming Human Services Organizations Through
　　Empowerment of Staff," *Journal of Community Practice*, 4(2) 35-50.

Colby, I. C. (1997). "Transforming Human Services Organizations Through Empowerment of
　　Neighbors," *Journal of Community Practice*, 4(2) 1-12.

Freire, P.(1970) , *Pedagogy of the Oppressed*, Continuum · New York.

Johnson, A. K.(1994) , "Linking Professionalism and Community Organization: A
　　Scholar/Advocate Approach," *Journal of Community Practice*, 1(2) 65-86.

Hardina, D. (1994). "Social Action and the Canadian Social Worker: A Study in the Political
　　Economy of the Profession," *Journal of Community Practice*, 1(2) 113-130.

Kahn Si(1995), "Community Organization", NASW, *Encyclopedia of Social Work*, 19th
　　Edition, .

Kauffman, S.(1999) , "Conflict and Conflict Resolution in Citizen Participation Program: A Case
　　Study of the Lipari Landfill Superfund Site," *Journal of Community Practice*, 2(2) 33-54.

Kline, M., Dolgon, C. & Dresser, L.(2000). "The Politics of Knowledge in Theory and Practice:

Collective Research and Political Action in a Grassroots Community Organization," *Journal of Community Practice*, 8(2) 23-38.

Weil, M. O. & Gamble, D. N.(1995), "Community Practice Models" NASW, *Encyclopedia of Social Work*, 19th Edition.

제4장
지역복지운동 주체로서의
사회복지 실천가

1. 들어가는 글

국민들의 생활에서 사회복지가 차지하는 비중이 날로 증가하고 있다. 예를 들면 의료보장제도의 혜택을 받지 않는 국민은 없다. 대다수 노동자들은 산재보상보험제도를 이용하고 있고, 1995년 7월부터는 고용보험제도를 이용하고 있다. 또한 65세 이상 노인은 누구나 버스, 지하철 무임 승차권제도를 이용한다. 이와 같이 사람들은 정확하게 사회복지가 의미하는 바가 무엇인지는 모르지만 직·간접적으로 일상 속에서 사회복지제도를 만나고 있는 것이다.

사회복지제도의 도입은 자본주의사회의 발전과정과 맥을 같이하고 있다. 자본주의 사회의 발전에 따른 사회적 위험의 증가와 사회문제의 심화는 이들에 대한 집합적 조처를 가져오고, 이것은 동시에 국가의 역할 강화를 가져왔다. 서구 자본주의국가들의 사회복지제도 변천과정을 연구한 결과에 따르면 사회복지제도는 기본적으로 자본주의사회를 유지, 발전시키는 차원에서 여러 가지 요인들이 중첩적으로 작용하면서 발전되어 왔다는 것을 보여주고 있다.[9] 자본주의 사회의 기본 매카

니즘인 자본과 임노동과의 관계에 기반하면서, 때로는 노동자계급의 요구와 투쟁을 반영하고 때로는 자본의 가치증식을 돕는 것으로 상황에 따라 상반된 특성을 보이면서 사회복지제도는 발전하는 것이다. 즉 제도의 변천 당시의 계급적 역관계가 어떻게 형성되어 있는가에 따라 서로 다른 특성을 보이는 것이다.

우리나라의 사회복지제도는 선진국과 비교해서 딱히 이러한 식의 해석이 맞아 들어가는 것은 아니다. 다만 선진국의 노동자계급과 비교해 볼 때 사회복지에 대한 요구와 투쟁의 수준이 현저히 낮다는 것은 지적할 수 있다. 물론 사회복지제도의 대상이 노동자들만은 아니며, 전 국민을 대상으로 사회복지제도가 실시되고 있다. 그러나 1994년 현재까지도 대다수 국민들은 시장을 통해 상품의 형태로 개인의 복지를 해결하고 있고, 사회복지를 통해 개인의 복지를 해결하는 국민들은 저소득층 노인, 장애인, 아동 등 극히 일부의 국민에 불과하다.[10] 사회복지에 관한 일반 국민들의 낮은 관심도는 이와 같은 현실에 기반한 측면도 간과할 수 없다. 그러나 의료보험, 국민연금 등 전국민을 대상으로 한 사회복지제도의 발전은 더 이상 국민들의 무관심 속에 사회복지제도의 변천을 내버려둘 수 없게 되었다.[11] 특히 국민들의 실제 생활과 밀접하게 연관을 가진다는 측면에서 지방자치제도의 본격화는 국민들에게 사회복지에 대한 관심과 참여를 부추길 것으로 보인다.

이 글은 사회복지에 대한 국민들의 적극적인 관심과 주체적인 참여를 이끌어내기 위한 사회복지운동의 활성화를 위하여 쓰였다. 운동이 공동목표달성을 위한 적

---

9) 대표적인 연구로 Gough, Ian, Political Economy of the Welfare State(The Macmillan Press, 1981); Offe, C., Contradictions of the Welfare State(ed. by J. Keane) (Cambridge, MA: The MIT Press, 1975); O'Connor, J. S., The Fiscal Crisis of the State(New York: St. Marin's, 1973) 등이 있다.

10) 우리나라 사회복지제도가 제공하는 사회복지급여의 시장의존적 특성에 관해서는 정원오, "한국사회복지체계의 시장의존적 성격분석," 한국사회과학연구소 편, 「동향과 전망」, (서울:백산서당, 1992 겨울호): 99-114.를 참조할 것.

11) 의료보험의 관리 운영을 둘러싼 문제, 국민연금의 기금문제 등을 고려하면 사회복지제도가 국민들의 생활에 미치는 영향은 갈수록 증가할 것으로 예상할 수 있다.

극적이고 주체적인 노력이라면, 사회복지운동은 사회복지라는 목표를 달성하기 위한 관련 당사자―넓게는 모든 국민을 의미하며, 사회복지 실천가, 학자, 이용자, 노동자 등을 의미한다.―들의 주체적인 참여와 행동을 의미한다고 본다. 지금까지 사회복지운동이 전혀 없었던 것은 아니다. 지금도 사회복지운동과 밀접한 관련을 갖는 보건의료운동, 장애운동, 공동육아운동 등은 적극적인 실천운동을 하고 있고, 국민의료보장쟁취를 위한 운동, 사회복지예산확보투쟁운동 등이 간헐적으로 일어났었다.[12] 문제는 이러한 운동들이 단기적인 문제제기에 머물러 버리고 지속적으로 이어지지 못하였으며, 유사한 목적을 가진 여러 부문 운동과의 연대 투쟁으로 활발히 이어지지 못하였다는 데 있다.[13] 사회복지운동을 이론적으로 고찰하기 위해서는 사회복지노동의 특성과 사회복지운동의 주체문제, 기존 사회복지운동의 평가, 사회복지운동의 이념, 사회복지운동의 주관적, 객관적 조건과 조직화, 사회복지운동의 이론, 사회복지운동의 전망 등 여러 가지 요인들이 고찰되어야 한다. 본 연구에서는 사회복지운동의 실천을 위해서 우선적으로 고려되어야 할 운동의 주체문제를 집중적으로 고찰해 보았다.

---

12) 보건의료운동은 김용익, "보건의료운동의 성과와 전망," 한국 환경 · 사회정책연구소 편, 「환경과 사회」, (1994 여름 · 제3호), pp36-53.을 참조. 장애운동은 신용호, "한국 장애인의 전망과 장애운동,"한국 환경 · 사회정책연구소 편, 「환경과 사회」(1994 여름 · 제3호), pp. 174-182.를 참조. 공동육아운동은 나경선, "사회복지정책결정과정에 사회운동이 미치는 영향의 평가에 관한 연구", 서울대 석사학위논문, 1993.를 참조. 국민의료보장쟁취운동은 이경기, " 국민의료보험법안의 형성과정과 성격에 관한 연구," 중앙대 석사학위논문, 1990. 을 참조. 사회복지예산확보투쟁운동은 이인재, "사회복지 주민참여와 동원전략에 관한 연구," 한신대 사회복지정책연구소, 「사회복지연구」(1994 · 제2호), pp. 93-118을 참조할 것.

13) 공공보건의료보장체계 마련을 위한 운동은 지금도 70여 개 단체가 연대하여 활발한 활동을 수행하고 있다.

2. 사회복지운동의 주체

사회복지운동의 주체문제는 사회복지운동의 성격규정뿐만 아니라 조직의 진로와 목표에도 중요한 영향요인으로 작용한다. 사회복지운동의 주체문제를 논의하면 크게 두 가지 입장을 고려할 수 있다. 먼저 운동의 주체는 사회복지 실천가가 되어야 한다는 입장이고, 다른 하나는 운동의 주체는 일반 시민이 되어야 한다는 입장이다. 경험적으로 사회복지운동이라고 할 수 있는 지속적인 역사가 없기 때문에 어느 입장이 역사적으로 옳았다고 평가할 수는 없다. 다만 입장의 선택에 따라 운동의 방향과 활동을 규정하는 현실적인 중요성이 있기 때문에 양 입장이 가지는 특성을 고려하여 생각해 보아야 한다.

사회복지 실천가를 운동의 주체로 삼는 경우는 우선 사회복지운동이 거의 실체가 없는 우리의 현실에서 운동을 추동할 수 있는 중요한 계기를 제공한다. 사회복지노동의 특성을 고려할 때도 분명히 이들이 운동의 주체가 되어야 하며, 지역자치가 본격화되어 지역차원에서 사회복지 이슈가 제기될 때 사회복지실천가들의 주도적 활동이 요구된다.14)

이와 관련하여 최근 사회복지개혁모임의 활동은 긍정적인 시도로 평가할 수 있

---

14) 다음의 글은 지역사회차원에서 사회복지운동을 조직화하는 데 있어서 사회복지전문가의 역할이 중요하다는 사실을 잘 지적해 주고 있다. "우리나라에서 사회복지가 개인이나 가족 등과 같은 소규모 사회 단위의 사회적 적응문제를 중시하면서 임상적 접근법을 발전시킴으로써 전문직으로서의 정체성을 확보하는 것도 중요하지만, 자본주의 사회의 모순이 격화되고 있는 현실에서 생존의 문제로 고통 받고 있는 많은 사람들을 고려한다면, 이들을 위한 정치 지향적이고 체제변화 지향적인 사회복지운동이 필요하다. 사회적 약자를 대변하는 사회복지전문가 혹은 사회행동(social action)적 지역사회 조직 전문가의 역할은 사회복지운동의 조직화 과정에서 중요한 몫을 해 낼 수 있을 것이다." (출처: 감정기, "지방자치제의 지역사회복지적 의미와 지역운동적 접근," [사회복지학의 이론과 실제] 장인협박사 정년기념논문집,(1990): 514). 최근 사회복지영역에서도 지방정치에의 적극적인 참여 움직임이 있다. 예를 들면 지체장애인협회에서는 지역단위에서 장애인 복지정책에 관한 의견 조사를 통한 예상 입후보자에 대한 장애인복지에의 관심을 제고시키고 있으며, 일부 사회복지 활동가들의 지역정치에의 직접적인 참여 움직임도 있다.

다. 문제는 과연 사회복지실천가가 사회복지운동의 주체가 된다고 할 때, 사회복지
실천가의 사회적 위상을 어떻게 잡을 것인가 하는 것이다. 즉 사회복지실천가의 위
상을 전문가로 볼 것인가 아니면, 노동자로 볼 것인가 하는 것이 관건이다.

　사회복지실천가의 사회적 위상에 관한 최근의 연구[15)는 사회복지실천가의 위
상을 사회복지노동자로 간주해야 한다고 보고 있다. 이에 비해 병원에서 근무하는
사회사업가와 사회사업 전공 교수들을 중심으로 한 사회복지사자격증 강화의 움
직임은 사회복지실천가의 전문성을 강조하는 방향으로 가고 있다. 과연 사회복지
실천가의 사회적 위상은 전문가인가 아니면 노동자인가? 두 입장은 양립될 수 없는
가? 양립될 수 있다면 양 특성은 어떻게 조화를 이룰 수 있는가 하는 점들이 고려되
어야 한다.

　일반시민이 주체가 되어야 한다는 주장도 역시 이론적으로 타당한 입장이다. 그
것은 사회복지 실천가들의 운동만으로는 국민들의 '삶의 질'의 문제를 궁극적으로
해결하는 것은 어렵기 때문이다. 문제는 일반시민들은 사회복지에 대한 관심과 지
식의 수준이 낮은 상태이기 때문에 운동의 적극적 담당자가 되지 못한다는 점이다.
이를 해결하기 위한 하나의 대안은 경제정의실천시민연합(경실련), 참여민주사회
와 인권을 위한 시민연대(참여연대)와 같은 시민운동조직을 통한 시민의 주체적 참
여를 담지해 내는 것이다. 사회복지에 대한 사회의 관심이 확대됨에 따라 이들 단체
들의 사회복지활동은 점차 활성화될 것이며, 실제로 그러한 움직임을 보여주고 있
다.16) 따라서 시민운동단체들이 사회복지운동의 중요한 주체의 하나로 등장할 것
으로 보인다.

---

15) 이상록, "사회사업 종사자에 관한 제시각의 비판적 고찰," 한국사회과학연구소, 「동향과 전망」 (서
　울:녹두, 1994 겨울호 · 통권 24호), pp. 267-296.
16) 각 시민단체들의 최근 활동을 보면 '사회복지' 영역이 주요 활동분야로 등장하고 있다. 경실련의 경
　우 사회복지위원회가 만들어져 활동 중이고, 참여연대는 주요사업으로 '국민최저선' 확보운동을 광
　범위하게 펼치고 있다.

결국 사회복지운동은 사회복지실천가의 주도적인 활동과 일반 시민들의 적극적인 참여가 동시에 이루어져야 그 목적하는 바를 이룰 수 있는 것이다. 본 연구에서는 사회복지실천가들의 사회복지 운동에의 주체적인 참여문제를 그 사회적 위상을 중심으로 논의하였다.[17]

1) 사회복지노동자

사회복지실천가를 사회복지노동자로 간주하는 시각은 사회복지를 자본주의 사회의 구조적인 필연적 산물로 인식한다. 자본주의 발전의 결과 물질적 부의 증대와 더불어 나타나는 사회문제의 급속한 증가는 더 이상 자선적인 구제활동으로는 문제의 해결이 불가능하게 되었고, 이 문제를 해결하기 위하여 제도화된 것이 사회복지라는 것이다.

자본주의 사회에서 사회복지실천가는 일반 노동자와 마찬가지로 자본주의적 임노동관계에 근거하고 있다고 본다. 즉 어떤 형태의 서비스를 제공하던 임노동관계에 기반한 고용관계를 맺는다는 것은 사회복지 실천가들이 노동자라는 사실을 보여주는 것이다.[18] 사회복지 실천가는 생산수단의 무소유, 노동력 상품의 판매,

---

17) 일반 시민들의 시민운동단체에의 참여문제는 시민운동단체들의 특성과 관여하는 주요 문제 영역들이 다양하기 때문에 하나의 일반화된 영역으로 다루기 어려울 것으로 생각되어 본 연구에서는 제외하였다. 그리고 사회복지운동의 주체가 사회복지 전문가인가 아니면 일반시민인가 하는 논의를 관념적인 차원에서 진행하는 것은 현실에서 사회복지운동을 진행하는 데 큰 도움이 되지 못하며, 실천적으로 결합되어야 할 것이다. 보건의료운동을 예를 든 김용익(전게논문, 1994: 44)의 글이 이것을 잘 보여주고 있다. "이들 두 주체의-실천가와 시민- 운동은 변증법적으로 결합되어야 한다. 변증법적 결합이란 보건의료운동의 주체 형성이 보건의료 전문인과 일반 국민들 사이에서 동시에 이루어져야 하며, 두 가지 운동이 상호작용하면서 동시에 상승 작용을 하여야 할 것이다." 사회복지운동의 경우는 양 주체 간의 연대작업은 어렵지 않을 것으로 판단된다. 그것은 아직 사회복지전문직의 수준이 높지 않으며, 그들에 대한 대우 역시 일반 노동자에 비해서 현저히 낮기 때문이다.

18) 이러한 입장을 강조하는 학자들은 주로 일본의 孝高正一, 浦邊史, 島田豊 등이다. 자세한 것은 이상록, 전게 논문, pp. 281-285.를 참조할 것.

노동과정에서의 노동력의 소진을 통한 임금의 획득, 이에 의한 노동력 재생산 등의 측면에서 임노동자 일반과 공통된 측면을 가진다는 것이다. 사회복지실천가들의 노동이 일반 노동과 차이가 나는 것은 자본—임노동의 모순관계에 기초한 임노동자 일반과는 달리 사회복지 노동자들은 사회복지 조직관리층, 지방자치체, 국가권력과의 중층적 대립관계로 나타난다는 점이다.

사회복지운동의 중요한 주체로서 사회복지노동자들이 적극적으로 운동의 전면에 나서기 위해서는 무엇보다 사회복지노동의 특성을 인지해야 한다.

사회복지노동은 임금노동이라는 일반성과 사회복지노동 고유의 윤리성을 가진다는 특수성의 상호유기적인 관련성을 가지고 있다.[19] 사회복지노동의 윤리성은 전통적으로 자기희생을 기본으로 하는 봉사의 정신이 갖는 윤리성—복지노동의 봉건적 윤리성—과 노동대상이 인간이라는 데서 오는 윤리성의 이중적 성격을 내포하고 있다.

인간이라는 높은 윤리성을 갖는 노동대상을 다룸으로 인해서 사회복지노동자의 윤리성에 대한 자각은 더욱 깊게 되어 사회복지노동은 존엄성을 갖게 되며 일반노동자로서 갖는 과학적 세계관과 결부되면 사회복지노동자의 노동자로서의 자각은 일반노동자들이 갖는 것보다 더욱 견고하게 단련되는 요인으로 작용한다는 것이다. 이것이 사회복지노동의 윤리성이며 사회복지노동조합의 강령에 윤리강령이 필요한 이유이다.

노동은 인간을 노동대상으로 하며 인간의 살아가는 힘을 유일의 목적으로 하고 있다. 사회복지노동의 목적은 이 세상에 사는 모든 인간들이 인간의 이름에 상응하는 생애를 영위하도록 보장하고 원조하는 것이다. 여기서 사회복지노동은 높은 윤리성을 갖는 것이다.

자본주의의 모순관계가 내재화된 사회복지 노동자의 시각에서 사회복지운동을

---

19) 사회와 복지연구회, 「한국사회복지노동자 연구」 (서울: 한울, 1992), pp. 46-51.

조망한다면 강력한 노동조합운동으로 사회복지적 요구 투쟁을 이끌어 내야 할 것이다. 노동조합과 같이 포괄적으로 조직하여 활동하게 되면 사회복지노동자들은 '투쟁 그 자체'로서 의식이 성장하게 될 것이다. 노동조합이 일상화되어 있는 영국의 경우도 초창기에는 사회복지 실천가들은 노동조합을 만드는 것에 대해서는 적극적이지 않았다. 사업장에서 소수에 불과한 진보적인 사회복지 실천가들에게 힘이 되어 준 것은 1960년대 말 창간된 잡지 'Case Con'이었다. 이 잡지의 발간은 진보적 사회복지실천가들로 하여금 정기적으로 모임을 형성하게 하여, 작업장에서의 고립을 해소할 수 있는 힘이 되었다. 'Case Con'에서는 많은 이슈들이 다루어졌으며, 사회사업 정통적 논의에 대한 비판적 고찰이 공통 주제가 되었다. 이들은 1970년대 중반에 가서는 잡지의 발행을 중단하고, 지지자들에게 노동조합운동에 적극적으로 매진할 것을 주문하였다. 대표적으로 Corrigan와 Leonard는 "사회복지 실천의 장에 있는 사회복지 실천가는 물론이고 여타 고용인들에게 가장 시급하고 중요한 일은 바로 노동조합에 가입하는 것이다."[20]고 강조하였다. 결국 이들 주장의 요지는 노조에 가입하여 노조의 주도권을 잡으며, 나아가 노조의 민주적 운영을 보장하는 것이다.[21] 사회복지 실천가들의 경우도 어느 정도 자본과 대등한 입장에서 협상을 하기 위해서는 노동조합의 형태가 가장 강력한 무기가 된다는 것은 일반 노동자들과 차이가 없는 것이다. 다시 말해 노동조합은 노동자 계급 조직화의 중심이 된다는 것이다.

　사회복지노동자들의 운동 구심체로서의 사회복지노동조합은 자신들의 노동조

---

20) Corrigan, Paul and Leonard, Peter, Social Work Practice Under Capitalism, (Macmillan, London: 1978), p. 143. Jones, Chris, State Social Work and the Working Class, (Macmillan, London: 1983), p. 138 에서 재인용.

21) Corrigan와 Leonard는 노동조합에의 가입에 더하여 노조 지도부의 보수주의적 전향을 방지하기 위해서는 노조내 일반 조합원 조직이 강화되어야 한다고 강조하였다. Corrigan, Paul and Leonard, Peter, Social Work Practice Under Capitalism, (Macmillan, London: 1978), p145. Jones, Chris, State Social Work and the Working Class, (Macmillan, London: 1983), pp138-139 에서 재인용.

건뿐만 아니라 사회복지대상자 및 전체 노동대중의 해방을 위해서도 활동하여야 한다.[22] 이와 같은 목표하에서 수행되는 사회복지노동조합운동의 투쟁영역은 3가지로 구분된다.

첫째, 전체 노동운동과 연대하는 영역이 있다. 여기서 이슈는 노동운동에서 사회복지투쟁은 어떠한 위상을 갖고 있는가를 규명하는 것이다. 과거에는 노동운동의 경우 구체적인 생활상의 요구를 담고 있는 사회복지투쟁에 대해서는 무관심하거나 소극적이었으나,[23] 최근에는 노동단체들의 사회복지투쟁에 대한 관심이 점차 증가하고 있다.[24] 이와 같이 복지노동자들의 전체 운동과의 연대는 필수적이며, 구체적인 대안을 마련하는 데는 그들의 전문성이 필요한 것이다. 우리나라의 실제적 예로는 1989년 10월의 국민의료보험법 통합법안을 둘러싼 연대활동이 있었다.[25]

둘째, 사회복지노동자들의 노동조건 개선을 위해 싸우는 영역이 있다. 노동자들의 근로 조건 개선 요구는 현실적으로 노동조합 존립의 근거가 된다. 사회복지노동자의 운동은 우선 그 자신이 사회복지라는 장에 정착하기 위한 조건, 예컨대 적정 근로시간 보장, 적정 임금보장, 신분보장 요구 등을 만들어가야 한다. 실제적으로 사회복지 실천가들을 조직화하기 가장 쉽고, 그들의 의식을 발전시키기 위한 필수

---

22) 사회와 복지연구회, 전게서, pp. 115-120.

23) 노동자들의 건강과 밀접한 연관을 갖는 산재보험 변천과정에 관한 이인재의 연구를 보면 사회복지에 관한 노동자들의 관심이 미약하다는 것을 알 수 있다. 이인재, "한국산업재해보상보험제도 변천과정에 있어서 관련집단들의 영향력에 관한 연구, 서울대 석사논문, 1987.

24) 그동안 사회복지정책적 과제에 대하여 별반 관심을 보여주지 않고 있었던 전국노동조합대표자회의는 1994년 7월 (한국 사회보험의 현황과 정책과제)라는 보고서를 발간하였다. 이것은 노동단체들이 서구 복지국가 발전의 패러다임을 일부 이해하기 시작하였다는 징표로 보인다. 즉 서구의 역사를 보면 사회복지가 노동계급 투쟁의 산물이며, 노동자계급의 조직화에도 도움이 된다는 사실을 인식한 것이다.

25) 국민의료보험법안을 둘러싼 다양한 논쟁에 대해서는 이경기, 전게 논문. 과 원석조, "한국 의료보험의 정치경제학적 연구," 중앙대 박사학위논문, 1990.를 참조할 것.

적인 영역이다. 이 영역의 활성화는 노동조합운동의 발전을 위한 전제가 된다.

셋째, 복지대상자들을 위하는 요구투쟁의 활성화를 위한 영역이 있다. 이것은 사회복지 노동자들의 요구운동은 대상자의 복지향상을 항상 염두에 두고 전개되어야 한다는 것이다. 여기서 문제는 노동자들의 이익과 대상자들의 이익이 서로 대립될 때, 그 양자를 어떻게 조화시킬 것인가에 있다. 양자간의 이익갈등이 문제가 될 때에는 어느 쪽의 이해가 사회의 공동선(혹은 사회정의)의 이익에 가까운가를 고려해서 결정을 내려야 한다.26)

문제는 우리의 현실이 이것을 추동해 내기에는 너무나 미흡하다는 것이다. 우리나라의 모든 사회복지노동자는 사회복지법률에 의거한 사회복지 관련업무만을 수행하며, 일부 사회복지노동자는 사회복지사 자격증을 가지고 있다. 사회복지노동자들은 외형상으로는 사회복지전문요원과 의료보험, 국민연금노동자, 시설노동자가 서로 다른 노동을 하는 것처럼 인식되고, 서로 다른 범주에서 노동하는 것처럼 나타남으로 인해 사회복지노동자의 연대에 큰 장애로 나타나고 있다.27)

2) 사회복지전문가

사회복지실천가를 사회복지전문가로 간주하는 것은 사회복지 현장의 가장 일반적인 시각이다. 지금까지 우리의 현실은 전혀 이러한 입장을 반영하지 못하고 있지만, 사회복지교육 현장이나 사회복지의 이론에서는 사회복지 실무자들에 대해

---

26) 사회적 공동선 혹은 사회정의가 무엇인가에 대해서는 여러가지 견해가 있다. 사회정의의 핵심부분은 분배정의이며 분배적 정의론은 대표적으로 공리주의 정의론, 공적주의 정의론, 자유주의 정의론, 맑스주의 정의론, 평등주의 정의론이 있다. 자세한 것은 이재율, "분배적 정의에 관한 연구," 서울대 박사학위논문, 1992.를 참조할 것.

27) 예컨대 병원에 근무하는 정신의료사회사업가와 시설에 근무하는 사회사업가의 관심과 이해관계는 다르다. 전자는 전문성의 고양을 통한 전문가로서 인정여부가 중요 관심사이며, 후자의 경우는 최소한의 임금보장이 주요한 관심사이다.

'전문성'에 기반한 전문가로서의 전망을 대부분 가지고 있다는 것이다.[28]

일반적으로 전문직의 속성으로는 체계화된 지식 기반과 기술의 정립, 전문적 권위의 발전과 수용, 전문직으로서의 사회적 승인, 고유한 윤리강령, 공유된 전문적 가치와 규범 등이 제시되고 있다. 이 중 특히 중요하게 지적되는 것은 전문가로서의 가치 지향과 체계적인 지식과 기술이다. 이 전문직이 사회의 진보에 기여하기 위해서는 체계적인 기술과 지식에 기반하여 사회의 공동선이라는 가치지향을 고수할 수 있어야 한다.

전문직의 가장 큰 특징은 특정한 가치지향을 가진다는 것이다. 의사는 환자들의 건강보호를, 법률가는 시민들의 법적 정의를, 교사는 학생들의 교육을 증진시킨다는 조직화된 가치(organizing value)에 대한 지향을 가지고 있다. 그렇다면 전문직으로서 사회복지 실천가가 갖는 가지지향은 무엇인가? Wakefield(1988)에 의하면 사회복지 실천가의 가치지향은 "분배 정의"에 있다고 한다.[29] 분배정의 중에서도 가난한 자들의 분배 정의에 관심을 갖는다고 한다. 그는 Rawls의 정의론에 기반하여 분배 정의란 최소한의 생활을 위한 물질의 분배뿐만 아니라 비물질적 자원, 예를 들면 자기존중과 같은 심리적 안정감에 관한 사회적 최소한의 확보를 의미한다고 주장한다. 사회복지 실천가는 가난한 자들의 경제적 자원은 물론이고 비물질적 자원의 최소한의 보장을 통해 그들의 박탈감을 해소시키는 전문직이라는 것이다.

분배 정의의 대상이 되는 것은 우선적으로 "자유, 기회, 임금, 부 그리고 자존의 기반—이것은 Rawls가 제안한 것으로 일반적으로 social primary goods 이라고 불린다"—등이다. 이것 외에 건강 지능, 상상력과 같은 생래적으로 타고나는 부문은 분

---

28) 사회복지실무자들의 직무성과 결정요인에 관한 연구 결과를 보면 실무자들의 직무성과는 그들의 전문성을 발휘할 수 있는 가의 여부에 달려 있다. 결국 실무자들은 전문성의 확보와 발휘 혹은 전문가로서의 인정 여부에 큰 관심을 나타내고 있는 것이다. 구체적인 내용은 이인재, "사회복지실무자의 직무성과 결정요인," 서울대 박사학위논문, 1993.을 참조할 것.

29) Wakefield, J. C. "Psychotherapy, Distributive Justice, and Social Work," *Social Service Review*, (June 1988 by The University of Chicago), pp. 193-196.

배 정의의 대상이 아니지만 건강을 위한 예방이나 치료 프로그램의 공평한 분배는 분배 정의의 대상이 된다.[30] 결국 사회복지 실천가는 "최저수준의 분배정의(minimal distributive justice)"를 지키기 위하여 사회적 차원과 개인적 차원에서 예방과 치료를 수행하는 전문가라 할 수 있다.

분배 정의의 관점은 왜 사회복지 실천가가 종종 사회복지 대상자들을 위한 일방적인 대변인의 입장이 아니라 개인의 이해관계와 사회의 이해관계 사이에서 조화를 추구하는 입장에 서게 되는가를 설명해 준다. 이것은 사회복지 실천가들에 대한 제도적 제한사항의 문제가 아니라, 전문직의 특성을 반영한 것이다. "정의"라는 것은 사회복지 대상자들의 원하는 모든 것을 충족시켜주는 것도 아니며, 대상자들의 욕구를 최대화시켜 주는 것도 아니다. "정의"란 공평한 분배가 최저한의 수준에서 대상자들에게 주어지는 것을 의미한다. 한 사람에게 공평한 것을 결정하는 것은 항상 그 사람의 이해관계와 타인의 이해관계와의 균형을 고려해서 이루어져야 한다. 따라서 사회복지 전문직에는 개인과 사회와의 명확한 긴장이 내재되어 있는 것이다.[31]

전문직은 조직화된 가치 지향만으로 보장되는 것은 아니다. 가치 지향을 수행할 수 있는 특별한 지식과 기술이 필요하다. 전문직의 조직화된 가치가 시간과 공간의 제약을 거의 받지 않는 데 비해, 지식과 기술은 시간과 공간의 제약을 받는다. 사회복지 실천가의 전문적 지식과 기술이 사회복지 전문직의 주요 구성요소의 하나임에는 틀림이 없지만 이것이 사회복지 전문직을 규정짓는 주요 요소가 아니라는 것은 이미 앞에서 살펴보았다. 문제는 사회복지 실천가의 사회적 위상을 전문직으로 잡는 경우는 대부분 전문적 지식과 기술을 그 기준으로 설정하고 있다는 것이다.[32] 그래서 사회복지 실천가를 전문직으로 인식하게 되면, 전문성은 표면적으로는 이

---

30) Wakefield, op. cit., pp. 201-202.
31) Wakefield, op. cit., p. 208.
32) 대표적인 연구로 이상록, 전게 논문, pp. 277-281.를 참조하면 된다.

데올로기적 중립성을 표방하지만, 실제적으로는 사회복지 조직 관리층의 이해관계와 국가 권력의 이해를 관철시킨다고 간주한다. 나아가 전문주의는 사회복지 실천가의 임노동자 관계에 대한 인식을 왜곡하고, 노동조합운동을 억압하려는 반노동자적 이데올로기적 함의를 지닌다고 보는 것이다. 결과적으로 이러한 인식은 임노동 관계를 왜곡하고 쁘띠부르조아 이데올로기를 주입하려는 정치적 함의를 지니며, 나아가 반노동조합주의, 반계급투쟁, 반평등주의의 함의로 귀결된다고 평가한다.

과연 이런 식의 논리전개가 타당한 것이며, 사회복지 실천가를 전문가로 간주하게 되면 반평등주의로 귀결될 수밖에 없는 것일까? 사회복지를 전문직으로 가능하게 하는 것은 앞서 살펴본 바 대로 "분배 정의"라는 조직화된 가치 지향이 있기 때문에 가능하다. 사회복지학을 고도의 "가치 지향"을 내포한 학문이라고 하는 의미는 바로 사회적 약자들을 위한 적극적인 가치 지향을 가지고 있어야 한다는 것을 말한다. 따라서 지엽적인 기준—전문적 지식과 기술—을 가지고 사회복지의 전문직을 평가하여, 일방적인 결론을 도출하는 것은 오류라고 볼 수 있다. 오히려 가치 지향을 제대로 고수하는 사회복지 실천가라면 결코 반평등주의의 입장에 설 수는 없을 것이다.33) "분배 정의"를 충족시켜주기 의해서는 끊임없이 사회의 제도를 개혁해야 하며, 개인적 차원에서의 불평등을 해소하는 데 최선을 다해야 한다.

3) 전문가로서의 사회복지노동자

전문가는 노동자가 될 수 없는가? 양자의 입장은 결코 타협, 조정이 될 수 없는

---

33) 물론 오늘날의 전문직이 보여주는 여러 행태들이 전문적 가치 지향과는 거리가 먼 경우가 훨씬 많은 것은 사실이다. 예컨대 의사가 인술보다는 돈벌이에 더 관심이 많고 법률가의 경우도 법적 정의보다는 정치적 판단과 같은 다른 가치가 앞서는 경우가 많다. 그러나 그렇다고 하더라도 사회복지전문직의 고유의 가치지향이 무의미하다고 볼 수 없으며, 오히려 여타 전문직이 제 역할을 못하기 때문에 사회복지 대상자들의 고통은 더욱 커지고 있으며, 이들을 위한 가치 지향은 더욱 필요하다.

가? 사회복지 실천가의 경우 전문가로서의 노동조합활동은 불가능한가? 여기서는 실제 이러한 문제제기에 대해 구체적인 경험을 가지고 있는 미국의 경우를 고찰해 봄으로써 해답의 일단을 찾아보았다.[34]

미국의 경우도 학사, 석사 출신 사회복지 실천가들의 노동조합화에 대해서 많은 실천가들이 사회사업의 전문화에 대한 심각한 도전으로 받아들여서 우려의 눈길을 보냈다고 한다. 그러나 사회복지실천가들이 노동조합화한다고 해서, 그들이 전문성을 잃는다는 주장은 아직 검증된 바 없다. 오히려 1930년대 이래로 사회복지 실천가는 물론이고 심리학자, 법률가, 기술자, 교수 등 전문직의 노동조합화가 느린 속도이지만 꾸준하게 증가하고 있다.[35]

전문직의 노조화라는 다소 역설적인 테마를 이론적으로 규명하기 위하여, 우선 노조와 전문가 조직을 세 가지 차원에서 비교해 보았다.[36]

첫째, 양 조직의 구성원의 형태가 다르다. 노조는 전형적으로 저임금의 육체노동자를 중심으로 한 임금노동자들을 주요 대상으로 한다. 이에 비해 전문가 조직은 다소 지위가 높고, 부유한 비육체노동을 하는 중산층을 주요 대상으로 한다. 양 집단 간의 계급과 지위의 차이는 지속적으로 강조되었으며, 지위의 차이 때문에 전문직 조직은 노조를 원칙적으로 거부하였다.

양 집단은 집단 성원의 배제 원칙에서도 차이를 보인다. 노조는 조직에서의 성원의 지위에 따라 배제가 결정되는 데 반해, 전문가 조직은 교육과 실무 경험의 기준에 따라 배제가 결정된다. 노조의 성원인 전문가는 조직에서 경영에 참가할 때까지 한

---

34) 여기서 소개되는 전문직의 노조화는 미국의 실례를 든 것이다. 미국의 노동조합 발전의 역사적 의미, 예컨대 이익집단적 성격이 강한 것을 고려하면서 우리나라의 사회복지현장에 가지는 함의를 생각해야 한다.

35) Alexander, Leslie B., "Professionalization and Unionization: Compatible After All," Karger, H. J. *Social Workers and Labor Unions*, (Greenwood Press: 1988), p. 157.

36) Alexander, op. cit., pp. 158-161.

시적으로 노조에 참가하게 되나(일정 직위 이상이 되면 자동적으로 노조원의 자격을 상실한다), 전문가조직에는 장기간 참여할 수 있게 된다. 따라서 이런 경우에는 조직에서 경영진으로의 승진이란 노조측에서는 손실이요, 전문적 입장에서는 발전의 의미를 가진다고 할 수 있다.

둘째, 양 조직은 조직의 철학과 목표에서 차이가 난다. 노조는 노조원과 경영인 간의 이해관계의 내적 갈등을 내포하고 있는 데 반해, 전문가 조직에는 그러한 내재적인 적대적 관계가 존재하지 않는다. 양 조직이 공히 성원들을 보호하는 기능을 수행하지만, 노조의 활동이 훨씬 관심의 폭이 협소하다. 주로 임금, 근로시간과 같은 노동조건의 개선에 활동의 초점이 잡혀 있다. 이에 비해 전문가 조직은 경제적 이해관계를 넘어서는 관심을 보인다. 주로 직무의 자율성과 독자성을 확보하는 데 더 큰 관심이 있으며, 직무를 둘러싼 환경이나 조건의 문제보다는 주로 과업의 본질에 더 큰 관심을 두고 있다. 이상적인 기준에서 말하자면, 노조가 사적(노조) 이익을 우선시 한다면, 전문가는 공공의 선을 우선시 한다. 전문직 지위의 온전한 형태는 경제적 성공과 높은 지위를 보장하고 있지만, 실질적으로 전문적 지위를 보장하는 데는 경제적 보장이 필수불가결하다.

전문가 조직은 집단차원의 발전을 추구하지만, 개인차원의 변화를 더욱 강조한다. 개인의 특성에 의한 개별 발전이 가능한 것이다. 이에 비해 노조는 연공서열을 강조하며, 평등주의와 집단을 우선시한다. 전문가들의 이러한 개인주의적, 엘리트주의적 성향으로 인해 전문직 노조는 산업별 노조(industrial union)형태가 아닌 직업별 노조(craft union) 형태로 조직화하게 되었다.

셋째, 양 조직은 전술에 있어서 차이가 난다. 노조의 고전적 전술은 경영진과의 기본적이고 공개적인 권력갈등으로부터 나타나며, 태업으로부터 피켓팅, 파업으로 이어진다. 전문가 조직은 권력갈등보다는 훨씬 이지적인 전술을 강조한다. 예를 들면 윤리강령의 개선, 실천 기준의 강화, 지역사회와의 관계 증진, 기본지식의 확대 등이 여기에 속한다. 그리고 전문가 조직은 노조에 비해 성원들의 일상생활에 거의 관여하지 않는다.

이상에서 살펴 본 바 대로 두 조직 간의 구성원의 형태, 조직의 철학, 전술면에서의 차이는 쉽게 융화가 될 수 없기 때문에 전문가들의 노조는 성립이 불가능한 것으로 간주되었다.[37] 그런데 문제는 현실적으로 존재하는 전문가 노조에 대해서는 어떻게 설명할 것인가에 있다. 예를 들어 특정 조건하에서는 전문가의 노조가 가능할 수도 있다. 이러한 현상에 대한 설명을 시도한 것이 과도기 모형(transitional model)과 혼합모형(hybrid model)이다.[38]

가. 과도기 모형

과도기 모형은, 전문직의 노조화는 전문직 발전의 초기단계에는 조화가 가능하다고 본다. 전문직의 전문화 정도가 약할 때는 전문직의 노조화가 경영자로부터 고임금, 더 나은 근로조건을 얻어내는 데 효과적인 조직형태라는 것이다. 따라서 전문화 정도가 높아지면 노조의 형태는 불필요하게 된다. 이 조야한 모형은 노조를 직무 안정도와 경제적 이해에 기여하는 순수한 도구적 기능을 하는 것으로 간주하고 있다. 노조를 하나의 목적이 아니라 수단으로 보는 것이다.

과도기 모형은 여러 측면에서 단점을 보여주고 있다.

첫째, 과도기 모형은 현실적으로 사회복지 실천가, 교사, 간호사, 사서 등을 포함한 여러 전문직 노조는 그들의 전문성이 높아졌음에도 불구하고 노조의 형태를 거부하지 않았다는 사실에 대해서는 설명하지 못한다. 이들 집단에게는 노조가 과도

---

37) Hofferman, E. B."Unionization of Professional Societies," Report No. 690. (New York:Conference Board, 1976. p1. Alexander, op. cit., p. 162. 에서 재인용.

38) Alexander, op. cit., pp. 162-167.

기적 형태가 아닌 것이다.

둘째, 과도기 모형은 전문성 확보, 예컨대 높은 사회적 지위, 고임금, 자율성에 대해서 지나치게 낙관적이라는 것이다. Epstein과 Conrad는 사회사업의 전문직화는 사회사업의 전문가주의의 표현인데, 이것은 "전문직"으로서의 사회사업의 중심적 규범이라기보다는 전문적 지위에 대한 열망과 관련된 신념이라고 보았다.[39] 즉 이것은 하나의 기대에 불과하지 실제현상은 아니라는 것이다. 사회복지 실천가에 대한 전문성 인정이 가장 높다는 미국에서조차 아직 완전한 전문성을 인정받지 못하고 있다.

셋째, 과도기 모형은 대다수 전문가들이 일하고 있는 환경적 제약, 특히 고도의 관료제적 맥락을 설명하지 못한다는 것이다.

넷째, 과도기 모형은 노조화와 전문직 간의 상호작용 과정을 설명할 수 없다. 즉 과도기 모형은 시간이 지나감에 따라 양 조직의 특성 간에 융합이 일어나는 것을 설명하지 못한다.

이와 같이 과도기 모형은 전문직의 노조화 현상을 설명하는 데는 아직도 많은 한계를 가지고 있다.

나. 혼합 모형

혼합 모형은 월렌스키에 의해 제기되었다. 오늘날 전문적 지위를 획득할려는 많은 직업들은 의사나 법률가와 같은 전통적 의미의 전문성을 획득하는 것이 아니라 새로운 의미의 전문성을 획득하게 된다. 그것은 전문직과 노조가 공존하게 되면, 시간이 지남에 따라 상호작용하게 되어, 하나의 새로운 형태의 조직이 만들어지거

---

39) Epstein, I., Conrad K., "The Empirical Limits of Social Work Professionalization," in Sarry R., Hazenfeld Y.,(eds.), *The Managements of Human Sciences*, (New York: Columbia University Press, 1978), p. 178. Alexander, op. cit., p. 163.에서 재인용.

나 아니면 두 개의 대등한 조직이 만들어진다는 것이다.

사회사업과 같은 새로운 전문직은 의사와 법률가 같은 전통적 전문직에 비해 사회적 지위, 훈련기간, 보상면에서 상대적으로 열악한 것이 특징이다. 새로운 전문직의 더 큰 과제는 관료제 속에서 자율성을 지키는 문제와 기초지식이 너무 광범위하면서 모호하거나, 혹은 지나치게 협소하면서 제한적이라는 사실을 극복하는 것이다. 윌렌스키는 사회사업의 광범위하면서 모호한 기초지식체계가 완전한 전문적 체계를 수립하는 데 주요 장애가 된다고 지적하고 있다.

더 큰 문제가 되는 것은 관료제하에서 전문성을 확보하는 것이다. 관료제하의 전문성의 주제는 혼합모형을 이해하는 데 중요한 단서를 제공한다.

첫째, Wilensky, Friedson, Perrow가 지적하고 있는 것처럼 관료제화와 전문직화를 상반된 과정으로만 보는 것은 오류라는 것이다. 즉 관료제라는 것이 전통적으로 강조하는 것처럼 그렇게 전문적 실천의 장에 제한적인 요소는 아니라는 것이다. 예를 들어 Friedson이 잘 지적하고 있는 것처럼, 건강서비스 영역의 경우 관료제의 영향으로 알려져 있던 많은 역기능적 현상들은 실제로는 의료의 전문적 조직에 기인한다는 것이다.40)

둘째, 관료제가 전문성에 위협이 되는 만큼, 전문성도 관료제에 위협이 되고 있다. 예를 들어 규칙이나 규율의 인정에 소극적이거나, 클라이언트와 조직과 관련된 일을 처리함에 권위적이라는 점들이 여기에 속한다. 실제 오늘날 의사와 법률가와 같은 많은 전문가들은 전문적 조직의 장에서 활동하고 있다.

셋째, 관료제적 맥락은 교사, 간호사, 사회복지 실천가와 같은 임금을 받는 전문가들을 의사나 법률가와 같은 자고용, 자율적인 전문가와 구별하는 중요한 특성이

---

40) Freidson, E. "Dominant Professions, Bureaucracy, and Clients Services," in Hasenfeld Y. and English, R. A., (eds.), *Human Service Organizations*, (Ann Arbor: University of Michigan Press, 1974), pp. 428-448. Alexander, op. cit., p. 165에서 재인용.

된다.

조직의 혼합모형을 고려함에 전문직 노조와 블루칼라 노조 간에 차이를 생각할 수 있다. 전문직 노조는 일반적으로 파업의 사용을 원치 않으며, 파업보다는 중재나 협상을 선호한다. 파업의 사용은 사회사업의 노조화와 관련된 주요 이슈의 하나가 된다. 전문직 노조들은 전문직의 윤리강령과 고려하여 단체협상 안의 범위를 과업의 양, 사무실의 크기 등 과거에는 경영의 영역으로 간주하던 부분까지 확대하는 경향을 보이고 있다.

무엇보다 양 노조간의 가장 큰 차이는 전문직 노조는 중산층의 이해, 전문직의 이해에 기반하고 있다는 점이다. 예를 들어 전문직 노조는 노조와 경영측과의 계급갈등은 통상 내재화하고, 오히려 노동자들은 노조와 경영진에 이중의 충성심을 표현한다. 또한 노조를 전문직 기준을 상승시키는 수단으로 생각한다. 이와 같이 노조가 전문적 지위를 보장하는 수단으로 간주되는 것이 잠재적인 노조원을 확보하는 데에도 도움이 된다고 보는 것이다.

그러나 전문직 노조도 블루칼라 노조와 같은 일차적인 목적을 가지고 있다. 즉 더 높은 임금과 근로시간의 감소와 더 좋은 근로환경의 확보가 일차적인 강조점이 된다. 그러나 일반 노조와 마찬가지로 전문직 노조도 장기적으로는 사회발전에 긍적적인 역할을 해야 할 것이다.

이상에서 전문직 노조의 존재형태에 대해 살펴보았다. 전문직의 조직을 통한 업무수행이 일반화됨에 따라 관료제와 전문성과의 관계가 중요한 과제로 대두되고 있다. 전문가조직도 조직의 일차적 목적수행을 위해서는 노동조합의 형태가 적절하다는 것이 강조되고 있다. 그러나 노조의 관심이 조합내 이해관계에 머물러서는 안 되고, 사회발전에도 일조할 수 있어야 한다. 사회복지전문가 노조의 경우도 고유한 가치지향인 '분배정의'를 실현시키기 위해서는 실천현장을 넘어서는 일반 사회문제에도 관심을 가져야 할 것이다.

4) 우리나라 사회복지 실천가의 사회적 위상

사회복지 실천가들이 사회복지운동의 중요한 일 주체라는 것에 대해서는 이견의 여지가 없다. 다만 어떠한 사회적 위상에 서는가에 따라 그의 활동영역이라던가 관심 영역이 달라질 수 있다. 사회복지 실천가들의 열악한 현실, 저임금 장시간 노동을 고려한다면 그들이 전문가의 위상을 가져야 하는가 아니면 노동자의 입장에 서야 할 것인가를 고려하는 것이 지금의 상황에서는 큰 의의를 가질 수는 없다.[41]

문제는 사회복지운동을 혼자의 힘으로, 혹은 개별화된 힘으로는 해낼 수 없으며, 조직의 힘이 필요하다는 데에 있다. 조직의 형태를 띠기 위해서는 조직의 목적과 존재의의 등이 고려되어야 하며, 이에 대한 역사적인 고찰이 필요하다. 지금까지 사회복지실천가들의 조직적 형태나 단체행동이 전면적으로 문제가 되고, 고려의 대상이 된 적은 거의 없었다. 그러나 지금의 우리 현실은 더 이상 사회복지 실천가들의 문제를 과거와 같은 자선적인 시각이나 고통분담적 시각으로 간주하기에는 너무나 변해 버렸다.[42] 1980년대 이후 사회복지 관련 학과의 대폭 증설로 이젠 사회복지 실천 현장에서 사회복지를 전공한 대졸 실천가들이 큰 부문을 차지하고 있으며, 이들의 비율은 점점 늘어날 전망이다. 따라서 그들의 사회적 위상에 대한 하나의 실마리를 제공할 필요가 있다.

위에서 살펴본 바 대로 선진국의 경우도 가장 큰 이슈가 사회복지 실천가들의 조직은 전문가 조직의 형태를 가질 것인가, 아니면 노동조합의 형태를 가질 것인가에

---

41) 그러나 그들이 어떤 동기부여에 의해서던 지금의 열악한 현실을 바꿀 수 있는 계기가 필요하며—그들의 열악한 현실은 그들에게 뿐만 아니라 대상자들에게도 부정적인 영향을 초래한다—여기에 사회복지운동의 이론적, 실천적 함의가 있는 것이다.

42) 예를 들면 사회복지실천가들도 사회복지 대상자들과 마찬가지로 열악한 생활을 하는 것에 대해 별 문제시 하지 않는 것을 생각할 수 있다. 아직도 이러한 태도를 보이는 대상자들이 적지 않다. 예컨대 일부 장애인들이 사회복지 실천가들이 자신들을 내세워서 편안하게 살고 있는 것을—실제 잘 살고 있는 것은 일부에 불과하다— 비난하는 것 등이 여기에 속한다.

있다. 그래서 양 형태를 중재하는 전문직 노동조합의 형태까지 살펴보았다. 우리나라의 경우도 분명한 것은 두 가지 입장, 전문가 조직과 노동조합 중 하나의 입장을 옳은 것으로 간주하는 것은 상당한 부담을 감수할 수밖에 없게 된다. 예컨대 상대적으로 전문성을 확보하고 있다고 간주되고 있는 정신의료사회사업가들을 중심으로 한 전문가모형(자격증 강화의 움직임이 여기에 속한다)은 나머지 대다수 사회복지 실천가들의 이해관계를 반영하지 못하며, 또 하나 궁극적으로 고통 받는 사회복지 대상자들의 이해관계와 반대편에 설 수 있는 위험이 있다는 것이다. 이에 비해 사회복지 실천가들의 노동조합모형은 현재의 열악한 현실을 극복하는 데 많은 도움을 줄 수 있지만, 현실의 실천가들의 의식이 이것과는 동떨어져 있으며, 현실적으로 노조화하는 데도 어려움이 있다. 예를 들어, 현실적으로 노조가 있는 사회복지 실천 현장이 거의 없고 과거 노동조합활동에 대해서도 평가가 부정적이었다. 또한 사회복지의 실천 현장이 대부분 소규모이며, 사회복지 실무 현장에는 사회복지 전문 실천가 외에도 다양한 종사자들이 있다는 것도 이러한 현실을 잘 보여주는 것이다.

그러면 어떠한 형태로 이러한 과제들이 해결되어야 할 것인가 무엇보다 양 조직 형태가 다 필요하다고 할 수 있다.[43] 즉 사회복지 실천 현장에서는 다양한 사회복지실무자들을 포함한 노동조합 형태의 조직이 필요하며, 또한 전문가 조직으로서 사회복지 실천가 모임도 필요하다.[44]

따라서 사회복지 실천가는 양 형태의 조직에 다 가입함으로서 다양한 방면에서 사회복지운동을 이끌어 나갈 수 있는 것이다.

먼저 우리의 현실에서 보다 필요한 것은 사회복지실천가들의 의식의 전환이다.

---

[43] 사회복지 실천가와 유사한 특성을 갖는 간호사의 경우도 병원노조에 가입하면서 동시에 간호사협회의 회원이 된다.

[44] 전문가조직으로 한국 사회복지사협회가 있으나, 이 조직이 사회복지사들의 전문적 이해관계를 반영하고 있으며, 사회복지운동의 주체로 활동을 하고 있는가에 대해서는 의문의 여지가 있다. 최근에 활동을 시작한 사회복지개혁모임도 전문가 모임의 성격을 가지고 있다.

무엇보다 전문가로서의 노동자 의식이 필요하며, 특히 노동자로서의 권리와 책임을 가지는 것이 필요하다. 우선 저임금과 열악한 노동조건을 개선하기 위해서는 실천가들의 강력한 조직이 필요하다는 것을 인식해야 한다. 예를 들어 정부출연 연구기관의 경우도 전문 연구원들이 노동조합에 가입하여 활발한 활동을 하고 있다. 영국의 국가고용 사회복지실천가 노동조합의 예도 우리에게 적지 않은 시사점을 제공하고 있다.

영국의 경우 사회사업가의 노조 가입률의 증가는 국가의 개별 사회적 서비스의 특성 변화의 반영이다. 즉 전문적 자율성의 감소, 정부 고용 사회사업가를 피고용자로 간주하는 경향은 전문적 의식을 고양시키지 못하였다. 오히려 공공기관에서의 실천활동은 사회사업가들을 전문가라기보다는 임노동자로 간주하게 하였으며, 이것이 노동조합의 발전에 기여하였다. 그리고 사회사업가들이 당면한 문제라는 것이 영국 사회사업가 협회(BASW)와 같은 전문가조직보다는 노조가 해결하기에 더 적절한 문제들이었다. 이에 따라 사회사업가들도 임금, 노동조건과 같은 일상적인 이슈를 다루는 데는 노조 조직이 더 유용하다는 것을 깨닫게 되었다. 영국 사회사업가 협회는 1970년대 들어 그 회원이 계속 감소하였으며, 이것은 많은 사회사업가들이 전문가단체의 비효율성과 취약함을 지적하고 있는 것과 일치한다.[45]

뿐만 아니라 노동자로 거듭 태어나면서, 전문성을 확보해야 한다. 전문성을 뚜렷하게 내세우지 않으면 업무의 독점성을 주장할 수 없다. 예컨대 사회복지전문요원제도, 사회복지사 자격증제도 등이 무의미해진다. 전문가이면서 노동조합활동을 하고 있는 기존 조직들의 예를 볼때 사회복지노동자의 시각을 견지한다고 해서 반드시 사회복지의 전문성을 포기할 필요는 없는 것이다. 사회복지 실천가들의 전문적 조직은 실천의 장에 상관없이 지역을 단위로 한 전문가 조직 혹은 지역내 유사 실천단위 간 전문가 조직이 필요하다. 지방자치제의 본격화를 앞두고 지역단위의

---

45) Jones, op. cit., pp. 134-135.

사회복지실천가의 모임이 활성화될 것으로 보인다.[46)]

또 하나 조직운영의 문제를 고려해야 한다. 영국의 1978-1979년 사회복지실천가들의 파업의 경험이 이에 대한 하나의 시사점을 제공하고 있다. 파업으로부터 얻을 수 있는 것은 크게 두 가지였다.

첫째, 조직 내부의 민주적 운영을 확보해 내는 것이다. 여기에는 조직 집행부는 물론이고 일반 조직원들의 하부 조직이 활성화되어야 한다. 1978-1979년의 파업 시 많은 사회복지 활동가들은 그들이 노조로부터 경원시 되는 것을 걱정하였다.[47)] 이것은 노조의 집행부와 일반 파업 노동자와의 근본적인 차이를 보여주는 한 예에 불과하다. 이러한 갈등은 지방정부 공무원 전국협회(NALGO : National Association of Local Government Officers)의 독특한 것이 아니라 공공부문 노조에 공통적인 Whitleyism이라는 협상체계 때문이다(대부분의 일반노조는 이것을 거부한다). 이 협상체계의 기본 정신은 파업과 같은 적극적 행동을 방지하기 위한 타협의 정신에 있다.[48)]

둘째, 파업으로 인해 집단행동의 가치를 공유할 수 있게 된 점이다. 파업의 파급효과를 일반화하기는 어렵지만, 공통적인 내용을 보면 다음과 같다. 무엇보다 사회사업가들은 집단행동의 가치를 경험할 수 있었다. 일반 조합원들은 공통적 협상체계를 거부하고, 일반 노동자들과 연대하는 경험을 공유하였다. 사회사업가들은 연대활동을 통해서 금번 파업의 특성은 물론 일반 사회복지정책의 문제점과 이슈에 대해 토론하는 기회를 갖게 되었다. 사회사업가들의 이러한 경험은 지방정부 공무

---

46) 지역단위 사회복지실천가의 모임이 점차 활성화되고 있다. 사회복지 개혁 모임과 부천지역 사회사업가 모임, 송파지역 사회복지관 모임 등이 그 실례가 된다.

47) 실제 1978년 11월 600명의 사회사업가들은 노조 집행부가 일반 노조원의 이해와 일치하지 않는 해결책을 받아들이는 것을 방지하기 위하여 런던에 있는 조합 본부를 점령하였다(Jones, op. cit., p140.).

48) 이 체계는 복잡하고 분절화된 체계로서 전국 차원, 지역 차원, 지방 차원의 일련의 연대회의를 의미하며, 회의는 동수의 경영자와 노동자로 구성되며, 다수결로 결정이 이루어진다(Jones, op. cit., p. 141).

원 전국협회와 같은 조직내의 일반 성원들의 조직이 발전하는 계기를 마련해 주었다. 나아가 사회복지 실천가들이 지역사회의 문제해결을 위해 노동조직과의 연대활동에도 적극 참여할 수 있는 계기를 제공하였다.[49]

문제는 지역단위 내지 유사 실천단위 간 전문가모임의 활성화와 직장 단위에서의 노조활동의 활성화가 상호 조화를 이루고 상승작용을 할 수 있어야 한다는 것이다. 이것이 이루어지기 위해서는 우리들이 각자 생활의 장에서 사회복지실천에 참여하고 주체적으로 이끌어 나가는 노력이 필요하다.[50]

사회복지 실천의 장에서 노조에 가입함으로써 얻을 수 있는 것은 무엇보다 사회복지 실천가를 포함한 노동자들의 노동조건 개선이 용이하며, 궁극적으로 대상자들에 대한 서비스 전달체계를 개선할 수 있다는 것이다. 나아가 여타 노동조합, 사회복지 노조는 물론 일반 노조와의 연대활동을 통해 한국 사회의 발전에 일조할 수 있을 것이다. 즉, 사회복지의 장을 넘어서는 한국 사회발전의 과정에 동참할 수 있는 것이다.

3. 맺는 글

이 장에서는 사회복지운동의 활성화를 위하여 가장 민감한 주제 중 하나인 운동의 주체문제를 살펴보았다. 사회복지운동의 주체로 사회복지실천가를 설정하는 것에 대하여 반대하는 경우는 거의 없을 것이다. 하지만 문제는 사회복지실천가가

---

49) 연대활동의 실제적인 예로 북아일랜드의 부채 해결을 위한 활동 그룹(The Action on Debt group)은 애초에 Ulster지역의 연료 결핍문제와 부채문제에 대응하기 위한 여성운동단체로 출발하였으나, 이 지역의 사회사업가협회에서 활동을 지원하였으며, 지역의 노동조합과 연료문제로 고통받는 여타 지역의 다양한 집단들이 대거 참여하였다(Jones, op. cit., pp. 140-146.).

50) 사회복지 실천의 장에 대한 구체적인 참여의 방안에 대해서는 이인재, 전게 논문, 1994: 111-114를 참조할 것.

운동을 어떤 형태로, 어떻게 이끌어가야 하는가가 규명되어야 한다는 것이다. 여기서 가장 큰 이슈는 사회복지실천가가 노동자의 위상을 가져야 하는가, 아니면 전문가의 위상을 가져야 하는가이다.

노동자로서 사회복지실천가를 설정하게 되면, 노동조합을 통해 사회복지운동에 적극적으로 참여하도록 해야 한다. 노조를 통한 투쟁영역은 전체 노동운동과 연대하는 영역, 사회복지노동자의 노동조건 개선을 위해 싸우는 영역, 복지대상자를 위한 영역 등이 있으며 이들은 분리되어 존재하는 것이 아니고 상호 연관되어 있다. 우리나라 사회복지실천가들의 노동조건이 열악하기 때문에 노조를 통해 적극적으로 투쟁하면 많은 것을 얻게 될 것이고, 노동자들의 실천의식도 고양될 수 있을 것이다. 하지만 문제는 우리의 현실이 노동조합을 만들 수 있을 정도로 발전되어 있지 않다는 점이다.

사회복지실천가의 전문가로서의 위상을 보면, 사회복지전문직의 고유한 가치지향인 "분배정의"의 입장을 올바르게 견지한다면 전문가조직을 통한 사회복지운동은 활발하게 일어날 수 있을 것이다. 문제는 우리의 현실이 전문직을 지향하는 움직임은 많이 있지만 사회로부터의 인정여부 등을 고려하면 아직도 전문직으로서의 인정 정도가 낮은 수준이라는 데 있다. 또 하나 전문가로서의 인정도 올바른 가치지향을 앞세우기보다는 전문적 지식과 기술의 인정여부에 지나치게 몰두하는 경향이 있어서 실천적 지향에 걸림돌이 되고 있다.

노조에 관한 미국적 시각을 반영하고 있는 미국의 전문직 노조에 관한 경험적 고찰은 전문적 실천의 장이 협소하고 전문가로의 인정여부가 미약한 현재의 우리에게 주는 함의는 미약할지 모르나, 장차 전문적 실천의 장이 확대될 경우에는 많은 시사점을 보여주고 있다. 무엇보다 관료제와 전문직과의 관계에 대한 연구가 필요할 것으로 보인다.

우리나라 사회복지실천가들은 두 가지 형태의 조직이 다 필요하다. 실천의 장을 중심으로 한 노동조합에서는 노동조건 개선, 복지대상자들의 서비스의 질 제고를 위한 투쟁이 필요하며, 투쟁을 통한 노동의식의 고양으로 관심의 범위를 전체 사회로 확대할 수 있어야 한다. 지역 단위 혹은 유사실천 단위 간 전문가조직은 전문성을 향상을 위해 노력해야 하며, 분배정의를 지향하는 선에서 적극적 실천을 담지해 내어야 한다.

(1995년 작성)

제5장
사회복지 주민참여와 동원전략

1. 서 론

　지방자치시대는 지역주민들의 실제생활과 관련하여 많은 변화들을 시사한다. 지방자치시대가 본격화되면서 지역주민들의 욕구에 더욱 쉽게 접근할 수 있다는 점에서 사회복지와 관련된 다양한 이슈들이 재검토될 것으로 보인다. 지방자치시대를 맞이하여 사회복지 분야와 관련해서는 구체적으로 중앙정부와 지방정부 간의 업무분담문제, 사회복지 전달체계문제, 사회복지와 관련된 재정문제 그리고 사회복지정책의 주민참여문제 등을 재검토해야 할 것이다. 이 중에서 특히 주민참여문제는 지방자치의 본질 중의 하나가 주민자치에 있는 만큼 더 많은 관심이 집중되고 있다.

　더욱이 국제화, 세계화의 물결 속에서 경쟁력의 강화가 강조되고 있는 현실에서 사회적 약자는 물론이고 일반국민들의 삶의 질에 대한 문제는 더 큰 중요성을 가지고 있다. 경쟁력의 강화는 냉엄한 자본주의 생존법칙(적자생존)이 강조되는 것을 말하며, 이럴 경우 경쟁에서 탈락하는 사람들의 생존의 문제는 집단적 조치(사회복지) 없이는 해결이 불가능할 것이다. 사회복지의 발전이 다수 국민들의 요구와 투쟁에 의해서 발전된다는 사실을 고려한다면, 생활의 장에 기반한 주민들의 참여를 촉진하는 문제는 더 큰 중요성을 가진다.

일반적으로 주민참여란 주민의 생활과 관련된 행정의 과정에 주민들이 권력 혹은 영향력을 행사하는 일련의 행위를 뜻한다. 이 때 행정과정이라 함은 행정상의 정책결정 및 의사결정에서부터 계획의 시행과 평가에 이르는 전반적 과정을 가리킨다. 이러한 주민참여는 종종 행정에 대한 주민통제(citizen control, popular control)의 한 형태로 간주되기도 한다. 주민통제란 지방행정기관 및 거기서 근무하는 공무원이 주민에 대한 행정책임을 성실히 이행하도록 보장하기 위한 과정을 의미한다. 그러나 주민참여의 의미를 단지 행정통제를 위한 참여에 국한시켜 이해하는 것은 참여의 의미를 소극적으로 해석하는 것이다. 지역사회 단위에서의 참여는 그러한 공공행정에 대한 참여 외에도 다양한 민간부문의 활동에 대한 참여까지 포함하는 광의의 개념으로 이해할 필요가 있기 때문이다.

조합주의 복지국가의 대표적 국가인 스웨덴에서는 노동자, 농민 집단의사가 국가경영 전반에 걸쳐 영향력을 행사하고 있다. 생활 전 영역에 걸쳐서 노동조합, 농민조합을 통한 주민들의 적극적인 참여가 보장되어 있는 것이다. 노동조합운동을 비롯한 대중운동의 발전이 주민참여의 활성화를 가져온 동력 역할을 한 것이다. 스웨덴의 노조는 임의가입제임에도 불구하고 높은 노조 가입률을 자랑하고 있다. 그 이유는 노동조합이 노조원의 개별적인 혜택을 부여하는 정책과 제도를 통해서 노조원의 공통적인 이해관계는 물론이고 개인적인 이해동기를 반영하고 있기 때문이다. 예를 들면, 노조에 가입할 경우 노동자 개인에게 많은 혜택이 돌아가는 겐트식 실업보험(노조가 관리하고 정부가 보조하는 임의보험체계)의 도입은 노조의 조직률을 대폭 상승시키는 효과를 가지고 왔다(서울대 대학원 사회복지학과, 1992: 89-205). 스웨덴에서 참여의 활성화는 참정권운동으로 이어졌고, 참정권운동의 확산은 사회정책적인 주제를 중요한 정치적 쟁점화하여 스웨덴 복지국가의 기틀을 마련하였다.

풀뿌리 민주주의로 불리는 지방자치제의 실시는 지역내 다양한 계층의 이해를 반영하고, 지역내 생활상의 문제 등 각종 지역문제를 해결하기 위한 각종 이익집단과 부문운동의 활동을 활성화시킬 것으로 보인다. 지방의회의원선거, 지방자치단체장 선거와 지역주민의 생활과 직결된 지방자치단체의 활동은 주민들의 정치에 대한 참여의 폭과 빈도를 높임으로서 주민들의 민주의식과 자치정신을 함양시키고, 스스로 권익향상과 계급적 이해실현을 위한 다양한 활동을 촉발시킬 것이다(기사연, 1988: 100).

우리나라에서는 사회복지분야는 물론이고 거의 대부분의 분야에서 주민들의 행정참여가 미진하다. 특히 지역운동적 차원에서 주민들의 참여에의 동기부여 및 동원전략이 거의 마련되어 있지 못하다. 따라서 주민들의 적극적인 참여가 요망되는 지방자치의 시대를 맞이하여 실질적인 주민참여의 방안마련을 위한 이론틀의 개발은 시급을 요하는 문제라고 할 것이다.

우리나라에서 주민참여에 관한 연구는 정치학의 주제가 되는 정치과정에의 참여, 즉 투표, 선거과정에 대한 주민참여에 관한 연구가 있으며, 행정학분야의 일부 연구가 있다. 그러나 행정학에서의 주민참여연구(김성일, 1988: 배용태, 1988: 정길영, 1986)는 도시재개발 빈곤지역에 대한 사례연구로서 주민참여의 실태와 사회행동 비교사례분석을 시도하였다. 그러나 이상의 연구들이 주민참여의 구체적 방안모색에 일정한 시사점을 제공하고는 있지만 분석이 특정 사례에 한정되어 있기 때문에 전체적인 방향성을 제시하기에는 미약하였다.

우리나라에서 사회복지적인 이슈는 정치적 관점을 물론이고 대중적인 논의조차 별로 이루어지지 않았다. 스웨덴의 경우 사회개혁에 관한 대중적인 논의가 활발할 수 있었던 이면에는 이에 대한 책과 논문이 무려 2,500종이 출판되어서 논의의 열기를 활성화시켰던 사실을 고려한다면 우리의 경우는 이와는 큰 대조를 이루고 있다(신광영, 1991: 153).

특정범주를 넘어선 전체와 관련된 사회복지분야와 관련된 주민참여에 대한 대표적인 사례는 1988년 이후 국민의료보험법안을 둘러싼 여러 집단들의 참여활동이다. 국민의료보험법안 입법화라는 공동 목표를 설정하고 다양하게 펼쳐진 투쟁활동은 비록 대통령의 거부권 행사로 실패로 끝나고 말았지만 사회복지문제를 전면적으로 정치쟁점화한 드문 선례를 남겼다(대표적 연구로 이경기, 1991). 그 후 1991년 사회복지예산을 둘러싼 참여활동이 대중적인 관심을 일부 불러 일으켰으나 스웨덴의 열의와 비교할 때 우리나라에서의 예산투쟁은 일시적이고 즉흥적으로 이루어져 결국 실패로 돌아가 버렸고 예산 투쟁을 주도했던 수 개 단체들(학생, 관련 집단)은 이에 대한 심도있는 평가없이 논의를 종결지어 버려 이후 유사한 사태가 벌어졌을 때 또 다시 처음부터 다시 시작할 수밖에 없는 아쉬움을 남겨 두었다.

본 연구에서 사회복지분야에서 주민참여를 활성화하는 한 방안으로 지역주민들을 동원하는 전략을 고려해 보았다. 그러한 방안의 일환으로 지역주민들이 "조합"에 적극적으로 참여하게 함으로써 행정참여방안을 모색해 보려고 한다.

예를 들어, 노동자는 노동조합에 참여, 농민들은 농민조합의 활성화, 도시주민들은 사회운동단체나 생활조합에의 참여 등을 통해서 사회복지행정분야에서의 참여를 활성화할 수 있을 것이다. 일부 농촌지역에서 활동중인 가톨릭농민회의 구체적 실천과제는 여타 지역운동조직에 시사하는 바가 크다고 할 것이다(기사연, 1988: 105). 실천과제 중 농협, 농지개량조합의 민주화추진시도와 같은 과제는 본 논문에서 제시하려고 하는 조합을 통한 주민참여방안 모색 주장과 일맥상통하는 제안이라고 생각한다.

본문에서는 우선 주민참여의 개념과 유형을 살펴보고, 사회복지 분야에서 자원조직체에의 참여를 중심으로 살펴보았다. 그리고 지역주민들을 동원하는 문제로서 동원전략에 관한 일반이론을 고찰하였다. 다음으로는 사회복지예산투쟁을 참여와 동원전략에 비추어 평가하였으며, 주민참여의 일 방안으로 지역운동의 활성화를 상정하고, 구체적으로 "조합"운동을 통한 지역운동의 발전 전망을 제시해 보았다.

2. 주민참여의 개념 및 유형

1) 주민참여의 개념과 속성

주민참여란 주민의 생활과 관련된 행정과정에 주민들이 권력 혹은 영향력을 행사하는 일련의 행위를 말한다. 사회복지분야의 주민참여는 사회복지행정에 관한 참여 외에 다양한 민간부문의 활동에 대한 참여도 포함된다.

행정참여의 개념에는 의사결정과정에의 영향력 행사 내지는 영향력의 시도로 간주하는 공의의 개념에서부터 의사결정자 내지 결정과정에의 접근으로 국한하는, 즉 정책결정 과정에의 접근으로 국한하는 즉 정책결정 과정에의 관여, 분담 또는 개입이라는 직접적이고 적극적인 활동에 국한하는 협의의 개념 정의가 있다.

민간부문의 사회복지활동에 대한 참여로는 수혜자로서의 참여, 실천가로서의 참여, 후원자로서의 참여 이상 세 가지 형태로 나눌 수 있다(감정기, 1990: 502).

지역사회조직에서 일반적으로 주민참여는 다음의 세 가지 견해로 구체화된다(Rothman, 1974: 280-2).

첫째, 참여 자체가 목적일 수 있다. 예를 들어, 도시생활에서 참여를 통한 주민들 상호유대감의 강화가 목적이 되는 것이다. 사회복지분야에 대한 참여에 있어서도 이와 같은 측면이 일면 존재한다.

둘째, 주민참여는 구체적 목표의 달성을 위한 수단으로 간주한다. 이때는 최대

참여가 최고의 실천을 보장하는 것이다. 지금 사회복지분야에서 가장 필요한 것이 주민들의 최대의 참여를 보장하는 것이며, 이를 위한 동원전략을 구성하는 일이다.

셋째, 참여를 좀더 상대적 내지 분석적 의미로 해석하는 견해가 있다. 목표달성을 위한 수단을 수단이되 특정 목표달성 내지 특정 상황하의 조건적인 수단으로 사용하는 것이다. 즉 여기서는 최대의 참여가 반드시 최선의 결과를 가져다 주지는 않는다고 본다. 예를 들면 지역사회 개입의 증가가 진보적인 프로그램의 제도화에 부정적인 영향을 미칠 수 있는 것이다. 따라서 실천가는 특정 목표의 관점에서 항상 참여의 득실을 고려해야 한다. 사회복지분야에서 참여는 주로 지원조직체에 참여하는 형태가 일반적이다.

2) 자원조직체(voluntary association)에의 참여

주민참여 중 가장 일반적이고 다양한 참여형태가 자원조직체에의 참여활동이다. 자원기관에 참여하는 사람들의 속성은 일반적으로 그가 속한 사회계급, 직업, 성별, 인생주기단계(life cycle), 그리고 기존 단체에의 참여 경험의 유무에 따라 차이가 난다(Rothman, 1974: 283-90). 먼저 개인의 성별에 따른 참여의 정도와 형태가 다르게 나타나며, 우리나라 농촌지역에서의 주민참여 연구결과는 연령별로 40대의 참여가 가장 활발한 것으로 나타났다. Freeman 등은 미국 자원조직체에의 참여를 결정하는 가장 유용한 변수로 소득을 들고 있다. 그 외 직업, 교육수준, 주택 소유 여부 등도 주민참여에 중요한 변수로 나타났다(정무성, 1986: 17-20).

빈곤층의 자원조직체의 참여활동에 대해서는 대체로 부정적인 견해가 주를 이룬다. 우선 빈곤문화(가치, 태도)가 참여활동에 부정적인 영향을 미친다고 보고 있다. 즉 빈민들은 참여의 경험이 적고 사회적 역할기대도 낮으며 참여에 필요한 자원도 부족하다. 그들은 즉각적인 이익이 보장되는 조직에 참여하며 경제적, 사회적 여건의 변화를 가져올 프로그램에 개입하는 경향이 높다. 그런데 빈민들의 경우 정치적 성격 내지 노동계급의 이해에 기반한 단체에는 참여하려는 경향은 약하게 나타난다(Rothman, 1974: 290-7). 그것은 빈민들의 이해관계가 바로 노동자들의 이해관계와 일치하는 것이 아니기 때문이다.

이에 비해 중산층의 참여에 대해 살펴보면 중층, 상층의 사회경제적 지위에 있는 사람들은 그들이 스스로 가치를 두는 조직에 참여하며, 이러한 조직에 참여하기 위한 특정한 자원(시간, 돈, 여유)을 가지고 있다. 교육수준이 높거나 지위가 높은 경우는 참여활동에 특정한 동기나 가치를 부여하며, 좀더 전문화된 조직에 참여한다(Rothman, 1974: 298-301). 중산층의 경우 참여 자체가 목적일 수 있으며, 참여활동을 자아실현의 동기로 간주하기도 한다.

참여의 정도는 반대급부의 정도와 그 반대급부와 참여와의 밀착 정도에 달려 있으며, 참여는 참여자에게 개별적 보상을 보장하는 경우에 참여 정도가 더 높게 나타난다.

자원조직체에 있어서 참여활동에의 역동성을 간략하게 살펴보면 다음과 같다(Rothman, 1974: 302-5).

첫째, 참여 정도와 조직의 합의를 고려해야 한다. 참여의 열의가 높다고 반드시 결과가 좋은 것은 아니다. 오히려 조직 내에 갈등을 유발할 수 있다. 따라서 조직체의 목적 달성에 유리하게 작용할 수 있게 참여 열의를 조직화할 수 있어야 한다.

둘째, 조직 운영에 있어서 소수의 견해를 고려해야 한다. 조직 운영시 때에 따라 모든 조직원들의 이해관계를 반영하지 않을 수도 있다. 모든 조직체에는 리더가 존재하며 조직체가 계속적으로 발전할 수 있으려면 리더는 항상 조직원들의 다양한 의사를 고르게 반영할 수 있도록 노력해야 한다.

셋째, 물리적 변수의 영향력을 고려해야 한다. 자리배열 같은 물리적 변수의 영향력을 고려해야 한다. 때에 따라 조직체 활동의 활성화에는 모임에서 좌석을 배치하는 등의 물리적 변수에 대한 고려가 의외로 큰 역할을 할 수가 있다.

넷째, 비정기적인 사건이 우연한 참여의 기회를 제공할 수 있다. 모든 조직체의 경우 활동의 시발점이 있는데, 우연한 사건이나 사고의 발생이 조직활동의 활성화에 기여할 수 있다. 예를 들어 1992년 예산안에 대한 정책결정과정에서 사회보장 분야 예산 내역의 변경이 전 사회복지 관련 성원들의 다양한 활동을 촉발시킨 경우는 이러한 것의 훌륭한 예가 된다.

다섯째, 참여의 범위와 의도하지 않은 결과를 고려해야 한다. 조직들 간의 수평적 관계수립을 위한 계획과정에의 효율적 참여가 필요하다. 만약 참여하지 않을 경우에는 의도하지 않았던 부정적 결과가 초래될 수도 있다. 특정 사건에 대해 여러 조직체가 관여할 때, 조직체들간의 연대작업이 사건 해결에 핵심적인 역할을 수행할 수 있다. 사회복지예산투쟁의 경우 개별적으로 여러 단체가 다양한 활동을 전개했으며, 연대활동이 일정수준에서는 이루어졌지만 연대활동에의 각 단체의 참여 정도나 의지가 일치하지 못해 효율적이고 효과적인 연대활동을 수행하지 못했다고 평가할 수 있다.

자원조직체의 활동에 중요한 변수 중 하나가 일차집단의 역할이다. 보통 일차집단에는 친구집단, 또래집단, 근린집단 등이 있다. 일차집단은 자원조직활성화에 동력으로 작용한다. 그러나 일차집단에의 참여가 자신이 속해있는 집단에는 유리하게 작용할 수 있지만, 때로는 개인의 사회화에 부정적으로 작용하기도 한다. 사회복지전문요원에 대한 사회복지예산에 대해서 일차집단적인 성격을 가지는 사회복지학과 학생들이 사회복지 예산투쟁에서 가장 적극적인 역할을 수행했다는 사실에서 자원조직 활성화를 위한 하나의 단초를 볼 수 있다.

그러나 일차집단에 기반한 지역사회조직 형성은 참여의 기반을 지나치게 협소하게 하여 분열을 조장할 수 있다. 이러한 특성은 여타 성원들의 참여를 제한할 수 있기 때문이다. 따라서 앞으로 사회복지분야에서의 전문가는 일차집단에 관한 많은 정보를 가지고 있어야 하며, 일차집단을 활용한 구체적인 주민참여 방안을 고려해야 한다.

3. 주민참여와 동원전략

사회복지분야에 대한 주민참여가 활성화되기 위해서는 동원전략의 수립이 필요하다. 동원은 지역주민들을 정치적, 사회적 행위로 이끄는 것을 말한다. 즉 사람들로 하여금 정치사회적 행동에 참여하게끔 유도하는 것을 말한다. 동원의 출발점은 지역주민들의 "느끼는 욕구"(felt needs)를 아는 것으로부터 시작된다. 이것은 지역주민들이 특정문제를 왜 문제로 느끼는지, 무엇을 원하는지 그리고 어떻게 문제를 해결할 것인지를 고려하는 것이다. 조직가는 주민들과의 상호토론과정, 예를 들면 문제의 규정, 해결방안 모색 등을 토론을 통해서 동원과정을 만들어 간다. 지역주민들이 행동에 참여하는 정도는 참여로부터 나오는 기대(예를 들면 소득의 증가)에 의해 영향을 받는다. 참여수준은 주민들의 사회경제적 수준, 사건의 성격, 지역사회 거주기간, 과거참여 경험, 집단의 문화적·윤리적 동질성 여부에 따라 달라진다.

1) 동원전략

지역주민들을 정치적, 사회적 행위로 이끄는 구체적인 동원전략으로 Herbert J. Rubin과 Irene Rubin은 다음의 3가지 전략을 제시하고 있다(Herbert J. Rubin & Irene Rubin, 1986: 136-56)

(1) 전략1 : 현존하는 지역사회의 구조를 활용하거나 강화하자.

전략1을 실현하는 구체적인 방법으로는 4가지 동원전술이 있다. 이 중 3가지 전술은—기존조직에서 성원 충당, 사회적 관계망 활용, 지역지도자 발견—기존 사회 구조를 이용하는 방식이고, 나머지 1가지 전술은 지역사회의 통합을 증대시키는 방식이다.

　동원전술 중 먼저 지역사회의 기존조직을 활용하여 회원을 충당하는 방법이 있다. 이 방식이 가장 손쉬운 방법이라 할 수 있으며, 따라서 조직가는 지역사회 내의 기존조직에 대한 지식과 정보를 가지고 있어야 한다. 둘째 방식은 사회적 관계망을 찾아서 활용하는 것이다. 지역사회 내에도 다양한 사회적 관계망이 있으며 유사한 문제의식을 가진 소집단들이 있다. 실천가는 이들 조직을 하나의 관계망 속에서 묶어낼 수 있다면 계획적 행동으로 이끌 수 있는 기회는 확대된다. 셋째 방식은 지역사회의 지도자를 발견하고 활용하는 것이다. 동원과정은 대부분의 경우 2단계 과정을 포함한다. 우선 지역주민들이 존경하고 선호하는 토착 지도자(local leader)를 찾는 과정이며, 둘째 단계에서는 여론 지도자(opinion leader)를 선정하는 일이다. 여론 지도자는 지역사회 외부의 여론과 여러 사실들을 지역주민들에게 알려주며, 그들을 설득하는 역할도 수행한다. 이슈나 문제가 무엇인가에 따라서 여론 지도자는 달라질 것이며, 조직가는 토착지도자와 여론지도자가 서로 협동할 수 있도록 여건을 조성해야 한다.

　마지막으로 조직 참여의 활성화를 위해 지역사회의 통합을 강화시키는 전술이 있다. 지역사회 내에 강한 사회적 연대감, 응집력이 있는 사회에서는 조직화가 용이하기 때문에 실천가는 우선 연대(soliderity)의식을 최대화할 수 있는 지역사회의 경계를 설정해야 한다. 사회적 연대감이 부족한 지역에서는 실천가는 사회적 통합을 강화시킬 수 있도록 해야 한다. 사회적 통합을 증가시키는 방법으로 지역주민들이 공통적 정체감(identity)을 가질 수 있도록 하는 것이 좋은 방법이 된다. 지역주민들이 공통적 문제를 가지고 있다고 느끼거나, 지역사회와의 정체감(문제 해결)이 곧 바로 개인에게도 이익이 된다는 것을 알게 될 때 정체감은 형성될 것이다.

(2) 전략2 : 지역주민을 개인차원에서 설득하자.

지역사회의 문제해결에 중심적인 역할을 하는 것은 집단이지만 참여는 역시 주민 개인 차원에서 이루어진다. 조직가는 주민들이 개인 차원에서 참여할 수 있도록 적극적으로 노력해야 한다. 구체적인 방법은 대략 4가지로 제시된다.

가장 먼저 지역 주민들을 만나서 그들이 느끼는 문제를 확인하는 것이 중요하다. 즉 생활의 현장에서 주민들의 "느끼는 욕구"를 확인하는 것이다. 이것이 바로 동원의 출발점이다. 주민들과 우선 폭넓게 접촉을 하고 일상적인 방식으로 그리고 경청하는 자세를 유지해야 한다. 그리고 실천가는 이 과정에서 자신의 입장과 자세를 주민들에게 올바르게 이해시켜야 한다. 왜냐하면 외부에서 온 실천가가 지역주민인 양 행동하는 것이 때로는 위선으로 보여 문제해결에 역효과를 가져다 줄 수도 있기 때문이다.

둘째, 참여에 소극적이거나, 참여를 회피하는 경우에는 그것의 원인을 찾아서 극복하도록 시도한다. 참여에 소극적이거나 회피하는 경우에는 회피 자체를 정당화하는 경우가 있는데 이때는 무엇이 문제인가를 명확하게 보여줄 수 있어야 한다. 셋째 전술은 대화의 중심을 문제와 문제해결에 두어야 한다. 주민들과의 대화나 토론시 주민들이 느끼는 문제에 대화의 중점이 주어져야지 반대로 조직과정에 강조점이 주어져서는 안 된다. 반대의 경우 주민들의 참여가 저조할 것이다. 주민들은 문제의 해결을 원하고 있으며 조직은 단지 문제해결을 위한 수단이며 힘을 결집하는 도구로서 간주되어야 한다.

넷째, 개인적 선호도를 적극 활용하되 이것은 단기간의 동원방법으로 사용해야 한다. 이상의 3가지 방식으로도 주민들의 욕구를 충분히 파악하지 못할 때는 개인적인 동기나 요구를 파악하는 방법이 있다. 조직에의 참여를 자극하는 동기에는 3가지 종류가 있다. ① 물질적 동기로서 특정 재화나 서비스의 제공, 예를 들면 탁아서비스 제공, 집단 보상 등이 여기에 속한다. ② 사회연대적 동기로서 집단성원이

됨으로서 갖는 지위, 정체성, 흥미 등의 보상을 말한다. ③ 상징적(expressive)동기로서 특정 가치에 헌신하는 경우가 해당하는데, 대표적인 예가 "이념적" 조직체에 참여하는 경우가 해당한다.

(3) 전략3 : 헌신적으로 집단활동에 참여하도록 하자.

동원의 마지막 단계가 집단의 성원이나 예비 성원들로 하여금 집단 활동에 헌신적으로 참여하게 하는 것이다. 헌신적인 참여를 위한 전술은 두 가지 차원에서 고려해야 한다.

먼저, 조직가는 주민들을 처음 대면할 때 주민들이 최소한 조직의 목적에 동의하고 조직의 활동을 지지할 수 있도록 해야 하며, 나아가 조직에 참가하며 다음 모임에 참여할 것을 약속한다면 좀더 성공적일 수 있다. 조직활동에 참여하는 주민들이 문제해결에 동의한다면 그들을 집단적 행동으로 발전할 수 있도록 하는 것이 한 방안이 된다. 집단 활동에 헌신적일 수 있는 또 다른 방식은 성원들에게 회비나 기타 기부금을 요청하는 방법이 있다. 회비나 기부금을 통해 재원을 마련하려는 것이 조직의 활동자금으로서의 필요성도 있지만 한편에서는 성원들의 조직활동에의 헌신을 보장하는 훌륭한 방법도 되는 것이다.

둘째 방식은 조직활동에의 참여에 대한 계속적인 동기부여를 하는 전술이 있다. 구체적으로 작은 성공을 통한 심리적 보상을 제공하는 방법, 집단적 활동참여에서 재미를 느끼게 하는 방법, 잘 운영되는 집단의 일상적 과업수행에서 느끼는 만족감을 제공하는 방법 등이 있다.

2) 동원과 정보수집

지역사회 조직가는 대부분 훌륭한 계획가로서의 면모도 보여준다. 그들은 지역사회의 욕구가 무엇인지, 사람들이 특정 문제를 얼마나 심각하게 느끼고 있는가 또한 알아야 한다. 뿐만 아니라 인구 이동이나 정부정책의 변화로 인한 지역사회 문제의 변화, 겉으로 드러난 정보뿐만 아니라 숨겨진 정보, 문제해결을 위한 지식, 집단이 취하려고 하는 행동에 따른 손익평가 등 조직가는 다양한 지식과 정보를 수집해야 한다. 이러한 목적수행을 위해서는 행동을 고려한 연구조사의 활용이 요구된다(Rubin & Rubin, 1986: 157-86).

(1) 행동조사(action research)

사회복지학에서 지역사회조사는 빈곤한 이민자들의 생활을 조사한 인보관의 사회조사까지 거슬러 갈 수 있으며, 행동조사 역시 당시 사회조사의 계승자라 할 수 있다. 그러나 대부분의 전통적인 사회조사가 자체 지식의 확장을 추구하는 데 비해 행동조사는 가치지향적인 특징을 가지고 있다. 즉 가치중립성을 지키는 대신에 사회에서 비특권 계급의 이해관계에 서 있는 것이다. 행동조사에서는 사회변화를 고려한 조사의 측면에서 사회문제를 규정한다. 대부분의 행동조사는 문제점을 찾고 변화를 추구하는 관련 전문가와 서비스 수혜자의 공동노력에 의해서 이루어진다(Wagner. 1990: 477). Rubin & Rubin은 행동조사란 문제에 의해서 영향을 받는 사람과 문제를 해결하려는 사람 모두에 의해서 체계적으로 정보를 수집하는 조사방법이라 정의하였다. 행동조사는 특정문제를 규정짓고 관련자료를 제공함으로써 실제 행동을 자극한다. 나아가 문제의 해결책을 다양하게 비교하며 특정 해결책을 제안하기도 한다. 행동조사를 실행함에 있어서 과학적 조사에의 전념과 즉각적인 실천과정에의 참여 사이에서 조직가는 고민하는 경우가 많이 있다. 행동조사 결과 정보가 정확할수록 행동의 결과가 좀더 효과적일 것이다. 행동조사를 실행함에 있어서는 특정 문제가 지역주민들과 어떻게 관련되어 있으며, 필요한 자료들을 어떻게 체계적으로 수집할 것인가가 관건이 된다.

조사의 출발점은 주민들의 "느끼는 욕구"를 찾는 데 있다. 주민들의 욕구에 관한 체계적인 정보획득 방법에는 집중면담(focused interview)과 지역사회조사(community surveys)가 있다. 집중면담은 세세한 정보가 필요할 때 유용하며, 조직가는 제한된 문제영역에 관한 깊이 있는 정보를 얻을 수 있다. 이에 비해 지역사회조사는 문제에 대한 많은 사람들로부터 정보가 필요할 때 유용하다. 지역사회 조직가는 조사로부터 유용한 정보를 얻기 위해서는 과학적 조사방법에 관한 지식과 이해를 가지고 있어야 한다. 조직가는 적절한 전략의 선택을 위해서 해결을 요하는 문제에 관한 정보뿐만 아니라 조직가가 활동하는 지역사회에 관한 이면적 정보가 필요하다. 예를 들면 이웃간 사회적 통합의 정도나 연대감의 정도 또는 교회가 생활에 어느 정도의 구심적 역할을 하는가에 관한 정보가 이면적 정보에 속한다. 정보를 얻는 대표적인 방법 중 하나는 민속지학적 접근방법(ethnograpic approches)이다. 이 접근방법에서는 조사자가 지역사회에서 직접 생활하면서 관찰하고 대화하면서 필요한 정보를 습득한다.

조직가는 주민들의 욕구와 지역사회구조에 관한 정보를 수집해야 하며, 동시에 이러한 문제들을 규정지을 수 있는 증거를 수집해야 한다. 우선 사진이나 기록에 의해서 문제의 증거를 수집한다. 때로는 시각적인 조사를 함으로써 문제의 외형적인 모습을 살펴볼 수 있다. 증거수집을 위해서는 민속지학적 방법에 의하여 얻어진 정보 외에 이들을 보완해 줄 수 있는 자료들이 필요하다. 이들 자료는 정부기관이나 민간단체의 조사연구결과로부터 얻을 수 있다. 문제해결책을 찾기 위해서는 조직가는 문제에 대한 여러 가지 접근책들과 다양한 해결책들에 관한 정보를 원한다. 문제해결에 필요한 정보를 얻는 중요한 원칙 중의 하나는 다른 지역사회조직에서 유사한 문제를 해결했던 것들에 대한 정보이다. 이러한 정보는 관련 서적, 정부 보고서, 관련 잡지 등에서 얻을 수 있을 것이다. 해결책을 찾는 과정의 일부분은 다른 해결책들이 어떻게 시도되었고 성공하였는지, 아니면 실패하였는지 살펴보고 정치,

경제계 지도층에 대한 공개되지 않고 있는 예를 들면, 세금관계, 음성적 거래, 이권관계 등과 얽힌 정보를 수집할 필요가 있다.

조직가는 지역사회에서 일어나는 일에 대한 정보를 획득함에 있어서 가시적인 경제적 효과 내지는 계량화할 수 있는 부분에 대한 정보뿐만 아니라 부차적인 경제적 효과 나아가 새로운 사업의 시행으로 이익을 보는 계층은 누구이며 반대로 손해를 보는 계층은 누구인가 하는 측면까지 고려할 수 있어야 한다. 또 얻어진 정보는 사실과 수치들을 수집해서 설득력 있는 것으로 만들어서 사용할 수 있어야 한다. 조직가들이 수집한 정보를 압력수단으로서 효과를 높이기 위해서는 지역주민들에게 공개되어야 한다. 그리고 정보의 신빙성을 위해 자료의 출처가 제시되어야 한다. 자료를 제공하는 것의 목적은 지역주민들에게 정보를 알리는 효과뿐만 아니라 그들이 실제 행동에 참여할 수 있도록 동기를 부여하는 데도 목적이 있다.

4. 사회복지와 주민참여 방안

사회복지분야의 주민참여의 출발점은 주민들의 "느끼는 욕구"를 찾는 데 있다. 지방자치제도가 본격화되면 지역주민들의 생활상의 제반 욕구도 증가할 것이며, 이에 따라 주민 참여의 요구도 증가될 것으로 보인다. 본 장에서는 오늘날 우리 사회의 사회복지와 관련된 주민참여의 활성화를 위한 구체적인 방안을 모색해 보았다. 현재는 아주 미약한 수준에 불과한 주민들의 참여 열의를 어디서부터 어떻게 활성화시킬 수 있을 것인가를 집중적으로 고찰해 보았다.

이를 위해 먼저 사회복지 주민참여의 특성을 기존의 사회운동과 관련하여 고찰하고, 우리 사회에 적합한 주민참여의 유형은 무엇인가를 생각해 보았다. 다음으로는 주민들을 참여의 장으로 끌어들이기 위한 구체적인 방안으로 동원전략을 전장에서 고찰한 기본원칙에 따라 구체화해 보았고, 1992년 사회복지예산과 관련된 참여운동을 동원전략에 비추어 평가해 보았다. 마지막으로는 기존 참여운동의 문제점을 극복하면서 앞으로의 참여투쟁 활성화의 구체적 방안으로 기존 조직 내지 사회운동단체 등 주민들이 속한 단체나 조직체(조합)를 통한 지역운동에의 참여방안을 모색해 보았다.

1) 사회복지 주민참여 방안

사회복지분야의 주민참여운동은 다계급적 특성을 가지고 있다. 기존의 여러 지역운동들은 대부분이 계급운동적 특성(노동운동, 농민운동 등)을 가진 반면 주민참여운동은 운동의 대상에 따라 다양한 계급이 참여하는 운동을 말한다. 서구에서 유행하고 있는 "새로운 사회운동"(주로 환경보존운동, 여성운동 등) 역시 다계급적 운동이라는 특성을 가지고 있다. 새로운 사회운동에 대해서는 최근 사회과학계의 일부에서 많은 관심을 표명하고 있는데, 사회복지 주민참여와 관련해서 많은 시사점을 제공하고 있다. 운동의 성공적인 수행을 위해서는 다양한 계급간의 연대가 중요한 변수로 작용한다. 운동단체내의 계급간의 연대뿐만 아니라 유사한 문제의식을 가지고 있는 여러 단체 간의 연대 역시 성공에 필요한 중요한 요인이다.

우리의 행정문화의 틀 속에서는 주민들의 참여가 극히 제한되어 있기 때문에 주민참여의 유형은 실천성을 강하게 담지하고 있는 사회운동으로서의 성격을 가져야 한다고 본다. 사회복지분야에서의 주민참여 역시 예외는 아니다. 또한 지역운동이나 주민운동은 궁극적으로 복지수요자들이 복지욕구를 충족시키기 위해 행하는 주체적 운동이라고 규정지을 수 있는데, 지역사회복지에 지역운동, 주민운동을 배제할 수 없는 것도 이들 운동의 이러한 주권재민적이고 복지지향적인 성격에 의해서 설명될 수 있겠다. 사회운동의 발생원인과 전개에 관한 이론으로는 구조기능론,

사회심리적 접근방식, 자원동원화론 등이 대표적인 운동이며, 새로운 사회운동에서는 자원동화론을 선호하고 있다.

포괄적 사회운동의 일부로서의 지역운동은 노동운동, 빈민운동 들과 같은 부문별 운동을 포괄하는 것으로 이해해야 하며, 이때 지역은 지역성과 현장성을 동시에 지니는 것으로 파악해야 한다. 현장성이란 한국사회의 주요 모순이 개인 및 집단의 구체적인 생활과정에서 표출되는 측면을 일컫는 것으로, 노동현장, 농민현장과 같은 계급적 현장도 그 예에 포함된다. 지역운동은 일정한 계급성과 이데올로기적 입장을 견지해야 하며, 지역내 계급구조에서 주도적 계급을 중심으로 운동주체를 설정할 필요가 있다.

지역운동의 형태는 운동주체적 성격, 제기하는 이슈의 성격, 권력과의 관계 등에 따라 다양하게 분류할 수 있다. 우리나라 지역운동의 최근 전개과정에서 중심적인 역할을 한 것은 노동운동, 농민운동, 도시빈민운동 등의 부문별 운동이었고, 그 밖에 지역성을 띠는 협의의 지역별 운동으로서 공해반대운동, 철거반대투쟁, 소비자 보호운동, 주거 환경개선과 주택문제 해결을 위한 운동, 부당 조세 및 공과금 납부 거부운동 등이 지역에 따라 간헐적으로 전개되어 왔다. 여기서 철거반대투쟁, 소비자 보호운동, 주거 환경개선과 주택문제 해결을 위한 운동 등은 모두 사회복지 차원의 운동이라 할 수 있다.

2) 사회복지 주민참여 평가-사회복지 예산투쟁

1992년 사회복지분야 예산안을 둘러싼 사회복지 관련 조직체의 다양한 참여활동은 일반론에서 언급한 주민참여와는 약간 다른 의미를 갖는다. 예산투쟁은 결론적으로 말해 사회복지서비스 수혜자 내지 지역주민 중심의 참여활동이 아니라 사회복지학과 학생과 교수, 그리고 사회복지전문가(사회복지사) 중심의 활동으로 한정되고 말았다. 사회복지예산투쟁이란 엄격한 의미에서 보자면 주민들의 이해관계와 밀접히 관련된 것으로 주민들에게 이러한 연관성을 충분히 홍보해내지 못하고 그 결과 주민들의 참여를 이끌어 내지 못하고 관련전문가내 학계차원의 참여에 머물렀다는 데서 예산투쟁을 일종의 이익집단활동으로 한정해 버리는 결과를 가져온 것이다.

1992년 사회복지예산안 중 문제가 된 부분은 사회복지전문요원 증원, 종합사회복지관 건립, 지역의료보험 국고지원부분에 관한 예산이다. 사회복지전문요원은 일선 읍면동사무소에 배치되어 저소득층 소득조사와 생활보호대상자 선정 및 관리업무를 담당하는 사회복지 전문공무원이다. 이들은 1987년부터 대도시 저소득층 밀집지역에 배치되기 시작하여 1991년까지 모두 2,000명이 일선에서 활동하고 있는데, 보사부 원안에 따르면 1992년에 2,000명을 추가로 선발할 계획이 있었다. 이 계획안이 정부예산안에 관한 당정협의과정에서 전액 삭감되어 버린 것이다. 예산삭감의 명분은 경직성 경비의 절감이었으나 실제 이에 소요되는 비용이 33억 5천만 원(생활보호사업 전체 예산은 2천 6백 10억 원)에 불과하고, 이 금액은 시설종사자 복지수당과 마약센터 건립비로 전용되어 경비절감은 '명분'에 지나지 않는다는 것을 알 수 있다.

지역의료보험 예산은 문제가 더욱 심각하고 예산규모도 크다. 공무원과 일반근로자에게 한정되어 있던 의료보험제도는 1988년 농어촌지역에 1989년 7월에 도시지역까지 확대되어 의료보험이 전 국민을 대상으로 확대되었다. 그러나 지역의료보험제도는 시행초기부터 재정상의 문제점을 노출하여 매년 적지 않은 적자를 보이고 있다. 1990년의 경우를 보면 직장의보가 7,300억의 흑자, 공무원교직원의보가 2,200억 흑자를 기록한 데 비해 지역의보는 709억 원의 적자를 기록했던 것이다. 지역의보에 대한 정부의 지원율이 당초 50%로 정하였으나 실시 초년에만 이 약속이 지켜졌고 그 이후로는 지원율이 계속 떨어져 예산안에 따를 경우 1992년에는 36%

수준에 머무를 것으로 보인다. 1990년 적자분은 추경예산으로 겨우 보존하였으나 이와 같은 추세가 계속된다면 지역의보의 적자폭은 더욱 확대될 것으로 생각된다.

사회복지예산안은 삭감계획이 언론에 알려지자 전국 34개 대학 사회복지(사업)학과 학생, 서울 지역 대학원 학생, 교수협의체인 사회사업(복지)대학협의회, 학술단체인 사회복지학회, 전문가단체인 사회복지사협회 등은 건의서 및 성명서 제출, 규탄집회, 항의방문 등 다양한 형태의 활동을 벌였다. 이중 사회사업(복지)대학협의회, 사회복지학회, 사회복지사협회 이상 세 단체는 합동으로 공청회(1911. 10. 22)도 개최하고 회원들이 개인적으로 언론에 예산삭감의 부당성을 지적하고 정부의 재심을 촉구하였다(1991. 10. 22. 동아일보; 10. 24. 경향신문; 10. 25. 서울신문). 학부학생들과 대학원학생들의 경우 각각 대책위원회를 결성하여 이보다 더욱 치열하고 적극적인 활동을 전개하였다(대표적인 집회는 10월 2일, 중앙대 34개 대학, 1,200명 집결).

사회복지예산투쟁은 사회복지분야에서의 참여활동과 관련해서는 보기 드문 선례가 되었으리라 생각한다. 먼저 동일 이슈에 대해서 많은 사회복지 관련단체가 합심하여 지속적인 참여활동을 펼친 사실은 앞으로 주민참여의 활성화에 훌륭한 선례가 될 것으로 보인다. 본격적인 지방자치시대를 맞이하여 주민들의 다양한 복지욕구 충족을 위한 참여활동에 좋은 자극제가 될 것이다.

다음으로 다양한 참여활동 전개가 주목을 끌었다. 이번 예산투쟁활동에 참여한 조직체들은 성명서 내지 건의서 작성에서부터 규탄대회, 항의방문, 공청회 개최 등 실로 다양한 전술들을 사용하였다. 결과적으로 국회의 예산심의과정에서 관련단체들의 의사가 반영되지는 않았지만 다양한 방식의 전술사용은 앞으로의 참여활동과 관련하여 중요한 시사점을 남겨주었다.

다음으로는 이상의 예산참여 활동을 사회복지조직에의 참여의 특성 내지 동원전략의 관점에서 간략하게 평가해 보겠다.

먼저 조직체들의 다양한 참여활동을 하나로 조직화해 내는 데 실패했다. 즉 조직체간의 연대활동이 제대로 이루어지지 않은 것이다. 구체적으로 보면 사회복지학회, 사회복지대학협의회, 사회복지사협회 삼자 간에는 어느 정도 연대 활동이 이루어졌다. 그러나 사회복지학과 학부학생들과 대학원학생들은 별도의 활동을 추진하였다. 삼자간이 연대활동이 공청회 개최, 건의서 채택 그리고 국회상대의 로비활동(야당대표 면담)으로 이어진 데 반해, 학생들의 활동은 공청회개최, 건의서 채택은 물론 규탄대회, 국회 항의방문 등으로 이어졌다. 사회복지분야 보사부 원예산안의 관철을 목적으로 했던 각 조직체의 활동이 하나의 협의체를 중심으로 긴밀한 연대활동으로 발전했었다면 훨씬 효과적인 투쟁이 가능했을 것이다. 그리고 이후에 유사한 사건이 발생했을 때보다 적극적인 참여활동이 가능할 것이다. 또 하나 각 단체들 간의 참여 열의가 달라서 참여과정, 예를 들면 공청회 개최 등에서 일관된 투쟁결의를 보여주지 못했던 점도 아쉬움으로 남는다.

이 예산투쟁에서 특이한 점의 하나는 민간 사회복지단체를 대표하는 사회복지협의회의 참여가 거의 전무하였다는 것과 예산의 전용문제로 입장이 곤란했던 사회복지시설 역시 별다른 움직임이 없었다는 사실이다. 민간부분의 이러한 저조한 참여 열의는 궁극적으로 사회복지에 관한 일반인들의 낮은 인식도를 형성하는 데 크게 일조하고 있다 하겠다.

여기서 우리는 조직체에의 개인의 참여는 개인차원의 보상 내지 반대급부가 있는 경우에 주로 이루어지며, 조직체 차원의 참여 역시 조직체 차원의 반대급부가 우선시 된다는 것을 알 수 있다.

둘째, 동원전략에서 가장 먼저 제시되는 기존조직의 활용 원칙은 이번 예산투쟁에서는 잘 지켜진 것으로 보인다. 학부학생들의 경우는 서울·경인지역사회사업·사회복지학과 대학생대표자 협의회(약칭: 사대협) 차원에서, 사회복지학과 교수들은 사회복지(사업)대학협의회차원에서, 사회복지실무자들은 사회복지사협회를 주축으로 활동을 전개하였으며, 기존 조직이 없던 대학원학생들은 경인지역 사회복지(사업)학과 대학원 대책위원회를 구성하여 참여활동을 전개하였다. 학생들 조직의 경우 사회복지전문요원에 보다 큰 이해관계가 있는 지방대학 학생들이 처음부터 열성적으로 참여하였으며, 사회복지전문요원 취업에 소극적인 서울의 일부 대학의 경우 상대적으로 수동적인 활동을 보였다는 사실에서 참여자들의 이해관계가 직접적으로 반영되었다는 사실을 알 수 있다,

셋째, 사회 내의 다양한 관계망의 활용원칙은 참여조직체들의 경우는 대체로 이러한 원칙에 충실하려고 했었으나, 직접적인 이해관계를 가진 단체들조차 총 망라하지 못했다는 점에서 아쉬움을 남겨 두었다. 삼자 연대활동의 경우 입법부의 예산결정에 영향력을 행사하기 위해 여당 정책위의장과의 면담(면담거절) 노력, 야당 대표와의 면담 실시 등 다양한 채널을 동원한 참여활동을 보였으나, 앞서 본 바 대로 사회복지협의회, 사회복지시설 측의 적극적 참여를 이끌어내지 못한 점은 하나의 비판점으로 남아 있다.

넷째, 다양한 성원들을 개인차원에서 설득하는 문제는 먼저 직접적 이해관계가 있는 사회복지학과 학생들의 열성적인 참여를 촉발시켰다는 점에서는 일단 성공적으로 평가할 수 있다. 사회복지학과 학생들에게 사회연대적 동기와 상징적인 동기부여를 통해서 조직에의 참여를 자극했다고 볼 수 있다. 그러나 삼자 연대의 경우는 집행부 일부를 제외하고는 개별 회원들 차원에서는 별반 참여활동이 없었다는 점에서 아쉬움을 남겼다. 일부 회원들이 개인차원에서 언론을 통한 홍보작업이 있었으나 이것 역시 각 조직의 현재 집행부 속은 과거 집행부의 임원에게 한정되어 있었다.

마지막으로 집단활동에의 헌신적 참여를 보장하는 전략적 요구에 대해서는 일단은 여러 가지 다양한 활동을 전개한 것은 긍적적으로 평가할 수 있을 것으로 생각한다. 그러나 이러한 참여 열의가 입법부의 예산결정 이후에는 급속도로 시들해지

고 말았다. 기존 조직들의 경우는 자체 평가회조차 거의 가지지 않고 일상 과업으로 돌아와 버렸고, 한시단체로 출발했던 대학원 대책위원회 역시 별다른 움직임을 보여주지 못하고 있다.

지역주민들을 적극적으로 참여활동에 동원시키기 위한 방안의 하나는 행동조사를 활용하는 방법이 있다. 사회복지예산안에서 문제가 된 사회복지전문요원, 지역의료보험, 지역사회복지관에 관한 일반적인 정보는 어느 정도 갖추어져 있었으나, 수혜자로서 지역주민 차원에서 느끼는 문제점이나 해결책에 관한 조사연구에 대해서는 거의 고려하지 않은 것으로 보인다. 그 이유는 수혜자들 입장에서 사회복지전문요원, 지역의료보험, 지역사회복지관에 관한 의견을 조사한 연구가 드물다는 사실에서 찾을 수 있다. 또 다른 이유는 처음부터 사회복지예산투쟁에 참여한 집단들은 어떠한 형태로든 지역주민들까지 참여시키겠다는 생각을 거의 하지 않았기 때문으로 볼 수 있다.

3) 조합활성화를 통한 주민참여방안

본 절에서는 사회복지분야의 주민참여 활성화를 위한 하나의 방안을 제시해 보았다.

(1) 조직활동 참여 기회 제공

주민들을 평상시에 다양한 조직체 활동에 참여할 수 있는 장을 마련해야 한다. 주민들이 평상시의 참여활동에 대한 경험이 축적되어 있으면 1992년 사회복지예산투쟁과 같은 계기가 주어졌을 때 참여열의를 촉발시킬 수 있으며, 또한 이러한 열의를 지속화시킬 수 있을 것이다. 주민들은 우선 자신이 속한 계층, 계급에 따른 조직활동에 참여할 수 있을 것이다. 즉 노동조합, 농민조합, 빈민조직, 청년조직, 학생

조직, 문화조직, 여성조직 등에 참여할 수 있을 것이다. 노동조합이나 농민조합 등은 사회복지와 관련된 각종 이슈들에 다양하게 참여활동을 펴고 있다.

계급에 기반한 부문활동 외에 주민생활과 관련된 다양한 조직체 내지 조합에의 참여가 집단활동에의 참여 열의를 확산시켜 줄 수 있을 것이다. 예를 들면 주민들의 실제 소비생활과 밀접히 관련되어 있는 생활협동조합에 참여함으로써 지역주민들을 공식적인 하나의 활동조직체로 이끌 수 있다. 생협운동이 발달한 이웃 일본의 경우 1990년 현재 전국적으로 1,271개 조합에 3,372만 8천 명의 조합원을 두고 있다. 생협은 주로 생필품 구매사업과 각종 공제사업을 실시하고 있다. 우리나라의 경우도 각 지역사회별로 생활협동조합(소비자협동조합)이 결성되어 있는데, 계급별 부문운동에 포함되어 있지 않은 지역주민들을 대상으로 조합활동을 활성화시킬 수 있을 것이다. 그것은 생협운동이 자발적인 의사에 따라 가입을 할 수 있으며 회원들의 회비에 의해서 운영이 되고 지역주민들의 실제 소비생활과 밀접히 관련되기 때문이다. 기존의 지역주민들을 대상으로 하는 조직으로는 관조직적 성격이 강한 반상회가 있으나 조합활동에 비해 주체적 참여의 장으로 적합하지 않다고 생각된다. 이외 민간조직으로 계모임, 종친회, 향우회 등이 있으나 이들은 일차집단적인 성격이 강하기 때문에 전체 지역주민들의 의사보다는 자신들의 이해관계를 우선시 할 가능성이 큰 것으로 생각된다.

이외 사회운동단체의 참여를 생각할 수 있다. 예를 들면 경제정의실천시민연합, YMCA, 소비자문제를 연구하는 시민의 모임, 도시빈민연구소 등의 참여를 생각할 수 있다. 지방자치제의 실시와 함께 공명선거를 위한 시민운동이 경제정의실천시민연합, 한국노총 등 9개 단체로 이루어진 공명선거실천시민운동협의회(공선협)라는 민간선거감시기구를 구성하여 이미 기초, 공역의회선거에서 활동을 한 바 있다. 14대 총선과 대통령선거에서는 기존의 9개 단체 외에 대한YMCA연맹, 한국불교종단협의회, 전국농민단체협의회 등 40여 개의 시민, 종교, 사회단체들이 공선협

활동에 참여하여, 시, 군, 구 차원까지 선거부정 고발창구를 개설하여 전국 차원에서 사전선거운동 및 불법선거운동에 대한 감시활동을 벌여 공명선거 정착에 일조하였다. 생협조합의 경우도 이와 같은 사회운동단체협의회의 참가 등을 적극적으로 모색해 보아야 할 것이다. 생협운동이 기존의 소비생활차원의 참여를 벗어나서 다양한 차원의 참가활성화로 발전될 때 진정한 의미에서의 주민자치를 실현할 수 있을 것이다.

(2) 참여문화 확산

이상과 같은 항구적인 조직체에의 참여를 활성화하기 위한 참여문화가 전 사회적으로 만들어져야 한다. 예를 들면 지역사회행정과 관련된 각종 심의회나 위원회의 적극적인 참여, 공청회의 효율적 운용, 주민의견청취, 공고제도 개선, 주민집회, 주민토론회 개최 등을 구체적으로 고려할 수 있다. 여기에 더하여 지역사회차원에서의 홍보활동을 강화해야 할 것이다(이시재 외 1991: 201-3).

(3) 주민연대차원으로 발전

개별단체차원에서의 참여나 일차집단차원에서의 참여에 머무르지 말고 주민연대차원으로 발전해야 한다. 앞서 살펴본 부문운동은 일반 계급에 기반한 운동이나 조합운동은 이해관계에 기반한 운동이다. 따라서 주민연대의 주도계급은 지역문제에 가장 큰 피해를 입는 집단이 될 것이다. 물론 직접 피해를 받는 모든 계층이 주도 계급이 될 수도 있을 것이다. 사안별, 부문별 조직체의 결성을 통해서 주민연대를 이루어야 할 것이다.

(4) 주민운동의 정치운동으로 발전

지역주민참여운동은 결국 정치운동으로 지방자치단체(이하 지자체)혁신운동으로 연결되어야 한다. 지자체혁신운동은 특히 지방자치시대의 본격적 실시를 앞두고 시사하는 바가 더욱 크다. 이것은 곧 사회복지문제가 정치쟁점화 되어야 한다는 점과 일맥상통한다. 사회복지예산투쟁에서도 본 바와 같이 사회복지이슈가 적극적으로 정치쟁점화 되지 않는 한 지역주민들의 참여를 이끌어내기는 더욱 어려워질 것이다. 이와 같은 점에서 지자체가 발전된 일본의 경우와 사회복지문제를 정치쟁점화 하는 데 성공한 유럽, 특히 스웨덴의 사례는 우리에게 시사하는 바가 크다.

선진자본주의 국가에서는 노조 및 협동조합운동과 함께 혁신자치제가 발전하였는데 특히 1960년대 후반부터 사회당, 공산당을 주축으로 시작된 일본의 혁신자치제는 주민참여를 포함한 주민의 민주적 제 권리의 확립에 중요한 역할을 수행하였다. 사마쯔 구보 교수에 의하면 일본에서 혁신자치단체가 가능했던 조건으로 다음의 4가지 전제를 들고 있다(한국기독교사회문제연구원, 1988: 174-5). ① 지역통일전선의 존재가 전제가 된다. 즉 사회당, 공산당이 주축이 되고 지역의 노동조합 및 주민단체가 결합한 통일전선('공정한 ---회'등으로 부르는 조직)의 생성, 발전이 전제가 되는 것이다. ② 혁신단체장의 선출문제로 지역 민주세력의 통일된 힘에 의해서 단체장이 선출되었는가의 문제이다. ③ 통일전선조직에서 혁신의원이 나와 지방의회의 세력균형을 조금이라도 변화시키고, 혁신의원 간에 그리고 의회의 내외에서 공투가 이루어지고 있는가의 문제이다. ④ 지방 관료기구의 민주화가 실현되고 있는가의 여부가 문제가 된다.

스웨덴의 개혁운동은 19세기 대중운동의 발전에 의해서 가능했다. 스웨덴의 대중운동은 자유교회운동으로 불리는 종교부흥운동, 절제운동, 노동운동의 3가지 형태로 나타났다(신광영, 1991: 147-51).

가장 먼저 나타난 종교부흥운동은 개인들로 하여금 기독교도의 생활을 따르게 하려는 운동으로 1850년 이후에 스웨덴 사회에 커다란 영향력을 행사하였다. 종교부흥운동에 이어 곧바로 절제운동(temperance movement)이 등장했는데 그 당시 사회문제를 대변했던 음주를 강력하게 규제함으로써 알코올중독자를 감소시키려는 사회운동으로 나타났다. 가장 늦게 형성되었으나 스웨덴 정치에 가장 큰 영향력을 행사한 대중운동은 노동운동이었다. 주로 사회민주주의자들인 노동운동가들은 절제운동에서 조직 기술과 이데올로기를 배움으로써 절제운동은 노동운동의 모태 역할을 하였다.

이상의 사회운동단체들은 사회정책을 통한 사회개혁운동을 주도하였으며, 스웨덴 사회가 재조직화되어야 한다는 점을 공통적으로 받아들였다. 이를 위해서 여러 가지 입법을 통한 제도적 변화를 추구하였고, 입법에 영향을 주기 위해 필수적으로 요구되었던 것은 투표권의 확대였으며, 이 운동은 결국 선거권을 쟁취하기 위한 참정권운동으로 발전하였다.

스웨덴의 경우 우리가 눈여겨보아야 할 점은 19세기 말 산업화의 진전과 노동계급의 발달의 결과 여러 가지 사회문제가 부각되었으며 이러한 사회문제의 해결을 위해서는 정부가 구빈법 대신에 본격적인 사회정책을 실시하여야 한다는 요구가 나타났으며 1884년 헤딘(Adolf Hedin)에 의해서 상정된 사회보험법안은 사회보험과 국가의 개입을 둘러싼 열띤 찬반논쟁을 일으켜 스웨덴 사회에서 사회정책을 중요한 정치적 쟁점으로 부각시키는 데 기여하여 이후의 사회정책논의에 새로운 계기를 만들었다는 사실이다(신광영, 1991: 152).

다음으로 전술적 측면에서 고려가 되어야 할 것으로 정보수집을 위한 행동조사가 적극 활용돼야 한다는 것과 사회복지학계를 비롯한 전문가집단들이 각종 주민단체들과 연대활동을 일상적으로 맺어 나가야 한다는 점이다. 즉 개인 차원에서 지역사회단위의 각종 주민모임에 적극적으로 참여해야 하며, 또한 자신이 속해 있는 계급차원에서 다양한 연대활동을 모색해야 한다. 그런 의미에서 사회복지학과대학원 학생들의 경우 학문적 관심사에 따라 진보정당, 경실련으로 대표되는 시민단체, 지역사회탁아운동연합회, 도시빈민연구소, 의료보장공동대책위원회, 노동과 건강연구회 등에의 일상적 참여는 주민참여의 중요한 동력으로 작용할 것으로 보인다.

5. 맺는 글

지방자치시대의 본격화를 앞두고 주민참여의 활성화가 강력하게 요구될 것으로 보인다. 사회복지분야의 경우 지방자치가 주민들의 실생활과 밀접하게 관련되어 있다는 점에서 주민들의 참여는 더욱 중요시된다. 문제는 당위론적 차원에서의 주민참여의 활성화를 강조하는 데 머무를 수는 없다는 것이다. 본 장에서는 사회복지분야 주민참여의 구체적 방안으로 주민 조직체(조합)에의 참여를 통한 활성화를 제시하였다.

사회복지분야 주민참여 방안의 특성을 지역운동 내지 전체 사회운동차원에서 검토해 보고 구체적 사례로서 1992년 사회복지예산투쟁과정에서의 참여활동을 검토 분석하였다. 사회복지분야 주민참여운동은 다계급적 특성을 지니고 있으며, 주민참여가 제한되어 있는 우리나라의 경우 사회운동으로의 성격을 강하게 가질 수밖에 없다고 본다. 사회복지예산투쟁과정에서의 참여활동에 대한 분석 결과 우선 사회복지분야에서는 드물게 사회행동으로 발전된 사례로 평가되었다. 그러나 참여활동의 동인이 외부에서 주어졌으며, 전문가 참여의 차원에 머물러 버렸고, 지역사회 주민들을 동원하겠다는 고려가 전혀 되어있지 않았으며, 구체적인 동원전략을 전혀 고려하지 않았다는 평가를 할 수 있다.

(1994년 작성)

참고문헌

감정기, "지방자치화의 지역사회복지적 의미와 지역운동적 접근", 『사회복지학의 이론과 실제』, 인석 장인협박사 정년퇴임 기념논문집 간행위원회편, 1990: 493-516.

김성일, "지역개발에 있어서 주민참여에 관한 연구", 서울대학교 행정대학원, 1988.

배용태, "지역개발기획에서의 주민참여에 관한 연구-전라남도 도시계획을 중심으로-", 서울대학교 행정대학원, 1988.

백욱인, "한국사회 시민운동(론)비판", 『경제와 사회』, 1991 겨울(통권 제12호), 한국산업사회연구회 편, 한울, 1992: 58-83.

서울대학교 대학원 사회복지학과, 『스웨덴 사회정책 연구자료집』, 1992.(미출판 자료집).

신광영, "스웨덴의 사회복지제도의 형성과 특징", 『비교사회복지』, 제1집, 한림대학교 사회복지연구소 편, 을유문화사, 1991: 135-184.

양현아, "새로운 사회운동의 전개와 논리-생태계운동과 여성운동을 중심으로-", 서울대학교 대학원, 1991.

이경기, "국민의료보험법의 형성과정과 성격에 관한 연구", 중앙대학교 대학원, 1990.

이시재 · 정자환 · 김종해 · 이일태 · 이영숙, 『주민생활과 지방자치-참여와 발전을 위한 105개 정책 제언』, 형성사, 1991.

이현주, "도시재개발지역 사회행동에 관한 비교사례 연구", 서울대학교 대학원, 1989.

정길영, "일선행정에 있어서의 주민참여활성화에 관한 연구-주민조직의 행정참여를 중심으로-", 서울대학교 행정대학원, 1986.

정무성, "도시빈곤지역 주민의 주민조직 참여와 그 관련 변인에 관한 연구", 서울대학교 대학원, 1986.

한국기독교사회연구원, 『지방자치와 지역운동』, 민중사, 1988.

1991년 10월 22일 -25일 경향, 서울, 동아, 한겨레 신문.

David Wagner, "Reviving the Action Research Model: Combining Case and Cause with Dislocated Workers", Social Work Vol. 36 Number 6. N. A. S. W., Inc., November 1991. pp477-482.

Herbert J. Rubin & Irene Rubin. *Community Organization and Development*, Merrill Publishing Company, 1986.

Jack Rothman. Planning & Organization for Social Change - Action Principle from Social Research, Columbia University Press, 1974.

제2부

지역복지실천의 쟁점과 영역

제6장
지역복지를 위한 공공과 민간의 역할분담 및 연계체계

1. 들어가는 글

지방자치제가 본격화되면서 지역차원의 사회문제 해결에 대한 발전적 전망과 동시에 실질적 과제가 대두되고 있다. 대규모 경제위기에 따른 실업문제 해결과정을 통해 1999년 우리나라 지방정부를 포함한 지역차원의 문제해결 능력의 현실을 적나라하게 보여주었다. 지역주민들의 기본생활보장의 제일선 기관인 지방정부의 무능력함과 아울러 지역 시민사회단체들의 미흡한 대처 능력을 그대로 노출시켰다.

새로운 천년을 맞이하여 우리 사회는 급격한 변화의 와중에 있으며, 많은 사회문제들은 우리들의 생활을 위협하고 있다. 지역차원의 사회문제 해결을 위해서는 지방정부의 힘만으로는 대처불가능하며, 지방 정부와 지역에서 활동하고 있는 다양한 시민사회단체들과의 협력관계에 의해서만 문제를 해결할 수 있을 것이다. 그러나 불행히도 우리의 경우 공공과 민간단체들 간의 협력을 통해 사회문제를 해결한 경험이 많지 않다. 공공기관과 민간기관의 협의에 의한 지역복지 문제해결 혹은 살기 좋은 지역 만들기라는 이슈는 그 자체로 굉장히 매력적인 의제임에는 틀림없다. 그러나 우리의 지역현실을 고려해 보면, 공공과 민간의 파트너십을 논의하기 전에 먼저 민간기관간의 협의를 통한 지역문제 대처 과제를 고려하는 것이 우선 순서라고 생각한다.

지역복지를 주제로 지역단체들 간의 협의체를 구성할 경우 이를 지역복지협의체라 할 수 있으며, 이 때 협의체에 참여하는 개별 단체들의 경우 동일한 문제에 대해 다양한 접근 방식을 택할 수 있으나, 이들이 협의체를 구성하는 것은 개별 단체들이 자율성을 지니면서 특정 목적을 위해 공동 대처하는 방식으로 조직 간의 파트너십을 구성하는 것을 의미한다. 본 글에서는 지역복지문제 해결을 위한 공공과 민간의 역할분담 논의와 민간기관들 간의 협의체 구성 및 활동과 관련된 이론적 쟁점에 대해 논의한다.

2. 지역복지를 위한 공공과 민간의 역할분담 및 연계체계 고찰

1) 공공과 민간의 역할 분담

지역복지체계의 명확한 구상을 위해서는 지역복지 실천 주체들간의 명확한 역할분담이 설정되어야 한다. 중앙정부와 지방정부, 광역지방정부와 기초지방정부, 공공과 민간의 역할분담이 이루어져야 자원의 효율적이고 효과적인 배분이 가능해지며, 궁극적으로 지역주민의 복지욕구가 원활하게 충족될 수 있을 것이다.

역할분담 논의가 구체화되기 위해서는 서비스를 제공하는 전문인력에 대한 직무분석이 이루어져야 한다. 공공과 민간의 역할분담에 대한 이론적 논의가 현실화되기 위해서는, 지역복지를 제공하는 실천의 장에서 지역복지실천가들의 직무분석에 기반한 역할분담이 고려되어야 한다. 현재 사회복지관의 사회복지사의 업무와 사회복지담당공무원(사회복지전문요원)의 업무 내용을 비교해 보면, 상당부분의 업무 내용이 중복되고 혼선되고 있다. 직접 대인서비스영역(사례발견이나 개별상담업무의 중복), 자원개발 및 연계영역, 지역사회대상 활동 그리고 행정 및 조사연구 영역에서 상당부분 업무의 중복이 일어나고 있다. 따라서 지역단위에서 공공과 민간의 적절한 역할분담이 가능하기 위해서는 지역복지 전문인력에 대한 직무분석을 통한 담당인력의 업무영역 설정 및 직무의 체계화가 이루어져야 한다.

공공과 민간의 중앙정부와 지방정부의 핵심적인 역할은 다음과 같이 정리할 수 있다.

(1) 공공의 역할

지역복지를 위한 공공의 역할은 3가지로 정리할 수 있다.

첫째, 지역내 복지자원의 연계 및 조정에 있다. 공공과 민간 복지자원과의 효율적인 연계 및 조정 그리고 업무분담을 통하여 복지서비스의 중복과 누락을 피하고 서비스의 양과 질을 제고시키는 역할을 해야 한다. 2000년 10월에 시작되는 국민기초생활보장법의 특징 중의 하나는 자활사업의 실제화에 있다. 자활사업의 특성상 지역차원의 자활프로그램이 활성화되어야 하며, 현재 우리의 여건상 자활프로그램의 성공은 공공의 복지자원 제공, 민간의 프로그램 마련 등 공공과 민간의 업무분담이 전제되어야 한다.

둘째, 공공영역에서는 사회적 요구는 많으나 시장기구에 의하여 적절한 공급이 어렵거나 또는 민간이 제공하기 어려운 서비스들, 예를 들어 노인 개호서비스와 장애인 개호서비스 등을 제공해야 한다.

셋째, 공공영역의 역할 중 하나는 공공과 민간의 역할분담에 기반한 민간영역의 활성화를 추구하여야 한다. 예를 들어 민간사회복지시설이나 기관의 활성화 방안이 적극 마련되어야 한다. 이를 위해서는 현재 정부담당 업무 중 민간에서 담당할 수 있는 업무는 과감하게 민간으로 이양해야 하며, 민간기관에 대해 권한과 의무를 위탁할 경우에는 명확한 계약관계에 기반 하여 관계를 정립해 나가야 한다.

(2) 중앙정부의 역할

중앙정부의 역할은 크게 2가지로 나누어 볼 수 있다. 지역복지체계의 정립 및 지역복지체계를 위한 각 주체들의 역할 정립 및 실천방안 마련이 그것이다.

첫째, 중앙정부는 지역복지체계의 전반적인 정책방향 및 기준을 설정·제시하고, 민간참여 확대를 포함한 지역복지체계 구축에 필요한 법이나 제도의 마련, 각종 사업의 시범 실시 및 확대 그리고 다양한 지역복지 모델에 대한 평가와 확산 등의 역할을 담당한다.

둘째, 중앙정부는 지역복지활성화 방안을 고려하여 보건복지 전반적 정책방향 제시, 기준 및 표준 제정, 재정의 확보와 운용, 지방자치단체, 산하단체 및 민간기관에 대한 심사, 조정 및 평가업무를 담당한다. 현행 업무중 각종 인허가 사무, 단순업무는 지자체나 공공단체 및 민간단체에 이양 또는 위임하도록 한다.

(3) 지방정부의 역할

지역복지체계 구성과 관련된 지방자치단체의 역할을 살펴보면, 지역사회 내 문제 해결을 위한 조사 및 기획 그리고 정책 우선순위 선정, 지역내 다양한 자원의 조정 및 동원, 민간자원과의 협력관계 구축 그리고 '살기좋은 지역만들기' 운동 주도/참가/후원 등의 역할을 담당한다.

광역자치단체는 광역수준에서, 기초단체는 기초수준에서의 정책과 집행을 담당하는 것으로 정확한 역할을 분담한다. 광역자치단체는 지역복지와 관련한 광역수준의 정책개발, 기획, 연구 및 정보관리를 담당한다. 그리고 광역자치단체의 산하단체 및 민간기관 그리고 기초자치단체에 대한 심사, 조정 및 평가를 담당한다. 기초자치단체는 지역복지와 관련한 기초수준의 정책개발, 기획, 연구 및 정보관리 및 정책집행을 담당하며, 기초자치단체 산하의 민간기관에 대한 심사, 조정 및 평가를 담당한다.

(4) 민간의 역할

지역복지체계의 정착을 위해서는 지역사회 내 다양한 주체들의 자발적인 참여와 실천활동이 이루어져야 한다. 지역 민간자원의 기능과 역할은 다음 표 6.1과 같이 정리될 수 있다.

2) 공공과 민간의 연계체계

- 지역복지협의체 모델

지역복지체계를 위한 공공과 민간의 연계체계 구축은 지역복지협의체의 구성에 달려 있다고 보고, 모델 구성을 목표로 이와 관련된 지역복지협의체 기본 목적, 지역복지협의체 주체 및 참여자, 지역복지협의체 과제 등을 다루었다.

(1) 기본 목적

지역복지협의체의 궁극적인 목표는 적절한 소득(adequate income), 정의(justice), 존엄성(dignity), 민주주의(democracy)의 4가지로 정리할 수 있다.

첫째, 적절한 소득은 지역복지협의체의 일차적인 목표가 된다. 일을 할 수 있는 사람에게는 적절한 임금이 보장된 일을 통해서, 일을 할 수 없는 사람에게는 적절한 복지를 통해서 적정 소득을 보장하는 것은 기본적 생계를 위한 최소한의 요구이다.

표 6.1 지역 민간자원 기능 및 역할

조직	기능 및 역할
사회복지 활동가 조직 및 사회복지기관	• 사회복지기관장, 사회복지사, 사회복지전문요원 등 사회복지 실천현 장 활동가들의 적극적 참여가 사회복지협의회, 사회복지사협회 등 조 직을 통해 이루어질 수 있도록 함. • 지역사회문제 해결을 위해 자원 조사활동, 사회적 약자들 및 가족에 대한 물질적, 비물질적 지원 제공의 일선 역할을 수행함.
종교단체	• 개별 종교기관들의 지역사회 봉사활동을 지역별로 체계화하며, 공식 적 연결망을 갖추도록 함(천주교연합회, 기독교연합회, 불교연합회 등 지역내 종교단체 협의회 차원의 참여가 필요함).
경제계	• 지역내 상공회의소, 기업인 협의회, 금융기관연합회 등의 참여가 필요함. • 지역 상공회의소는 지역내 중소기업의 인력 수요를 조사하고 실업자 와 연결시키는 역할을 수행하도록 함.
전문가단체	• 변호사, 의사, 한의사, 치과의사, 약사 등의 조직적 참여를 유도하여, 능력을 지역사회로 환원할 수 있는 기회를 마련함.
학계	• 사회복지관련 전공 교수들은 지역내 사회적 약사 실태조사, 인적, 물 적 복지자원의 발굴 및 동원작업을 수행하도록 함. • 자연계 교수들은 지역내 중소기업들과 산학협동활동을 통해 경제위기 극복에 일조할 수 있음. • 초·중·고교 교사들은 청소년 문제 해결의 역할을 담당하도록 함.
노동조직	• 노동조합 등은 개별사업장의 이해관계를 넘어 지역사회의 문제해결을 위한 주도적 역할을 수행함.
지역시민 사회단체	• 경실련, 참여연대, YMCA, YWCA 등 시민운동단체들은 지역내 민간 단체 협의체를 실질적으로 운영하는 동력이 되도록 하며, 단체간 연 대활동과 개별활동을 조정하도록 함.

(이인재 외 4인(1999), 『생산적 복지구현을 위한 참여복지체계 구축 방안』, 보건복지부.)

지역주민들에게 적정 소득을 보장하기 위해서는 무엇보다 국가차원에서 소득의 공 평한 재분배가 이루어져야 한다. 이를 위해서는 중앙정부 복지정책 및 조세제도의 정비는 물론이고 지역차원의 집단행동까지 다양한 전략, 전술적 고려가 필요하다.

적절한 소득의 제공이란 모든 지역사회 주민들의 기본적 생활의 보장을 의미한다. 기본적 생활의 보장을 위해 협의체 활동가들은 지방정부를 비롯한 공공기관뿐만 아니라 지역사회를 구성하는 민간 영역에 대해서도 책임 분담을 요구해야 한다. 지역사회에 거주하는 지역주민들의 기본적 생활의 보장 의무는 공공영역에만 해당하는 것이 아니라 민간영역에도 적용되는 과제인 것이다. 이를 위해서는 먼저 지역주민들의 기본적인 생활을 규정하는 과제(지역복지 기본선)에 대해서 공공영역과 민간영역의 합의된 의견을 도출해내야 한다.

둘째, 정의는 복지수혜자들의 법적인 권리가 제대로 보장되고 있는가를 고려하는 것으로, 복지수혜자들의 복지권이 보장받을 수 있도록 법적, 제도적 장치를 마련하는 것을 의미한다. 미국의 경우 이러한 권리보장을 위한 청문회제도가 활용되고 있다. 정의를 실현하기 위한 법적 장치는 사회운동과 결합될 때 많은 성과를 낼 수 있다.

셋째, 존엄성은 시민권의 보장과 소비자로서의 주권 행사, 그리고 여성의 모성 보호 등을 통한 존엄성 보장을 의미한다. 마샬(Marshall)이 언급한 시민권으로서 복지권의 보장은 바로 인간 존엄성의 보장을 의미한다. 인간 존엄성 보장은 복지수혜자들에게 제공되는 사회복지서비스의 적절성과 밀접한 관련을 갖는다.

넷째, 민주주의는 지역주민들의 완전한 참여와 공공정책 수립과정의 민주화를 의미한다. 이는 복지정책 결정과정에 복지수혜자들의 실질적 참여를 보장해야 한다는 것이며, 특히 사회적 약자들의 참여가 중요한 기준이 된다.

(2) 지역복지협의체 주체/참여자

① 지역복지협의체 주체

지역복지협의체의 주체에는 지역의 공공, 민간 조직 대표들과 지역의 사회복지서비스 이용자(수혜자) 대표들이 포함되어야 한다. 지역사회에서 사회적 약자들을 위한 보호프로그램 제공, 자활프로그램 제공 등을 위한 지역복지협의체 참여주체들의 실례를 들면 표 6.2와 같다.

지역복지협의체 참여주체와 관련하여 쟁점이 되는 것은 지도력의 구심점을 어디에 두어야하는가와 지역복지의 수급자집단인 사회적 약자들의 참여문제이다. 먼저 지역복지 협의체의 지도력의 구심점을 어디에 두어야 할 것인가를 고민해야 한다. 그것은 지역사회에서 가장 고통받는 사람들 즉 욕구가 가장 필요한 수급자 집단이 지도력을 발휘해야 하는가 아니면 중산층 출신의 사회운동가 집단이 지도자가 되어야 하는가 하는 점을 고려해야 함을 의미한다.

표 6.2 참여주체의 실례

구분		주체
필수 참여 주체	공공부문	동사무소 사회복지전문요원, 보건소 방문간호사, 가정도우미, 구청 사회복지담당 공무원(또는 사회복지전문요원), 구청 상담직원
	이용시설	사회복지관, 노인복지관, 장애인복지관, 장애인재활병원, 기타재가 복지시설, 자활지원센터 등
	수용시설	양로원, 요양원, 장애인수용시설, 영육아보호시설, 청소년보호시설 등
	주민단체	주민운동단체, 부녀회, 노인회, 자원봉사회 등
선택적 참여주체		민간병원, 종교단체 등

(김경혜, 『서울시 지역복지전달체계 개선방안』, 1999)

지역 사회복지운동의 주체가 누구여야 하는가에 대해서는 사회복지실천가의 주도적인 활동과 일반 시민들의 적극적인 참여가 동시에 이루어져야 한다는 입장이 우리 현실상 문제가 없어 보인다(이인재, 1995). 그러나 이러한 주장이 있지만 욕구가 필요한 수급자 집단이 사회복지운동의 주체가 되어야 한다는 고려는 보이지 않는다. 왜냐하면 우리나라의 경우 욕구 수급자가 지역사회복지운동의 주체자가 되어야 한다는 주장이 실천현장에서 설득력을 보여주기에는 아직 미흡하다고 생각되기 때문이다. 그것은 우리나라의 경우 아직 욕구가 필요한 수급자 중심의 지역복지운동의 경우보다는 중산층 중심의 사회운동가 주도의 지역복지운동이 대부분을 차지하고 있기 때문이다.

선진국의 사회복지운동의 역사를 보더라도, 우리나라와 마찬가지로 일부 사회운동가의 활동 여하에 따라 사회복지운동의 성쇠가 결정되고 있다. 미국의 대표적 2세대 복지권운동조직인 뉴욕 도심복지옹호센터(the downtown welfare advocate center)의 역사를 보면 초기 운동을 이끌던 2명의 사회운동가의 퇴장은 바로 조직의 와해로 이어지고 있다(Morrissey, 1990).

그러나 그렇다고 해서 욕구 수요자 중심의 사회복지운동의 경험이 전무한 것은 아니다. 우리나라의 경우 IMF이후 주요 사회적 수혜집단으로 등장한 노숙자(Homeless)들의 경우 그들의 문제는 일부 전문가들과 사회운동가들에 의해 제기되어 해결책이 모색되고, 단편적이지만 공공과 민간의 서비스가 제공되고 있다. 노숙자들이 주체가 된 조직적인 문제 해결 모색은 아직 보이지 않고 있다. 이에 비해 선진국의 경우 욕구 당사자 중심의 문제 제시 및 해결책의 모색은 주체적인 문제 해결 능력이 떨어진다고 평가받고 있는 노숙자들의 경우에도 발견할 수 있다.

미국의 경우도 노숙자에 대한 전문가의 견해를 살펴보면, 그들은 의존적이고 조직화가 어렵기 때문에 정치적으로 무능력한 집단으로 간주되는 경향이 강하며, 따라서 노숙자들을 위한 정치적 행동은 노숙자들에 의한 사회운동이 아니라, 그들을 위한 사회운동이 필요하다고 보는 경우가 대부분이었다. 그러나 1987년 메인주 포들랜드 시의 사례는 노숙자들의 자기 문제해결 과정을 잘 보여주고 있다(Wagner & Cohen, 1991). 1987년 7월 임시 노숙자시설 폐쇄에 대항하여, 노숙자들은 '무주택자와 빈민들의 존엄성 연합(The coalition for the dignity of the homeless and poor)'이라는 조직활동을 통해 시청청사 점거를 거쳐 공원에 집단 텐트촌을 형성하였다. 이러한 텐트촌의 형성은 지역언론의 관심을 가져 왔으며, 결국 노숙자 운동 전문가의 중재에 의해 시로부터 지속적인 임시거처 마련, 일시부조 지급, 근로연계 프로그램의 철폐 그리고 시 정책의 홍보 등의 성과를 가져왔다. 뿐만 아니라 조직 내부에 고충처리위원회가 결성되어, 노숙자 혹은 과거 노숙자 경험이 있는 사람들에 의한 '동료 옹호인' 활동이 활성화되었다. 이와 같은 사회운동의 경험은 물질적 혜택의 증가라는 결과 외에도 운동참가자들에게 '연대감', '역량강화(empowerment)', '재사회화'의 계기를 제공함으로써 향후 지역사회운동에의 적극적 참여의 동력을 제공하였다.

이상에서 살펴본 논의를 정리하자면, 우리나라의 경우 지역복지협의체의 지도력과 관련해서 수급자 집단이 지금 당장 지도력을 발휘할 수 있는 상황은 아니며, 지역복지운동가와 지역복지전문가 중심의 지도력이 발휘되어야 한다고 본다. 다만, 지역 문제 해결의 중심에는 항상 그 문제로 가장 고통받는 집단이 함께 해야 한다는 사실을 고려한다면, 수급자 집단이 미래에 지도력을 발휘할 수 있도록 그들과 연대할 수 있는 구조를 만들어야 할 것이다.

② 지역복지협의체 구성원

지도자의 지도력 못지 않게 중요한 것은 협의체를 구성하는 구성원들이다. 협의체의 활동이 실효성을 거두기 위해서는 협의체에 참여하는 개별 조직 대표자들은 조직으로부터 합법적 권위와 관련 집단들로부터 신뢰를 얻어야 한다. 동시에 그들은 협의체의 활동을 위해 가치있는 자원을 동원해야 한다. 조직 구성원들은 조직 목표 달성을 위해 조화로운 체계 형성을 위해 노력해야 하며, 비록 신념의 차이가 있더라도 상호 조화의 원칙하에 목표를 조정하면서 공동 분모를 찾을 수 있을 것이다(Bailey & Koney, 1996). 특히 수혜자 집단 출신의 구성원들의 조직활동은 그들에게 자조와 역량강화(empowerment)의 긍정적 결과를 가져온다(Morrissey, 1990).

지역복지협의체 구성원들의 경우, 구성원들의 계속적인 협의체에의 참여 동기를 어떻게 유지할 수 있을 것인가 하는 점이 과제가 된다. 국내외를 막론하고 지역사회복지운동의 경험은 구성원들의 조직에의 참여를 계속적으로 이끌어내는 것은 대단히 어려운 과제라는 것을 보여준다. 대구지역 지하철 편의시설 설치를 위한 지역운동의 사례(이인재, 1998)와 미국 AFDC 대상자 조직의 사례(Morrissey, 1990)는 이러한 사실을 잘 보여준다.

1994년 대구지역에서는 노인과 장애인을 위한 지하철 편의시설 설치를 요구하는 시민단체협의회가 7개 단체 참여하에 구성되었으나, 대구시장과의 면담을 통해 편의시설의 추가설치 약속 이후 지속적으로 이 과제를 추적하지 못하고, 협의회 조직 활동을 중단하고 말았다. 미국 복지권운동의 초기 역사를 주도하였던 전국복지권연합(National Welfare Rights Organization)은 애초 복지수혜자들을 주 대상으로 지역운동가, 자원봉사자, 빈민지역 활동가, 교회 지도자들을 회원으로 확보하였다. 그러나 이들은 집단고충처리, 예를 들어 과거에는 서비스 수급 대상자가 아니었으나 운동의 결과 대상자로 포함되거나 혹은 기존 대상자의 경우 추가 서비스를 제공받는 것이 이루어질 경우 대부분 협의체의 회원으로부터 탈퇴하는 경우가 늘어났다. 즉 전국복지권연합 지도자들은 구성원들을 계속해서 협의체에 전념할 수 있는 계기를 제공하지 못하였다. 전국복지권연합은 결국 빈민을 위한 정치조직으로의 전망을 가져야 한다는 주장과 회원을 빈민들에 한정하지 말고 대상을 확대하는 데 주력하여야 한다는 상반된 주장이 갈등을 빚다가 결국 쇠퇴기로 접어들고 만다.

지역복지협의체에서 구성원을 계속적으로 협의체에 참여하도록 하는 동기부여의 과제가 중요한 의제의 하나가 된다.

(3) 지역복지협의체 과제

지역복지협의체 과제로 지역복지 계획의 작성, 사회복지서비스의 연계와 조정 그리고 지역복지협의체 조직유지방안을 제시한다.

① 지역복지 계획의 작성

지역복지의 체계화를 위해서는 먼저 지역복지계획의 강제성을 담보할 수 있는 관련법의 개정이 필요하다. 예를 들면 지역보건법의 지역보건의료계획 작성조항을 지역보건복지계획 작성으로 확대할 수 있을 것이며, 아니면 사회복지사업법 내에 관련조항을 신설할 수도 있을 것이다.

사회복지계획의 구체적인 체계와 내용은 1995년부터 법제화된 지역보건의료계획의 경험으로부터 많은 시사점을 얻을 수 있을 것이다(보건복지부, 제2기 지역보건의료계획 작성지침 1998). 지역보건의료계획수립은 1995년부터 시작된 농특세 지원사업의 일환인 농어촌의료서비스 개선사업을 위해 농어촌지역에서 작성한 지역보건의료서비스계획이 시초가 되었다. 지역보건의료계획은 지역보건법 제3조에 의하여 시장, 군수, 구청장 및 시(특별시, 광역시)장, 도지사가 작성하여 보건복지부장관에게 제출토록 규정하고 있다. 지역보건계획의 수립시기는 지역보건법 시행령 제5조의 규정에 의하여 4년마다 수립하게 되어 있다. 보건복지부의 지역보건의료계획의 평가에 따른 차등지원은 각 지자체들의 보건의료기획 능력을 향상시켰으며, 나아가 지역주민들의 보건의료수준 상승의 효과를 가져왔다.

지역보건의료계획의 내용은 지역보건의료계획의 달성목표, 지역현황과 전망, 지역보건의료기관과 민간의료기관과의 기능분담 및 발전방향, 지역보건법 규정에 의한 보건소 업무의 추진현황과 추진계획, 지역보건의료기관의 확충 및 정비계획 그리고 지역보건의료와 사회복지사업간의 연계성 확보계획 등으로 이루어져 있다. 이것을 연구자가 제시한 사회복지계획의 체계와 내용과 비교하면, 연구자의 안에는 사회복지계획안의 달성목표와 공공기관과 민간기관과의 역할분담에 대한 내용이 미흡한 것으로 나타났다. 계획안이 계획으로서의 특성을 가지기 위해서는 구체적 목표제시가 가장 중요하다. 예를 들면 지역보건의료계획의 경우 세부 목표를

'거동불편한 불우노인을 위한 노인보건사업을 강화한다'로 설정하고, 그 내용으로 4년 동안 현재 150명 등록 노인을 1,000명으로 확대하고, 의사, 간호사 등으로 전담팀을 구성 · 운영한다고 설정할 수 있을 것이다. 현재 지역보건의료계획은 1995년부터 1998년까지 제1기 계획이 마무리되고, 1999년 -2002년까지 제2기 계획안이 진행 중에 있다. 따라서 지역보건의료계획의 실천적 경험은 사회복지계획의 작성에 많은 도움을 줄 수 있을 것이다. 그리고 구체적인 사회복지계획안을 고려함에 있어서 중앙과 광역자치단체 그리고 기초자치단체와의 적절한 역할분담이 먼저 전제가 되어야 할 것이다. 특히 현재 그 역할이 단순한 중앙정부와 기초자치단체와의 중개적인 기능에 머무르고 있는 일부 광역단체(도)의 역할을 무엇으로 할 것인가를 심도있게 논의해야 할 것이다. 역할분담 논의를 단순화시켜보면, 사회복지정책의 경우 중앙정부는 전국적 기준을 요하는 문제나 국가적 차원의 정책을 담당해야 하며, 광역단체의 경우 기초단체의 계획을 총괄 · 조정하여 지원대책을 수립하며, 민간사회복지시설의 지역적 분포 조정 등 직접적 사회복지서비스 제공보다는 간접적 조정 · 통제역할을 담당하는 것으로 설정할 수 있다. 이에 비해 기초단체는 지역내 주민들에게 직접적인 사회복지서비스를 제공하는 역할을 담당하는 것으로 규정한다.

② 사회복지서비스의 연계와 조정

사회복지서비스 중 기본적인 연계/조정 업무는 대상자 관리와 프로그램 관리업무이다. 현재 이와 유사한 연계/조정 업무를 위한 모임으로는 서울시 일부지역의 재가복지서비스모임이 있으나, 공공부문 참여가 저조하며, 실무자들의 활동이 기관에서 공식업무가 아니라 과외업무로 인식되고 있으며, 공식화된 기구가 아니기 때문에 강제력이 약하다. 따라서 사회복지서비스 연계/조정업무의 공식화를 위한 제도적 뒷받침이 필요하다. 다음 표 6.3는 대상자 관리와 프로그램 관리업무를 위한 실례를 보여주고 있다.

표 6.3 연계 조정 업무의 실례

구분	내용
대상자(client) 관리	① client 관련 정보 공유 ② 대상자 상호 의뢰 · 연계 ③ 대상자 공동발굴 및 요구조사 ④ 대상자 요구에 따른 서비스 배분 ⑤ 대상자 공동관리
프로그램 관리	⑥ 시설간 프로그램 조정 ⑦ 프로그램 공동개발 및 추진 ⑧ 복지정보 공유 ⑨ 프로그램 상호이용

(김경혜, 『서울시 지역복지전달체계 개선방안』, 1999)

③ 지역복지협의체 조직유지 방안

지역복지협의체의 조직유지 방안은 조직유지를 위한 전략과 전술을 개발하는 것과 변화과정을 이해하는 것이다. 먼저 지역복지 협의체의 전략은 지역사회가 필요로 하는 사회적 욕구를 충족시켜주는 능력과 범위를 확대시킬 수 있는 수단과 방법을 찾는 것이다. 지역사회에서 활동하는 개별 사회조직들은 그들이 최대한의 지역사회의 욕구들을 충족시킨다고 생각하며, 때에 따라서는 그들이 유일한 서비스 제공자라는 환상을 가지기도 한다. 그러나 조직간의 협의체를 통해 공동 과업을 통해 더 많은 욕구 충족을 가능하게 한다는 것이 협의체의 전략인 것이다.

지역복지협의체의 과업 선정시 전략적으로 고려해야 할 사항은 '승산 있는' 이슈(winnable issues)를 발굴하는 것이다(Morrissey, 1990). 이것이 비록 협의체의 궁극적인 목표 달성에는 미흡하더라도 협의체 구성원들에게 단기적인 편익을 제공한다. 그리고 승리할 수 있는 이슈의 개발은 지역복지 협의체 참여자들의 동기부여에도 기여할 수 있을 것이다.

지역복지 협의체의 발전과정에서 중요하게 고려해야 할 전략적 고려 중 하나는 조직 구성원들의 이탈을 방지하면서 조직 목표 달성을 위한 정치적 행동을 어떻게 실현시켜 나갈 것인가를 고려하는 것이다. 즉 양자가 적절하게 조화되지 못하고 어느 한 쪽에 치중한다면 협의체의 발전은 힘들 것이다.

협의체의 개별 과업들은 협의체의 기본 목적(purpose)에 기반한 개별 목표(goal)들 그리고 개별 목표를 달성하기 위한 구체적 목표(objectives)에 부응하여 제시되어야 한다. 그렇지 않고 방향성을 잃어버린 과제의 제시는 조직 발전의 핵심 전제인 창조성과 혁신의 부재, 참여자들의 동기부여의 하락에 따라 궁극적으로 지역사회와의 연계를 악화시키게 된다. 목적과 목표에 기반한 과업의 제시는 과업의 주체, 과업의 내용, 과업 수행의 방법에 대한 구체성을 내포하게 되고, 협의체에 참여함으로서 부담하게 되는 비용보다 얻게되는 편익이 더 크게 되어 참여자들은 협의체에 계속적으로 참여하게 된다.

지역사회조직 협의체의 변화는 조직내부 변화(collaborative empowerment)와 조직외부 개선(collaborative betterment)이 동시에 고려되어야 한다. 협의체의 조직내부 구조는 조직의 크기, 의사결정의 집중도, 제공되는 서비스의 복잡성, 조직간 기능분화의 정도, 조직간 활동의 긴밀도 등의 5가지 요인에 의해 결정된다. 오늘날 미국의 지역사회는 서비스 제공의 지방 위임, 지역적 불평등, 분야별 서비스 제공기관의 분화에 따른 서비스 조정, 협동의 필요성 증대, 민영화로 인한 시장에 의한 서비스 제공의 확대 등의 특성을 가지고 있다. 협의체의 발전사례를 살펴보면, 먼저 3단계로 나누어 단계별 접근이 필요하다(Mulroy, 2000). 첫 단계는 접근(Access)단계로 중심조직 대표들로 운영위원회를 구성하고, 최소한의 행정조직을 만들며, 제공하려는 서비스의 틀을 만든다. 둘째 단계는 분화단계(differentiation)로 운영위원회에 참여단체를 확대하고 서비스 이용자대표를 포함시킨다. 서비스의 내용을 확대하고 서비스간 연계를 강화하며, 서비스를 제공하는 직원들과 지역주민들 간의 파트너십이 만들어진다. 셋째 단계는 연계(connectiveness)단계로서 서비스 이용자들 간에 비공식적 사회적 지지망이 만들어지며, 운영위원회에 서비스 이용자 대표들의 참여가 확대되며, 운영위원회는 운영에 적절한 최적의 규모로 구성된다. 제공되는 서비스들의 연계망이 확대되며 점차 제도화된다. Mulroy는 사례연구를 통해 유연한 조직구조의 유지, 지역의 특성 고려, 강력한 비영리 서비스 기관 역할의 중요성을 강조하였으며, 협의체 활동은 적절한 작은 규모로 시작하는 것이 협력 작업의 용이성과 갈등 최소화를 위한 초창기 참여 인원 제한을 가능하게 하여 협의체 활동의 성공 가능성을 높여준다는 사실도 확인하였다.

(4) 환경으로 지역사회 이해

지역복지협의체의 활동의 성과는 활동의 주무대인 지역사회에 대한 이해와 활용에 달려 있다. 지역사회는 지역복지협의체가 주 대상으로 하고 있는 지역주민들의 생활을 위한 중요한 자원제공처의 역할을 한다. 지역사회의 역할은 다음과 같은 4가지로 정리할 수 있다(Coulton, 1996).

첫째, 일자리 제공과 복지인프라 구축. 먼저 지역사회는 지역주민들에게 일자리를 제공하는 역할을 해야 한다. 지역사회가 얼마나 많은 일자리를 제공할 수 있는가, 특히 저소득층의 저기술 노동인력을 얼마나 지역사회가 흡수할 수 있는가 하는 것은 지역주민들의 기본 생활보장에 중요한 관건이 된다. 그리고 일자리 마련과 함께 저임금 노동인력과 노동할 수 없는 저소득층에게 복지를 제공하는 능력을 보유하여야 한다. 이것은 지역사회의 지역복지 인프라 구축에 해당하는 것이다. 대부분의 경우 지역사회 내의 저기술 노동시장의 특성을 보면 저기술 노동력이 과잉하여 임금의 지속적 감소와 저소득층의 지역적 밀집에 의한 부정적 학습효과로 인한 빈곤 세습의 결과를 가져올 수 있다.

일자리 없는 지역사회(jobless community)에서는 일반인들의 보편적 삶의 양식이 확산되지 못하며, 주류 사회의 일상적 규범과 경제생활을 배울 수 있는 기회를 최소한으로 제공한다. 그리고 지역사회 내의 2세들에게는 긍정적 자기강화를 할 수 있는 기회를 제공할 수 없으며, 보편적 일자리보다는 비공식부문 시장이 제공하는 일자리가 주류를 이루기 때문에 2세들의 경우 성인 이전에 가족을 돌보거나, 청소년 비행에 빠지지 않는 것으로 성공에 대한 희망을 대신하게 된다. 지역복지협의체의 일차적 관심은 지역사회에서 충분한 일자리를 만드는 것과 사회적 약자들을 위한 복지인프라를 구축하는 일이다.

둘째, 안정적 생활의 보장. 지역사회는 경제적 차원뿐만 아니라 사회의 안정성과 치안과 같은 안전의 측면에서도 중요한 역할을 한다. 그것은 지역사회에서 벌어지는 범죄나 일탈과 같은 행위는 일자리를 얻는 데는 물론이고 산업발전에도 중요한 방해요인으로 작용하기 때문이다. 지역사회의 강한 내부 응집력은 물론이고 치안활동과 같은 외부 통제기제도 지역사회의 발전에 중요한 요인으로 작용한다. 따라서 지역복지협의체는 지역사회조직화를 통해 단순히 지역 주민들의 경제적 능력의 향상뿐만 아니라 아동양육, 지역정치에 대한 지역주민들의 참여와 안정된 생활의 보장에도 기여해야 한다.

셋째, 교육시스템 정비. 지역사회가 제공하는 교육 훈련 체계는 지역주민들에게 일자리를 제공하는 중요한 영향 요인의 하나이다. 지역사회의 정상적 교육기관과 취업을 위한 훈련 프로그램 그리고 평생교육시스템은 지역사회의 고용구조에 중요한 영향을 미친다. 따라서 지역복지협의체는 일자리 창출을 위해 지역사회의 교육기관, 직업훈련기관, 평생교육기관의 개선을 위해 노력해야 한다. 즉 지역사회교육운동에도 관심을 가져야 한다.

넷째, 일을 위한 제도적 정비. 지역복지협의체는 지역주민들이 일을 할 수 있도록 돕는 제도적 장치에도 관심을 가져야 한다. 여성들의 사회적 참여를 보장하기 위한 영유아 보육시설의 확대가 필요하며, 나아가 지역사회 내 연대감의 확대는 사회적 약자들의 고용에 긍정적인 요인으로 작용할 것이다.

사회적 약자들의 일자리 확대를 위해서는 취업희망자들에 대한 정확한 정보 제공 시스템의 마련, 고용주들의 고용인에 대한 편견의 해소, 저소득층 밀집지역에 대한 교통시설 증대 등 지역적 인프라의 구축, 조세제도와 산업정책을 통한 일자리의 확대 등이 이루어져야 한다.

3. 맺는 글

이상에서 지역차원의 사회문제 해결을 위한 공공과 민간의 역할분담과 지역복지협의체를 구성할 경우 고려해야 할 이론적 쟁점을 간략하게 고찰해 보았다. 지역복지체계 구성을 위한 공공과 민간의 역할분담 논의를 비롯하여 지역복지협의체를 구성할 인적 자원으로 지도자 집단과 참여자 집단의 특성과 사회문제로 가장 고통받는 수혜자 집단의 지도력 문제와 그들의 참여가 갖는 의의에 대해서도 살펴보았다. 지역복지협의체의 과제와 함께 지역복지협의체를 둘러싼 환경으로서의 지역사회의 특성과 지역사회의 중요성에 대해서도 살펴보았다.

지역사회문제의 해결을 위해서는 더 이상 지방자치단체를 비롯한 공공의 힘만으로는 해결이 불가능하며, 여기에 지역사회 민간영역의 다양한 시민사회단체들의 연대적 힘이 합쳐질 때 문제 해결이 가능할 것이라는 것은 이제 상식에 속한다. 문제는 이에 대한 이론적 논의는 물론이고 실천사례에 대한 분석도 미비한 실정이라는 것이다. 지방자치제의 본격화 이후 우리 사회에서도 수도권 지역을 중심으로 사회복지운동의 흐름들이 계속 확대되고 있다(이인재, 1999). 이러한 경향들을 반영하면서 지역사회복지운동의 이론적, 실천적 논의가 확대되기를 기대해 본다.

(1999년 작성)

참고문헌

이인재(1995). "사회복지운동의 주체로서 사회복지실천가의 사회적 위상에 관한 연구", 한국사회복지학회, 『한국사회복지학』 26호.

이인재(1998). "지방화시대의 사회복지 주민참여 사례연구", 한국사회복지학연구회, 『상황과 복지』 4호, 인간과 복지.

Bailey, Darlyne and Kelly McNally Koney(1996). "Interorganizational Community-Based Collaboratives: A Strategic Response to Shape the Social Work Agenda", Social Work. V. 41 no 6 (November. '96).

Coulton, Claudia J.(1996). "Poverty, Work, and Community: A Research Agenda for an Era of Diminishing Federal Responsibility", Social Work V.41 no 5 (September, '96)

Estes, Richard J.(1997). "Social Work, Social Development and Community Welfare Centers in International Perspective.", International Social Work. V. 40 (Jan. '97)

Kornbluh, Felicia(1998). "The Goals of the National Welfare Rights Movement: Why We Need Them Thiry Years Later.", Feminist Studies. V. 24 no 1(Spring '98).

Morrissey, Megan H.(1990). "The Downtown Welfare Advocate Center: A Case Study of a Welfare Rights Organization", Social Service Review (June '90).

Mulroy, E. A. (2000). "Starting Small: Strategy and the Evolution of Structure in a Community-Based Collaboration," *Journal of Community Practice*, 8(4) 27-43.

Wagner, David & Marcla B. Cohen(1991). "The Power of the People: Homeless Protesters in the Aftermath of Social Movement Participation" Social Problems, V. 39 no4 (November '91).

제 7 장
지역복지전달체계 개편과
사회복지사무소

1. 복지전담 행정기관 개편과 사회복지사무소

  광역단체에 비해 기초단체 수준의 공공복지서비스체계 구축은 공급자, 수요자와 보다 밀접한 관계에 있다는 점에서 서비스의 효과에 매우 큰 영향을 가져다 줄 것이다. 기초자치단체는 중앙정부(보건복지부)―광역자치단체의 제도를 집행하는 기능적 역할에서 벗어나 해당 지역의 특성을 반영한 지자체 사업을 지속적으로 개발·수행하고, 민간복지부문과 협력관계(partnership)를 유지하며 민간의 사업 추진을 지원하되, 전반적인 지역의 복지 시스템을 기획하고 실행을 주도, 점검하는 역할을 담당하도록 해야 한다. 기초 지자체가 이러한 적극적 역할을 수행하기 위해서는 복지부문 업무를 일원화 할 수 있는 복지전담행정기구(사회복지사무소) 설치를 고려할 수 있다. 사회복지사무소는 사회복지서비스 기획단계부터 최종 서비스 전달까지 수요자 중심의 정책이 일관되게 전달되는 체계로 만들어져야 할 것이다. 즉, 지역단위의 주민 복지서비스를 확충하고, 기초생활보장제도를 비롯한 공공부조제도의 효과적 집행이 이루어지도록 전반적 복지행정인력의 활용, 복지정책의 기획, 집행, 관리가 일관되게 이루어질 조직 개편이 구상되어야 한다.

복지전담 행정기관 개편시 중요하게 고려되어야 할 사항은 첫째, 조직의 구조와 업무범위를 결정하는 서비스의 내용 및 수준, 둘째, 서비스의 수요로서 대상자의 규모와 특성, 셋째, 업무수행 성과에 영향을 미치는 담당인력의 규모 및 전문성의 차원 등 세 가지 차원에서 구체적인 고려가 필요하다(강혜규, 2003).

표 7.1 복지전담행정기관 개편시 고려사항

차원	주요 고려사항
대상자 규모 및 특성	- 지역별 고령화 정도 등 인구특성 감안: 군 지역(농촌)에서는 보건서비스와의 좀더 밀접한 연계방안 모색 - 장애인 규모, 아동·청소년 문제 정도, 젊은 빈곤층 규모 등 감안: 조직구조 설계, 업무분담시 반영
복지서비스 내용 및 수준	- 현행 기초생활보장 중심의 복지행정업무내용의 전문복지서비스 업무 확대방안 고려 - 공공서비스의 범위 설정 논의(지역특성에 따른 민간기관과의 역할분담 고려) - 급여지급, 고용(자활)서비스, 보건서비스 업무 조정관계 검토: 중앙정부, 지방자치단체차원의 연계·협력 고려 - 향후 아동-성인-고령·퇴직자를 포괄하는 생애주기 중심의 보편적 서비스로 확대(보건서비스 수준으로 복지서비스 수준 향상 및 다양화)
인력 규모 및 전문성	- 복지, 보건, 고용 각부문의 복지서비스 제공을 위한 적정 인력 확충 - 핵심적 서비스(사례관리, 방문서비스 등)를 위한 인력 보강 - 사회복지업무 수행을 위한 보수교육·훈련·인력관리 시스템 체계화: 시범사업시 관련분야 참여 인력의 지속적 교육 프로그램 운영

2. 사회복지사무소 기존 논의

지방 사회복지전달체계의 모형으로 사회복지사무소를 제시한 주요 연구들 중

에서   서상목 · 최일섭 · 김상균(1988),   박경숙 · 강혜규(1992),   변재관 · 강혜규
(1999) 등의 논의를 소개한다(심재호, 2003).

1) 서상목 · 최일섭 · 김상균 모형

공공부조와 사회복지서비스에 추가하여 사회보험업무까지 담당하는 전달체계
를 주장하는 것은 서상목 · 최일섭 · 김상균(1988)의 모형이다(그림 7.1). 이들은 첫
째, 사회복지사무소와 민간복지기관과의 관계 및 역할분담에 대해서 특별히 언급
하지는 않고 있으며, 단지 시 · 도의 사회복지청이 민간복지기관을 지도, 감독하며

그림 7.1 서상목 · 최일섭 · 김상균의 사회복지사무소 내부조직

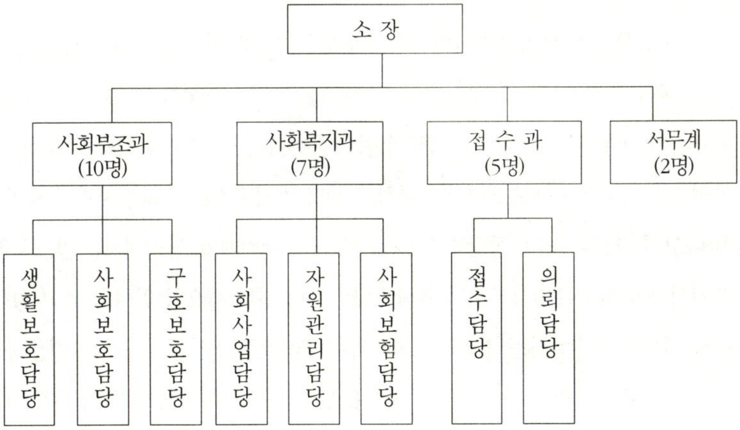

일상 업무는 사회복지사무소와 협의하도록 한다는 점을 지적하고 있을 뿐이다. 둘
째, 지역화 단위로는 시 · 군 · 구를 기본단위로 하되 서비스대상자가 많은 대도시

와 서비스대상자가 지역적으로 분산되어 있는 농어촌에는 출장소를 둘 것을 제시한다. 셋째, 내부조직에 대해서는 1과 3계 9담당 등 총 25명의 인원이 필요하다고 추정하였다. 넷째, 사회복지사무소의 업무는 크게 사회부조(생활보호, 구호사업 등)와 사회복지(상담, 가족강화프로그램, 청소년선도, 요보호여성 프로그램, 사회보험 등)로 구분된다. 다섯째로 사회복지사무소의 인력은 앞의 연구자들과 마찬가지로 사회복지분야로 전문교육을 받은 사회복지사 중에서 국가고시를 통해 선발된 전문인력을 배치해야 한다고 주장한다. 여섯째, 사회복지사무소와 타 정부기관의 역할분담에 대해서 사회복지청과 사회복지사무소는 현재의 시 · 도 보건사회국의 업무중에서 보건 및 노동관련업무를 제외한 사회관련업무를 수행하고 있다.

2) 박경숙 · 강혜규 모형

먼저 공공부조와 사회복지서비스만을 담당하는 전달체계를 주장하는 것은 박경숙 · 강혜규(1992)의 모형이다(그림 7.2). 이들은 첫째, 사회복지사무소와 민간복지기관과의 관계 및 역할분담에 대해서 법적 급여와 상담 및 보호조치 서비스들은 기본적으로 사회복지사무소에서 제공하고 예방적 서비스는 사회복지관이 제공해야 한다고 주장한다. 다만 상담과 노인 · 장애자의 재가보호 영역에서는 앞으로 민간복지기관과 사회복지사무소간 역할분담이 재조정될 필요가 있다고 보고 있다. 그래서 사회복지사무소는 경미하고 단기적인 상담을, 민간복지기관은 전문가의 자율성이 요구되고 장기적인 전문적 상담을 맡는 것이 더욱 적합하다고 주장한다. 이들은 장기적으로 사회복지사무소가 정착되면 사회보험을 중앙정부의 위임업무로 받아들일 수는 있다고 하였다. 둘째, 지역화 단위로는 시 · 군 · 구를 기본단위로 제시한다. 셋째, 내부조직에 대해서는 한 복지사무소 당 평균적으로 47명의 인원을 배정하되 소장 1명, 총무과에 14명, 공적부조과에 15명, 복지서비스과에 14

그림 7.2 박경숙 · 강혜규의 사회복지사무소 내부조직

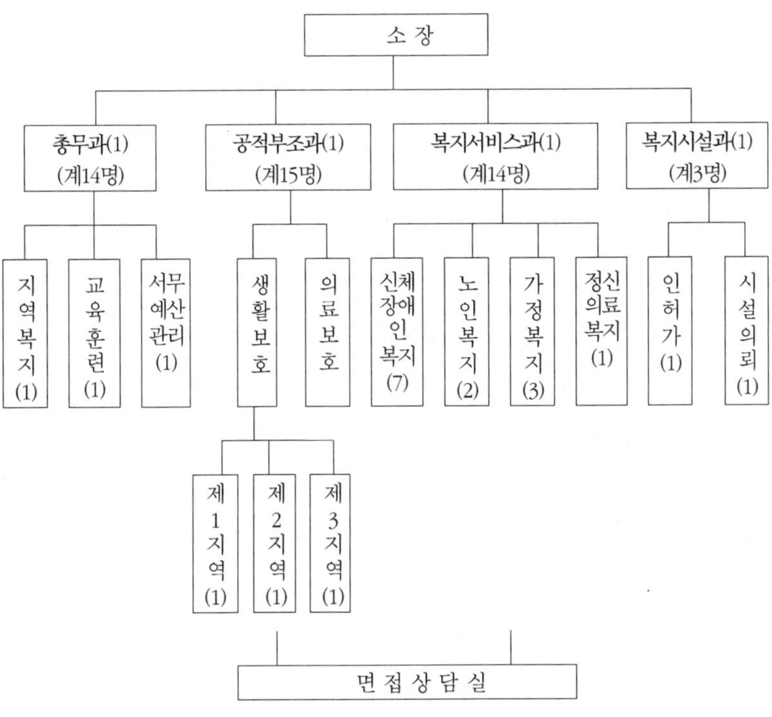

명, 복지시설과에 3명씩을 두도록 제안하였다. 넷째, 사회복지사무소의 업무로는 생활보호와 의료보호 그리고 장애인, 노인, 모자, 아동, 정신의료복지 서비스를 제시한다. 다섯째로 사회복지사무소의 인력은 사회복지분야의 전문교육이나 그에 상당하는 경험을 가진 전문인력을 배치하여 조직의 전문성을 확보하여야 한다고 주장한다. 여섯째로 사회복지사무소와 타 정부기관의 역할분담에 대해서, 사회복지사무소는 전문성을 최대한 발휘할 수 있도록 시 · 군 · 구 및 읍 · 면 · 동의 일반행정과 분리하여 설치하도록 하며(즉, 시 · 군 · 구청의 외부계선조직으로 만든다), 보건의료조직과도 조직적으로는 분리시키고 프로그램운영상 연계되는 방안을 제

시하고 있다.

3) 변재관 · 강혜규 모형

변재관 · 강혜규(1999)의 방안(그림 7.3)은 보건복지사무소와 유사하게 기존 시 · 군 · 구청내 사회복지과와 보건소를 통합하여 시 · 군 · 구 단위에 보건복지사무소를 설치하는 것을 구상하였는데, 한가지 차이나는 점은 보건-복지-사회보험업무가 조직적 차원에서 통합적으로 수행되는 조직을 제안한 점이다. 그리고 행자부의 계획에 따라 읍 · 면 · 동사무소의 통합이 이루어지면 여기에 주민복지센터의 설치를 제안한 점이 특징이다. 주민복지센터는 현재의 읍 · 면 · 동사무소 건물을 활용하고, 특히 농어촌의 경우 보건지소 · 보건진료소와 연계하여 보건의료서비스를 강화하며, 센터 내에 방문사업을 전담하는 방문보건복지팀(사회복지전문요원 1명, 방문간호요원 1명으로 구성)의 설치를 제안했다. 주민복지센터는 보건소 및 시 · 군 · 구 사회복지과(2단계의 경우 보건복지사무소장)의 지시를 받으며, 센터의 장은 구성원 중 가장 직급이 높은 선임자로 하고 지역적 특성을 고려하여 변경할 수 있게 하였다.

주민복지센터의 기능은 기존 보건소가 주민을 대상으로 제공하던 보건의료서비스를 제공하고 동사무소 단위에서 수행하던 복지행정업무와 복지서비스, 나아가 사회보험, 고용 및 문화 · 정보관련업무를 보다 전문적이고 통합적으로 수행하게 한다는 것이다. 주민복지센터의 보건 · 복지 관련업무를 살펴보면, 보건소(보건복지사무소) 및 보건지소 등과 연계하여 기본적으로 방문보건복지사업을 중심으로 하며, 공공부조 대상자 발굴, 민간복지자원의 발굴 · 동원, 민간복지기관과의 연계 기능 등으로 확대해 가도록 한다.

도시지역에 두는 주민복지센터의 경우, 복지부문은 사회복지전문요원들이 일

그림 7.3 변재관 · 강혜규의 모형(주민복지센터)

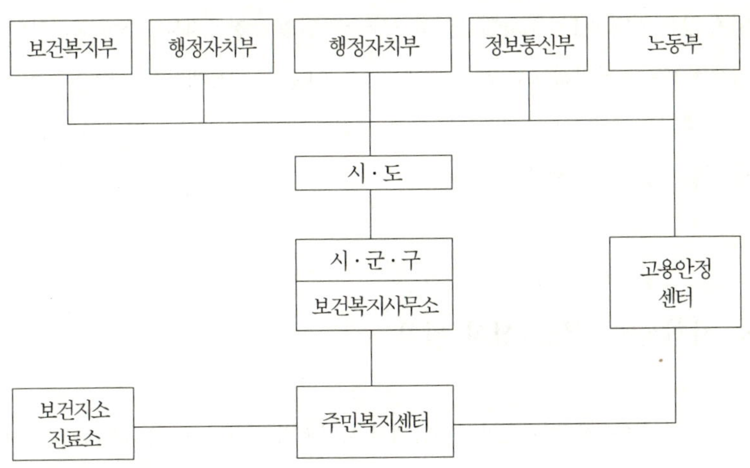

정한 지역을 담당하여 사회취약계층을 중심으로 방문복지사업을 시행하며, 민간복지자원과의 효율적인 연계 및 업무분담을 통하여 중복서비스를 피하고 서비스의 양과 질을 제고시키고자 하였다. 농어촌지역의 경우, 보건부문은 방문보건사업을 중심으로 하되 기존 보건지소의 기능을 지원하는 데 비중을 두도록 하고, 보건진료소를 지역특성상 통폐합하는 경우는 잉여인력을 인근 주민복지센터에 배치하여 활용하도록 하였다. 복지부문은 민간복지 환경이 열악하므로 보건부문과 연계하여 대민 직접서비스를 중심으로 하는 방문복지사업을 전문적이고 통합적으로 수행하게 하였다.

주민복지센터에 소요되는 인력은 방문보건복지사업은 사회복지전문요원 1인과 방문간호요원 1인이 한 팀으로 배치되어 서비스 대상자 지정 및 서비스 전달을 동시에 수행하고, 대상자 관리기록을 공동으로 작성 · 관리하도록 하였다. 즉 최일선에서의 기본행정과 서비스를 한 팀에서 공동 수행하도록 하는 것이다. 이는 법정대상자의 발굴, 책정을 담당하는 기존 사회복지전문요원 1인에 2명의 방문보건복지담당 전문인력이 추가되는 것이다. 사회복지전문요원 중 주민복지센터가 설치되지 않은 지역의 1인을 관할 시·군·구청단위의 보건복지사무소에 배치하여 복지행정업무를 담당하게 하였다. 또한 와상노인 등의 이용대상자가 많은 농어촌지역의 주민복지센터에는 공익근무요원, 사회봉사명령자 등을 민간자원과 함께 적극 활용하도록 제안했다.

3. 사회복지사무소 설치 원칙

사회복지 사무소는 기초자치단위에서 지역복지의 거점 역할을 해야 하며, 기초생활보장, 사회복지서비스의 기획 및 제공, 대상자 선정 및 급여제공, 보건, 고용 등 관련 서비스와의 연계 체계 구축(one-stop 서비스 체계 구축), 민간기관에의 의뢰, 서비스 이용자들의 정보 수집, 활용 체계 구축의 역할을 해야 한다. 사회복지 전담공무원은 서비스 조정자의 역할을 포함한 사례관리자의 역할을 수행해야 한다. 이상의 역할을 수행하기 위해서는 다음과 같은 원칙하에 사회복지사무소의 구조와 운영이 고려되어야 한다.

① 전문성: 전문인력에 의한 복지행정 일원화 및 집중화

사회복지 전달체계 구성시 가장 중요한 원칙 중의 하나는 업무의 전문성을 유지하는 것이다. 전달체계를 조직화함에 있어 전문성의 수준에 따라 전문가, 준전문가, 비전문가에게 적절하게 업무를 담당하게 조직을 만들어야 함을 의미한다. 사회복지사무소 설치시 사회복지 전담공무원을 중심으로, 행정일원화와 집중화가 가능하다.

② 통합성: 업무 중심이 아닌 이용자 중심의 서비스 전달체계 구축

전문성의 원칙과 더불어 통합성의 원칙이 중요하다. 통합성의 원칙은 이용자의 입장에서 그들의 복합적인 욕구를 충족시키기 위해서는 다양한 서비스를 통합적으로 제공하는 것을 의미한다. 사회복지사무소 운용시 이용자 중심의 행정 조직체계 구축이 가능해진다.

③ 효율성: 복지서비스 자원의 효율적 관리

전달체계 구축시 고려되어야 할 원칙 중 하나로 효율성의 원칙이 있다. 복지서비스 제공시 한정된 자원의 사용을 고려한다면 자원의 효율적 관리는 중요한 요인이 된다. 사회복지사무소가 설치되어 지역복지협의체를 통한 서비스 연계, 조정업무의 활성화가 이루어지면, 자원의 효율적 관리가 가능해진다.

④ 책임성: 서비스 이용자들의 욕구에 보다 적극적으로 대응

서비스 이용자들의 욕구에 보다 적극적으로 대응하는 책임성의 보장도 중요한 전달체계 구성시 원칙이 된다. 사회복지사무소의 설치는 사회복지 전담조직을 통한 이용자들의 욕구에 적극적 대응을 가능하게 한다.

⑤ 신속성: 서비스 이용자들의 욕구에 신속하게 대응

전달체계 구성시 고려되어야 할 사항은 서비스 이용자들의 욕구에 신속하게 대응하는 것이다. 시 · 군 · 구 차원에 사회복지사무소의 설치는 서비스 전달체계에서 읍 · 면 · 동 단위를 생략함으로서 신속성을 확보할 수 있게 한다.

⑥ 공정성: 이용자 선정과정부터 급여제공, 사후관리까지 객관적 판단기준 적용

이용자 선정과정부터 급여제공, 사후관리까지 모든 서비스 이용자들에게 공정하고 객관적인 판단기준을 제공하는 것을 의미한다. 사회복지사무소를 통한 집중적인 업무제공은 복지서비스 제공 전 과정에 공정성 확보를 가능하게 한다.

⑦ 일관성: 복지담당인력의 업무 집중도, 복지업무의 조직적 관리

복지서비스 제공시 인력과 업무 조직관리의 일관성의 견지는 중요한 원칙이 된다. 사회복지사무소의 운용은 사회복지 전담 인력의 확대, 적정 배치를 통해 업무 집중도 향상 및 조직적 관리를 가능하게 한다.

⑧ 접근성: 지리적 접근성과 심리적 접근성

전달체계 구축시 중요한 원칙 중의 하나는 접근성의 보장에 있다. 접근성의 보장은 지리적 접근성과 심리적 접근성의 두 측면이 있다. 지리적 접근성은 서비스 이용자가 얼마나 가까운 거리에서 서비스 공급자를 접촉할 수 있는가 하는 점을 의미한다. 지리적 접근성 못지않게 중요한 것이 심리적 접근성이다. 단 한번의 방문으로 다양한 복합적 욕구를 충족할 수 있는 경우와 2-3번 반복해서 여러 기관을 중복 방문할 경우의 만족도 차이는 바로 심리적 접근성의 정도를 의미한다. 시·군·구 차원에서 사회복지사무소를 설치할 경우, 도시 저소득층 밀집지역과 농어촌 지역은 팀 단위의 지소를 설치하여 지리적 접근성을 확보하며, 사회복지사무소 내 원 스탑 서비스 체계를 갖추어 심리적 접근성을 높일 수 있을 것이다.

⑨ 서비스 연계: 보건, 고용 등 복지서비스와 밀접한 관련이 있는 서비스 연계

서비스 이용자의 복합적 욕구를 고려하면, 복지서비스 제공 뿐만 아니라 보건과 고용서비스와의 서비스 연계가 이용자 만족의 중요한 관건이 된다. 사회복지사무소설치시 동시에 정보화 인프라, 지역복지 협의체를 통해 서비스 연계망을 구축하여 다양한 서비스 제공이 가능할 것이다.

4. 사회복지사무소 구조

그림 7.4는 위에서 살펴본 다양한 원칙들이 반영된 하나의 복지행정기관 설치 안이다. 현행 시·도—시·군·구—읍·면·동의 단계를 도시지역은 2단계, 농촌지역 은 지소형태(branch)를 포함하여 3단계로 변경하도록 하고, 시·군·구의 사회복지 과 기능을 포함하는 '복지전담 행정기관(사회복지사무소)'의 설치를 추진하는 것 이다. 이 때 설치 단위가 우선 논의될 수 있는데, 행정단위를 고려하여 시·군·구 단 위에 설치하는 방안이 가장 용이할 것으로 보인다. 농촌지역의 경우에는 군 단위에 '복지전담 행정기관(사회복지사무소)'를 설치하고 도시지역보다 소규모로 다수의 지소를 설치하도록 한다(강혜규: 2003).

그림 7.4 복지전담행정기관 개편안

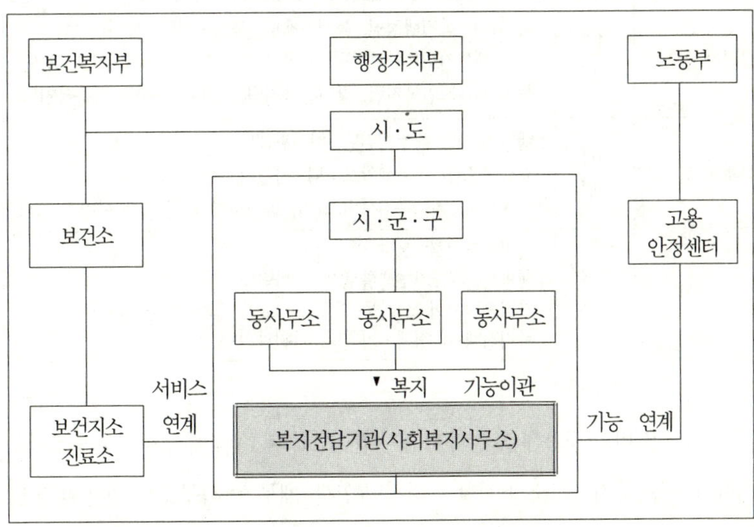

(출처: 강혜규 : 2003, 일부 수정).

사회복지사무소의 내부 조직구조에 대해서는 연구자들 사이에 다양한 견해가 존재한다. 심재호(2003)의 경우는 공공부조과, 복지서비스과, 행정지원과 등 3과 8팀 체제를, 김진학(2003)의 경우는 복지1과, 복지2과, 복지3과 등 3과 12팀 체제를, 이재완(2003)의 경우는 서비스조정실, 생활보장과, 가정복지서비스과, 복지정책과의 1실 3과 체제를, 보건복지부는 사회복지과, 가정복지과 등 2개과 11팀 체제를 내부 안으로 제시하고 있다(표 7.2 참조).

표 7.2 사회복지사무소 내부 조직안 비교

구분	구조	내 용
보건복지부 안	2과 11팀	사회복지과 : 지역복지행정팀, 기초생활보장팀, 자활사업팀, 의료급여팀, 시설관리팀, 복지지원팀 가정복지과 : 노인복지팀, 장애인복지팀, 가정아동복지팀, 여성복지팀, 방문상담팀
김진학 안	3과 12팀	복지1과: 복지행정팀, 복지정책팀, 복지지원팀, 복지시설팀 복지2과: 기초생활보장팀, 자활사업팀, 지역복지팀, 의료보장팀 복지3과: 노인복지팀, 장애인복지팀, 아동청소년팀, 가족복지팀
심재호 안	3과 8팀	행정지원과: 행정지원팀, 인사관리팀 공공부조과: 기초생활보장팀, 자활사업팀, 시설지원팀 복지서비스과: 복지서비스1팀, 복지서비스2팀, 방문서비스팀
이재완 안	1실 3과	서비스조정실: 접수 및 전문상담 생활보장과: 기초생활보장, 자활담당 가정복지서비스: 아동, 청소년, 노인, 장애인 등 담당 복지정책과: 정책 · 기획팀, 자원관리팀

기존 안들을 비교 평가해 본 결과 다음과 같이 2개 과 13팀 체제의 내부 구조안을 제시한다. 사회복지사무소장 직할의 행정팀(인사, 재무 등 사무소의 기본 행정 담당) 외 2개 과 12개 팀의 내역은 다음 표 7.3과 같다. 표 7.3에서 제시된 안은 기본형이며 인구 규모 및 복지서비스 욕구, 서비스 제공 기관의 수 등을 고려하여 대도시

형, 중소도시형, 농어촌형으로 구분할 수 있을 것이다(아래 그림 7.5, 7.6, 7.7, 7.8 참조).

대도시형은 행정지원팀 10명, 상담/서비스연계팀 5명, 지역복지정책팀 5명, 기초생활보장과 20명, 복지서비스과 20명 등 총 60명 내외로, 중소도시형은 행정지원팀 7명, 상담/서비스연계팀 4명, 지역복지정책팀 4명, 기초생활보장과 15명, 복지서비스과 15명 등 총 45명 내외로, 농어촌형은 행정지원팀 4명, 상담전문요원 3명, 방문서비스팀 3명, 기초생활보장과 10명, 복지서비스과 10명, 분소 10명 등 총 30명 내외로 구성하는 안을 고려할 수 있다.

표 7.3 사회복지사무소 기본내부구조 안

기초생활보장과	지역복지정책, 기초생활보장 업무 담당
기초생활보장팀	기초생활보장 프로그램 담당
자활사업팀	자활후견기관, 자활공동체 등 자활사업 전반 담당
의료급여팀	의료급여 프로그램 전반 담당
시설관리팀	사회복지관, 생활시설 등 사회복지시설 관리
복지지원팀	자원봉사 등 민간자원 동원, 연계, 조정업무

복지서비스과	대상자별 사회복지서비스 업무 담당
노인복지팀	노인복지 서비스 담당
장애인복지팀	장애인 복지 서비스 담당
아동청소년팀	아동 청소년 서비스 담당
가족복지팀	가족복지 서비스 담당
여성복지팀	여성복지 서비스 담당
방문서비스팀	초기상담 및 방문 상담 담당
지역복지정책팀	지역복지계획 수립 등 지역복지정책 전반 담당
상담 · 서비스연계팀	Intake 상담 및 사무소 내외 자원과의 연결 담당

그림 7.5 사회복지사무소(A형-대도시 형) 구조표

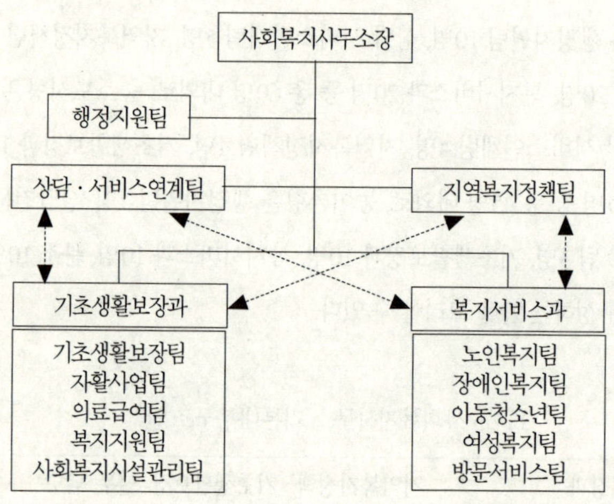

그림 7.6 사회복지사무소(B형-중소도시 형) 구조표

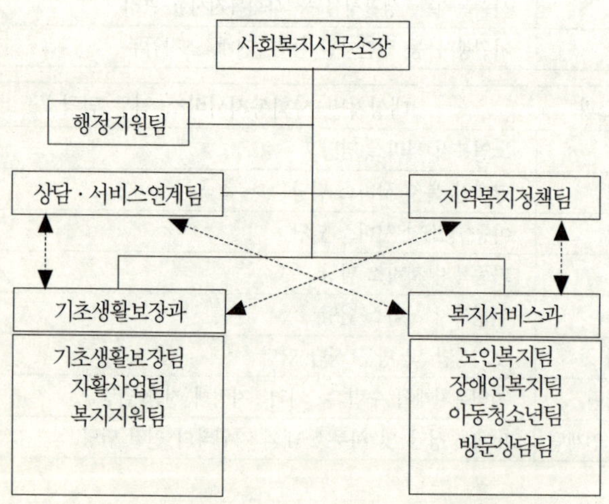

그림 7.7 사회복지사무소(C형-농어촌/보건복지시설 有형) 구조표

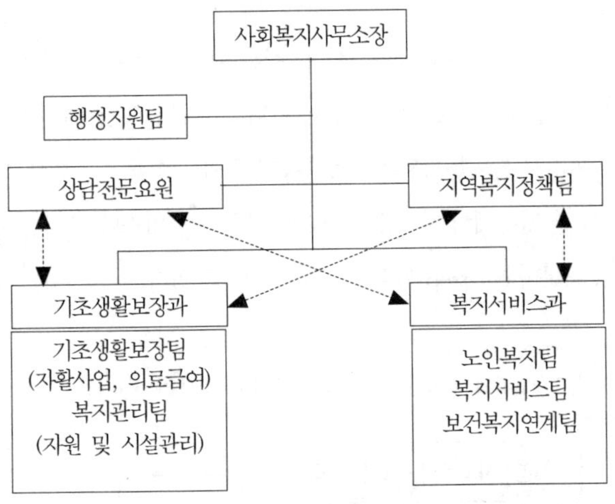

그림 7.8 사회복지사무소(D형-농어촌/복지시설 부족형) 구조표

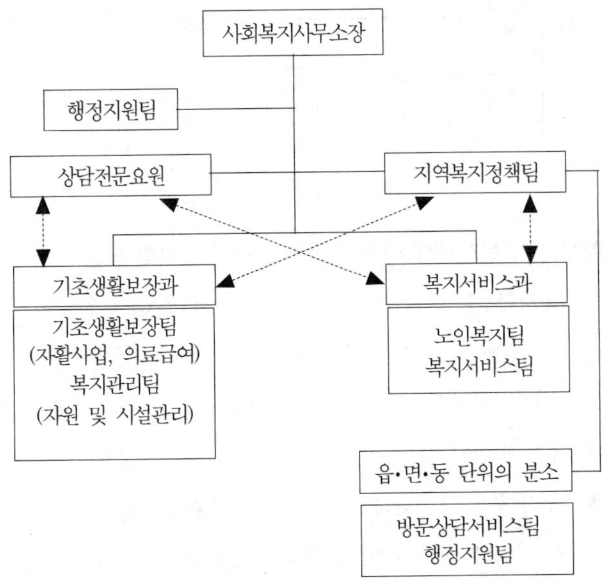

5. 사회복지사무소 업무 내용 및 전담인력의 역할

사회복지사무소는 기존의 사회복지업무를 이관하여 수행하는 동시에 추가적으로 사회복지서비스를 제공하고, 지역차원의 사회복지 자원을 조정·연계하는 역할을 수행한다. 여기서 사회복지사무소로의 통합적 업무 수행이 중요한 것은 서비스의 이용자들이 한 기관에서 자신에게 필요한 다양한 서비스와 급여를 한꺼번에 해결할 수 있는, 이른바 one-stop 서비스를 제공하는 데 있다.

그림 7.9 CT에 대한 one-stop service와 사례관리의 흐름도

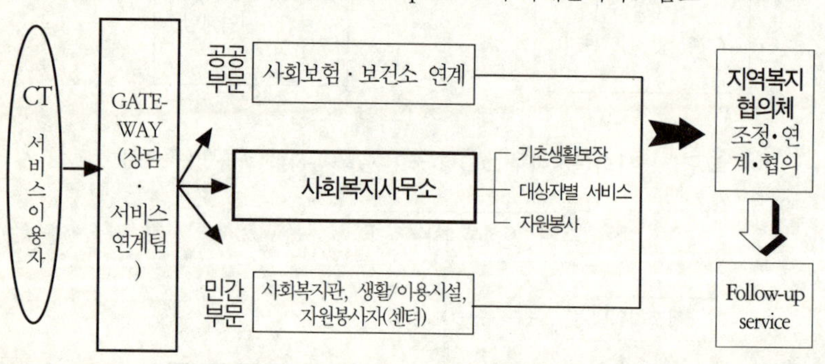

(1) 복지행정업무, 복지서비스업무(행정가와 전문가 역할 담당)

지방의 공공복지업무는 현금급여 중심의 복지행정업무와 현물급여 중심의 복지서비스업무를 동시에 담당해야 한다. 복지서비스업무의 경우 지역복지협의체를 통해 사회복지관 등 민간사회복지기관과의 공식적 업무 연계를 가져야 한다.

지역단위에서 공공-민간, 복지-보건-고용-문화-기업 등 공동체가 형성되어 지역의 복지문제를 해결해 갈 수 있도록 지역단위 복지관련협의체(network)의 구축 기반을 마련해야 할 것이다. 이는 관련기관간 협력으로 지역단위의 복지자원 활용을

효율화하고, 복지수요에 기반한 종합적인 서비스제공 계획 수립, 지역자원 동원 배분, 연계서비스 제공이 이루어지도록 하는 것이다. 이 때 민간자원이 풍부한 도시지역에서는 민간부문에서, 복지자원이 취약한 농촌지역에서는 공공부문에서 모임의 동력을 부여하며 주도할 수 있도록 지역 특성이 반영된 모형 및 역할을 개발할 필요가 있다. 이러한 지역단위 협력체계 구성에 기관의 자발적 참여가 활성화되도록 각종 기관평가제도 및 예산지원 등 인센티브의 제도화 방안을 마련하며, 협의체 구성을 위한 법적 근거가 마련되도록 해야 할 것이다. 한편, 이를 통해 복지정책의 기획-집행-평가과정에 주민의 참여가 경로가 확보되도록 할 수 있을 것이다(강혜규, 2003).

(2) 국민기초생활업무, 자활업무 등 공공부조 업무 중심

사회복지사무소의 일차적 과제는 기초생활보장 대상자, 자활 대상자 방문, 발굴, 선정, 급여 관리 등 기초법 수급자들에 대한 사례관리 역할을 하는 것이다. 재산기준, 부양의무자 기준 등의 현실화를 통한 기초법 수급자들의 확대, 차상위계층에 대한 부분급여제도의 도입 등에 따른 기초법 관련 업무의 확대가 예상된다. 나아가 자활사업의 차상위계층으로의 확대와 사회적 일자리의 제도화 등의 변화는 자활업무의 확대로 이어질 것이며, 이러한 변화들은 향후 공공부조 업무의 대폭적인 확대를 가져올 것이다.

(3) 노인, 장애인, 아동 등 대인서비스업무

공공부조 업무뿐만 아니라 인구 고령화, 가족 해체 등 새롭게 확대되고 있는 대인서비스 영역 업무 역시 사회복지사무소의 주요 담당 업무가 된다. 대인서비스 영역의 경우도 노인, 장애인, 아동, 청소년, 가족복지 서비스 등 시간이 지날수록 업무의 확대가 예상된다. 급속한 인구 고령화는 거동 가능한 노인들에게는 일자리 제공과 문화여가프로그램 마련의 과제를, 거동이 어려운 노인들에게는 장기요양보험 등 요양제도의 제공이 요구된다. 건전 가정 육성을 위한 각종 프로그램, 보육, 아동/청소년, 장애인 복지 영역에서도 지속적인 업무의 확대가 예상되고 있다.

(4) 지역복지 기획, 연계, 민간기관 관리 기능

사회복지사무소의 설립은 그 동안 필요성에도 불구하고 현실적으로 그 적용이 어렵던 지역단위 복지사업 기획은 물론이고 복지, 보건, 고용 등과의 연계 그리고 민간기관 관리를 가능하게 한다. 특히 2003년 6월 사회복지사업법 개정을 통해 지역단위 복지계획 수립이 법제화된 것은 지역차원에서 이러한 사업의 중요성을 확인할 수 있는 계기가 된다. 공공과 민간기관과의 연계 및 민간기관 관리 등의 업무는 사회복지사무소를 중심으로 '지역복지협의체 프로그램'을 통해 가능할 것이다.

(5) 복지서비스와 보건, 고용 서비스간 연계 필요

사회복지사무소에서는 그 동안 분산되어 제공되던 복지 서비스간 통합 및 연계는 기본이고 복지와 보건, 고용서비스간 연계를 통해 수요자 입장에서는 원 스탑 서비스 제공이 가능해야 한다. 사회복지사무소를 출발점으로 해서 여러 기간들의 다양한 서비스들이 연계, 조정될 수 있을 것이다. 예를 들어 수급자의 경우, 사회복지사무소에서 사회복지전담공무원과의 초기상담과 지역복지협의체 사례회의를 거쳐, 사례관리자(사회복지전담공무원, 사회복지관 사회복시사, 고용안정센터 고용상담원 등)를 통해 필요한 지원기관(사회복지사무소, 사회복지관, 고용안정센터)을 소개받게 되며, 지속적인 사례관리를 받게 될 것이다.

(6) 사회복지 전담인력의 역할

먼저 전문적 행정가로서 사례관리자의 역할이 필요할 것이다. 먼저 사회복지 수요자 관리는 기본이고 다양한 공급자 관리의 기능까지 담당해야 한다. 사례관리자의 역할을 수행할 때 대상자 선정 - 서비스 제공 - 서비스 연계/조정 등 서비스 이용자의 복합적 욕구를 고려해야 한다.

사회복지사무소의 사회복지 전담인력이 사례관리자로서의 역할을 수행한다고 할 때, 구체적인 업무의 영역과 역할은 다음과 같이 구상해 볼 수 있다.

① 복지 대상자에 대한 종합적인 계획수립
② 복지 서비스 조직 및 주용 영역들에 대한 정보의 수립
③ 욕구에 관한 정보와 욕구충족을 위하여 제공되고 있는 서비스 현황 파악
④ 실행되고 있는 서비스와 사회적 지지활동의 영향 및 적절성에 대한 환류
⑤ 누락된 대상자들에 대한 서비스 획득 촉진
⑥ 사회적 망 구성원들의 지지와 서비스 제공 촉진
⑦ 지역사회 내의 복지서비스와의 연계
⑧ 서비스 중복 및 누락에 관한 조정

6. 사회복지사무소 인력 구성 및 추계

1) 사회복지 사무소의 인력 구성

앞에서의 논의를 토대로 할 때 사회복지 사무소의 인력 구성은 다음의 몇 가지 원칙에 의해 이루어져야 한다.

첫째, 현재의 사회복지 인력의 절대적 부족을 충원해야 한다.

둘째, 서비스 제공 및 사례관리자의 전문역할을 보다 충실히 수행할 수 있는 기

반과 여건을 마련해야 한다.

셋째, 지역사회 내의 민간과의 파트너십을 구성하고 이를 적극 이용하여 보다 효율적인 자원 활용이 가능하도록 구성해야 한다.

마지막으로 무엇보다도 모든 시민이 보다 친근하게 접근할 수 있는 조직환경과 이용할 서비스가 풍부한 복지서비스 체계, 즉 지역별, 서비스 종류별로 "어디서나 한번의 방문으로(any-stop, one-stop system)" 원하는 바를 해결할 수 있는 복지전달 체계를 만드는 것이 중요하다.

이에 따라 기존의 업무를 대상별, 서비스별로 구분하여 팀별 사례관리를 추구하는 동시에 one-stop service 제공을 위한 별도의 상담·서비스연계팀, 그리고 지역차원의 사회복지 자원을 조정·연계할 수 있는 지역복지정책·조정팀 등이 필요하다.

□ 상담·서비스 연계팀: 사회복지사무소의 gate-way로서 one-stop service가 이루어질 수 있도록 in-take 상담, 복지사무소의 업무에 대한 안내, 고용부문 서비스 및 사회보험 서비스 기관 등으로의 안내 및 의뢰 등의 업무를 수행한다.

□ 지역복지정책팀: 지역복지계획을 수립하고 지역복지협의체에 주도적으로 참여하여 복지사무소 내에서 공급되지 못하는 자원의 발굴과 연계를 도모한다.

□ 기초생활보장과: 기존의 사회복지전담공무원의 기본 업무를 전담하며 기초생활보장 프로그램의 수급자 선정과 급여지급, 사후관리, 사회복지관·생활시설 등의 사회복지시설 관리, 자원봉사 등 민간자원 동원·연계 등을 전담한다.

□ 복지서비스과: 기초생활수급권자 이외의 대상자별 사회복지서비스를 담당하며, 지역 내의 사회복지서비스와의 연계·의뢰 등을 담당한다. 복지서비스과의 각 팀은 대상자들에 대한 사례관리 차원의 자원동원·연계·상담서비스 제공 등을 주로 수행하는 역할이다.

이러한 조직 구성은 기본적으로 서비스 대상자들이 다양하게 있고, 지역 내의 사회복지 자원들이 어느 정도 존재하는 도시형을 기준으로 구성한 것이다. 지역의 인구밀도가 낮고 사회복지 자원이 희박한 농촌의 경우는 서비스 연계보다는 직접적 서비스의 제공 및 안내를 위한 지역분소의 필요성이 높다. 또한 지역 인구의 고령화로 인해 자활사업 제공의 범위가 협소하므로 사회복지사무소를 48개 읍·면·동 당 한 개씩 설치하는 대신 분소를 설치하여 노인들에 대한 방문서비스를 보다 원활하게 하는 것으로 구성하는 것이 바람직하다.

각 팀과 과에 필요한 인력은 각 지역의 상황과 대상자 구성 현황에 맞추어 조정할 필요가 있다. 아직까지는 공공복지 부문에서 사례관리를 체계적으로 도입한 경험이 없어서 인력구성에 필요한 욕구 추정이 어려운 실정이다. 사례관리 수준의 대상자 관리에 필요한 시간과 case-load를 시범사업을 통해 가능한 정확히 계산해야만 불필요한 자원 소비를 막고 적절한 인력을 효율적으로 운영할 수 있을 것이다.

1992년 사회복지사무소 모형개발 때 썼던 방식으로 전국적인 수준에서의 필요 인력을 대략 추산해보면,

□ 총복지대상수(3,360,600)×4＝13,442,400(case)
□ 전문요원이 1년에 상담할 수 있는 case는 696 case
□ 총필요인력＝대상자/1인당 가능 case＝19,313명

이를 현재의 시·군·구 수 232로 나누면 83명 정도가 나오는데 총복지대상자에는 현재의 기초생활보장수급권자, 경로연금대상자, 등록장애인, 차상위계층 등을 모두 포함했을 경우의 수치로 1단계로 수급권자를 중심으로 하고, 2단계로 차상위계층, 3단계로 일반 아동·여성·노인·장애인 등의 취약가능계층 등으로 범위를 확대한다면 1단계의 역할을 주로 수행할 경우 사무소 1개소 당 약 40여 명의 인

력이 필요할 것으로 추산되고, 2단계 60여 명, 3단계 80여 명 등으로 점차 인력과 서비스 범위를 확대시켜 나갈 필요가 있다.

2) 사회복지 사무소의 설치

사회복지사무소의 설치는 인구 510만 명당 1개소를 설치하고, 농촌지역의 경우 군 단위에 사회복지사무소를, 읍·면·동에 분소를 설치하는 것이 타당하다. 인구 10만 명 이상의 시·군·구에 A/B형을 1개소 설치하고, 인구 50만 명 이상의 시에는 2개소를 설치할 경우 총 156개소의 A/B형 사회복지사무소가 필요하고, 인구 10만 명 미만의 79개 군에는 인구학적 조건 및 사회복지 서비스 대상자들의 현황에 따라 C형 또는 D형의 사회복지사무소를 설치한다.

표 7.13 지방자치단체의 현황 (2002. 3. 1. 현재)

구 분	시	군	자치구	일반구	읍	면	동	통	리	반
계	74	89	69	19	205	1,217	2,097	57,256	35,302	465,556
특별시	-	-	25	-	-	-	522	13,844	-	103,448
광역시	-	5	44	-	10	36	668	18,344	922	105,371
도	74	84	-	19	195	1,181	907	25,068	34,380	256,737

☐ 시 (74개)

50만 명 이상	30 ~ 50만 명	10 ~ 30만 명	10만 명 미만
10	13	44	7

☐ 군(89개)

10 - 20만 명	5 - 10만 명	3 - 5만 명	3만 명 미만
10	48	26	5

※ 2002년도 행정자치부 백서(2003)

7. 사회복지사무소 설치시 기대효과 및 전략적 고려

(1) 초기 상담과정을 전문화할 수 있다.

현재의 체계 내에서는 업무 역할 분담이나 조직체계 상 초기 상담이 부실하게 이루어질 수밖에 없다. 그러나 사회복지 서비스 제공의 일차 관문인 초기 상담의 실패는 서비스 효과의 제공에 부정적인 영향을 미친다. 사회복지사무소 설치를 통해 초기상담 팀을 두게 될 경우 사회복지사무소를 찾는 사람들은 누구나 전문적 초기상담을 통해 적절한 서비스를 제공받을 수 있게 될 것이다.

(2) 사례관리시스템의 도입이 가능해진다.

지역사회 내 다양한 복지자원에 대한 관리와 초기상담을 통한 복지수요의 파악은 지속적인 사례관리시스템의 운용을 가능하게 할 것이다. 사례관리시스템의 도입은 서비스의 중복, 누락의 방지는 물론이고 서비스의 효과성을 높여줄 것이다.

(3) 다양한 지역사회 자원 활용이 가능해진다.

사회복지사무소를 통한 지역복지계획의 수립, 지역사회복지협의체의 실질화 등은 보건소, 고용안정센터 등 공공기관은 물론이고 사회복지관, 장애인복지관, 노인복지관 등 지역사회 내 복지시설, 종교시설, 지역민간단체 등 다양한 지역사회 내 자원 활용을 가능하게 할 것이다. 이러한 자원 활용의 증가는 지역사회에서 사회복지이슈의 제기를 활발하게 하여, 나눔을 실천할 수 있는 지역사회의 변화도 가능하게 할 것이다.

(4) 복지-고용-보건의 서비스 연계/조정이 가능해진다.

사회복지사무소의 설립은 그 동안 별개의 조직에서 분산적으로 제공되던 복지

서비스, 고용서비스, 보건서비스 등을 수요자입장에서 통합적으로 제공될 수 있을 것이다. 사회복지사무소는 다양한 서비스들이 연계/조정되는 일차 관문 역할을 할 수 있을 것이다.

사회복지사무소의 설치는 전국적으로 일시에 설치할 것이 아니라, 대도시, 중소도시, 농어촌 등 유형에 따른 시범사업을 통해 효과를 검증하고 사회복지사무소 운영에 따른 문제점 점검이 필요할 것이다. 시범사업의 성공을 위해서는 시범사업이 이루어지는 해당 지방자치단체의 준비정도와 적성이 고려되어야 하며(시범사업 공모제 등), 보건복지부 차원의 지속적인 관리와 행정자치부, 광역지방자치단체 등의 적극적인 협조체제가 전제되어야 한다. 그리고 사회복지사무소의 설치는 그 동안 지역사회에서 사회복지서비스 제공의 핵심 역할을 담당해 왔던 사회복지관 등 민간 사회복지기관들과의 역할 조정 문제를 가져올 것이다. 민간기관과의 관계 설정문제는 시범사업을 통해 조정되어야 할 것이다.

(2003년 작성)

참고문헌

강혜규(2003), "사회복지전달체계의 현안과 개선과제", 한국사회복지학회『한국사회복지학회춘계학술대회자료집』

근로복지공단(2000). 미국의 근로복지제도. 근로복지공단.

김승택(2001). 사회안전망의 국제비교연구(1): 영국. 한국노동연구원.

김은지(2002), "일본 재정개혁의 실태와 전망-사회보장개혁을 중심으로", 『세계경제』 2002년 8월호.

김진학(2003), "사회복지사무소 설치 방안", 한국지역사회복지학회, 『2003년 춘계학술대회자료집』

노대명(2002), "자활지원사업 제도 개선에 관한 고찰", 미간행 발표문.

박경숙 · 강혜규(1992)『사회복지사무소 모형개발연구』, 한국보건사회연구원.

박경숙(1996). "사회복지전문요원과 복지관, 보건소의 서비스 연계에 영향을 미치는 요인들". 한국사회복지학 30. 48-76.

박능후(1999). "국민기초생활보장법과 근로연계복지정책". 보건복지포럼. 10월호 .서울:한국보건사회연구원

방성수 · 김한양(2002), "일본 자치단체의 복지행정 역할 정립에 관한 연구", 『한국복지행정학회』 제 12권 제 2호.

변용찬 외(2002),『장애인자립을 위한 장애인 복지정책의 현황과 중 · 장기 발전방안』, 한국보건사회연구원

변재관 외(2000), 참여형 지역복지 체계론, 나눔의 집.

변재관(1997), "일본의 신골드플랜과 그 시사점", 『보건복지포럼』 제 10호.

변재관(2000), "일본 지역공공복지전달체계의 전개과정 및 향후 전망", 2000년 한국사회복지학회 춘계학술대회 발표자료집.

변재관, 이견직, 정윤수(2001),『보건복지 행정조직의 발전방안 연구』, 한국보건사회연구원.

보건복지부(2003), "사회복지사무소 설치안", 내부자료.

심재호(1997), "일본의 복지관계 8법 개정과 공적 사회복지전달체계의 변화", 사회복지정책 제 5집, 한국사회복지정책학회.

심재호(1999), "일본의 사회보장 위기와 구조개혁", 한국사회과학연구소 사회복지연구실(편),

세계의 사회복지, 인간과 복지.

심재호(2003), "지역보건복지 전달체계 구축에 관한 연구 : 사회복지사무소를 중심으로", 비판과 대 안을 위한 사회복지학회, 『2003년도 춘계학술대회』.

오오토모 노부까쯔(2003), "전후 일본의 사회복지 정책에서 보는 중앙정부와 지방정부의 역할 변화", 2003년 한국사회복지학회 춘계학술대회 발표자료집.

원영희(2001). "미국의 노인복지 행정체계". 21세기 고령화사회 노인복지 행정체계 개선방안. 전국노인복지단체연합회 정책토론회.

윤혜미(1996). 지역사회단위 사회복지 이용시설 종합화 방안. 한국보건사회연구원.

윤혜미(2000). "미국의 복지개혁과 공공부문 사회복지사의 역할 변화: 공적부조서비스를 중심 으로". 한국사회복지학회 2000년 춘계학술대회 발표문.

이영찬(1998), 『영국의 복지정책』, 나남.

이재완(2003), "사회복지사무소 설치방안 토론문", 한국지역사회복지학회, 『2003년 춘계학술 대회자료집』

이인재(2002), "공공부문의 복지정보화", 『복지동향 45호』, 참여연대 사회복지위원회.

이인재(2003), "보건복지분야 중앙행정체계 개편에 관한 연구", 비판과 대안을 위한 사회복지 학회, 『2003년도 춘계학술대회』.

이창호(1990). "한국 사회사업의 정체성의 위기와 과제". 사회복지연구 제 2호. 서울:한국사회 복지연구회. 95-119.

이현송 · 강혜규(1997), 『시범보건복지사무소의 운영평가 및 개선방안』, 한국보건사회연구원.

이현주(2003), 지역사회복지협의체의 의미와 적용방안 모색, 비판과 대안을 위한 사회복지학 회, 『2003년도 춘계학술대회』.

임승빈(2000), "일본의 행정 시스템 개혁의 변천", 일본연구논총, 현대일본학회.

장창엽(2001), "장애인 고용정책의 현황과 과제", 직급별 기본교육 교재(Ⅰ), 성남: 한국장애인 고용촉진공단.

정영순 · 이은정(2002), "국민기초생활보장제도의 근로유인 방안 연구: 영국이 주는 시사점", 사회보장연구 제 18권 2호, 한국사회보장학회.

정영철 외(2002), 『보건복지 부문별 지식정보화 전략계획』, 보건복지부 · 한국보건사회연구원

최무현(2002), 한국의 장애인 고용정책 과정에 관한 연구: 장애인고용촉진 및 직업재활법 개정 과정을 중심으로, 2002년도 한국정책학회 하계학술대회 자료집.

한국장애인고용촉진공단(2001), 『2000년도 장애인근로자 실태조사』, 성남: 한국장애인고용 촉진공단.

홍경준(2002), "한국 빈곤정책의 변화와 향후과제-자활지원사업을 중심으로", 사회보장연구

제18권 제1호, 한국사회보장학회.

황덕순 외(2002), 근로연계 복지정책의 국제비교, 한국노동연구원.

황덕순(2003). 사회안전망체계의 국제비교연구(II): 미국. 한국노동연구원.

LG-EDS 시스템 · 한국발전전략연구원(1999), 『보건복지부 경영진단보고서』.

Mead, L.(2001), "Implementing work requirements in Wisconsin", Institute for Research on Poverty Discussion Paper, No. 1231-01.

Nathan, R.(1993), Turning Promises into Performance ; The Management Challenge of Implementing Workfare, Columbia University press.

http://www.dwp.gov.uk

http://www.hhs.gov.

http://www.mhlw.go.jp

http://www.ssa.gov

http://www.jobcentreplus.gov.uk

제8장
지역사회 자활사업의 동향과 과제

1. 들어가는 글

국민기초생활보장법의 등장은 그 동안 인구학적 기준에 의거하여 선정되던 대상자를 소득 및 재산 기준만으로 수급자를 선정하게 됨으로서 수급자들의 권리성을 강화하는 결과를 가져왔으나 동시에 근로 가능한 연령층의 근로 참가(자활급여)를 조건으로 생계급여를 제공하는 제도적 변화(조건부 수급자)를 동시에 초래하였다.

자활사업은 저소득 실업자에 대한 정책적 목표와 지역사회 내 축적된 현장의 경험이 잘 조응할 수 있을 것이란 기대를 안고 있었다. 자활제도의 구상에는 그 동안 제도권 밖에서 전개된 민간운동, 특히 빈민지역운동의 경험이 제도화의 텍스트가 되었다(신명호 · 김홍일, 2002). 1970년-1980년대의 빈민지역운동(저소득지역 주민운동)은 '주민이 주체가 되어 문제를 해결하는 사회운동' 의 성격을 띠었으며 궁극적으로 지역주민들의 공동체적 삶의 형성을 지향하였다. 제도가 해결해주지 못하는 빈민들의 모든 문제에 대하여 빈민지역운동은 재개발 반대 투쟁, 생협, 탁아방, 공부방 운영 등을 통해 스스로 해결책을 찾으려 노력했던 것이다. 빈민지역운동이 전개한 다양한 프로그램 중의 하나가 생산공동체운동이다. 생산공동체는 도시빈민이 안고 있는 다양한 문제들 가운데 생산 영역의 문제, 즉 직업과 소득의 불안정이라는 문제를 해결하기 위해 생겨난 자구적인 시도였다. 이들은 한결같이 시장에서의 성공을 목표로 하고 있었고, 어느 정도는 그럴 가능성을 갖고 있었다.[51]

빈곤층의 생산공동체운동은 1997년 경제위기로 인한 대량실업을 맞이하여 새로운 전기를 맞게 되었다. 1998년 정부는 저소득 실업자를 위한 생계보조와 한시적 일자리 제공을 위하여 공공근로사업을 실시했다. 그동안 생산공동체운동을 해오던 주체들과 전국의 실업단체들은 경제회복이 이루어지더라도 노동시장 복귀가 어려운 40-50대 공공근로 참여자와 장기실업자들을 위한 경쟁으로부터 보호받는 '사회적 일자리'의 필요성을 강조하였다. 이러한 상황에서 2000년 제정된 국민기초생활보장법은 노동 능력이 있는 취약계층에게도 자활지원사업 참여를 전제로 생계비를 지원하는 자활지원정책이 제도화되었다. 최초에는 장기실업자들의 자활에 집중되었던 문제의식이 기초법의 틀에 맞추어 생계급여를 필요로 하는 조건부 수급자의 자활로 정책의 대상과 방향이 전환된 것이다.[52]

---

51) 도시 빈민지역에서의 생산공동체운동은 1970년대 초반 '수도권특수선교위원회'가 진행한 빈민선교와 1970년대 중반부터 시작된 산업선교활동에 그 뿌리를 두고 있다. 1990년대 들어 생산공동체운동은 본격화된다. 이 때 생산공동체운동의 궁극적 관심은 '의식화'와 '조직화'를 통한 역량강화(empowerment)였다. 활동가들은 열악한 노동조건과 불합리한 하청구조에서 오는 경제적 불이익을 극복하는 동시에 민주적인 의식과 공동체적인 품성을 발전시켜 나갈 수 있는 대안적 틀로서 생산공동체에 주목했던 것이다. 모든 생산공동체는 성공적인 시장 진입을 목표로 하고 있었으며, 주요 업종은 봉제, 건축일, 단순조립작업 등이었다. 빈민지역의 자주적인 생산공동체운동은 1993년 한국개발연구원(KDI)의 연구에 소개되었고, 1995년 한국보건사회연구원의 정책연구를 거쳐 1996년 5개의 자활지원센터로 제도화되었다. 자활지원센터는 1999년 20개소로 늘어났으며 저소득 취약계층에게 취업과 자활의 기회를 제공하는 역할을 담당하였다. 자활지원센터 시기는 체계적인 사업개발 노력의 미비로 사업 아이템은 일정 수준 이상으로 다양화되지는 못했으나, 사업의 자율성의 면에서 보면, 운영 당사자들에게 많은 자율권이 주어지고 선택의 폭도 열려 있었다. 무엇보다 참여자의 범위를 자율적으로 결정할 수 있었던 것이 장점이었다.

52) 기초법이라는 새로운 틀에서 과거 생활보호법 시절의 대상자의 자활을 도모하는 내용으로 제도의 틀이 갖추어지면서, 예상되는 문제에 대한 지적과 우려는 법 제정 초기부터 제기되었다. 노동시장 통합의 비전과 방법에 대한 고민이 결여되어 있다는 점, 자활지원 효과가 높은 차상위계층의 참여가 제한

현재 자활사업은 대상과 목표의 불일치, 기초법의 보충급여방식에 따른 근로동기부여의 어려움 그리고 자활프로그램, 자활경로의 단순화 문제 그리고 자활후견기관 운영에 대한 자활 현장의 혼선 등 다양한 문제가 노출되고 있다. 본 글에서는 생산공동체운동의 전통을 일정정도 계승하고 있으며, 제도화 초기의 어려움에 더하여 다양한 문제점을 지닌 현재의 자활사업 동향에 대한 분석을 통해 자활사업의 근로연계복지제도로서의 발전을 위한 과제를 제시하였다.

2. 자활지원사업의 동향

2002년 8월 말 현재 자활사업에 참여하고 있는 사람은 총 4만 4천 명으로 이는 전체 기초생활수급자의 2.4%, 근로능력이 있는 수급자의 12% 수준이며 이들이 참여하고 있는 자활사업은 보건복지부 자활사업인 자활근로, 자활공동체, 지역봉사, 재활프로그램53)과 노동부 자활사업인 취업알선, 직업훈련, 자활인턴, 공공근로 등이다. 전체 기초생활 수급자와 차상위계층(가구 소득 최저생계비 120% 미만인 경

적이라는 점, 동일한 제도 안에서 겪게될 최저생계 보호와 자활지원의 상충 문제, 생계형 수급권자로 고착되는 것을 방지하고 이들을 밀어내는 데 제도의 관심이 집중되어 있다는 점, '일거리'에서 '일자리'로 이행되는 과정에 대한 공급 측면에서의 고민이 부족하다는 점, 적극적 의미의 자활지원이 최저생계보호제도의 틀 안에 놓이게 될 때 생길 수 있는 한계들이 지적되었다(신명호 · 김홍일, 2001).

53) 자활근로는 취로형과 업그레이드(Up-grade)형으로 나뉘는데 주로 지자체가 수행하는 취로형 자활근로는 과거 취로사업이나 단순노무형 공공근로에 준하는 정도의 사업내용으로 운영되고 있으며 업그레이드형 자활근로는 주로 자활후견기관 등 민간단체들에 위탁되어 수행되는데 일자리 창출과 시장진입을 통한 경제적 자립을 목표로 운영된다. 자활공동체는 자활근로를 탈피하여 참여자들이 생산한 상품과 서비스를 판매하여 스스로 소득을 창출하는 사업단을 의미한다. 지자체 자원봉사센터나 사회복지관의 재가복지봉사센터 등이 수행하고 있는 지역봉사는 건강상태가 미약한 비취업대상자를 대상으로 하는 노동강도가 매우 낮은 사업으로서 저소득 가구를 대상으로 하는 간단한 복지서비스(독거 노인 목욕서비스 보조, 무료 도시락 배달, 등 · 하교 교통지도봉사 등), 지역 내 거리 청소 등 환경정비활동 등을 수행한다. 재활사업은 알코올남용 및 우울증 등 정신건강상의 요인으로 자활의지가 현저히 낮은 상태에 있는 수급자를 대상으로 사례관리, 다양한 집단프로그램 등을 실시한다.

우)의 자활사업 참여 체계와 규모, 그리고 자활사업별 참여자 현황은 다음 표 8.1과 같다. 본 장에서는 업그레이드 자활근로와 자활공동체, 전국 표준화자활사업 그리고 자활전달체계를 중심으로 자활사업의 동향을 살펴보았다.

표 8.1 자활 사업별 참여자 현황　(단위: 천 명)

계	복지부						노동부
	소계	자활 공동체	자활근로			지역봉사, 재활 등	
			소계	업그레이드형	취로형		
44	41	1	37	10	27	3	3

(복지부 내부 자료)

　자활사업 참여자는 크게 의무참여자와 희망참여자로 나누어진다. 의무참여자는 근로능력이 있는 수급자 중 현재 취업 상태에 있는 자와 가구여건 등으로 조건부과에서 제외된 사람들을 제외한 나머지가 기본대상이 되며 이들은 '자활사업에 참여하는 조건으로 생계급여를 받는 자'(법 9조 5항, 조건부수급자)로 분류된다. 희망참여자들은 일반수급자 및 차상위계층 중에서 자활사업에 참여를 희망하는 사람들이 해당하고, 이와는 별도로 자활사업에 참여해서 발생한 소득으로 인하여 가구소득평가액이 최저생계비를 초과하게 되면 모든 급여를 중지시키는 대신 자활사업에 참여할 수 있는 최우선 자격을 부여받는 이른바 '자활특례자'들이 있다.

　업그레이드형 자활근로 및 자활공동체가 활동하고 있는 주요업종은 서비스와 제조업으로 간병, 청소, 집수리, 폐자원 수거 및 재활용, 세차, 식품제조 및 판매, 봉제 등의 사업이 활성화되어 있는 편이며 공예품 제작, 출판인쇄, 수생 정수식물 재배, 택배, 생태가이드 등 지역특성을 고려한 새로운 사업 아이템들이 개발되고 있는 추세다.

1) 업그레이드형 자활근로와 자활공동체

업그레이드형 자활근로는 한시적 일자리 제공을 목적으로 단순노무를 했던 공공근로사업 및 근로의욕 유지를 목표로 하는 취로형 자활근로와는 달리 사업참여자들의 자활의욕 고취와 노동능력 제고에 필요한 제반 교육·훈련을 연계하여 자활공동체 설립을 준비하는 과정으로서, 사업의 특성에 따라 '시장형'과 '공익형'으로 분류된다. 시장에서 일반적으로 거래되는 상품이나 서비스를 생산·판매하는 사업들이 있는가 하면 취약계층을 위한 무료간병·가사지원·집수리 서비스와 같이 수익이 발생하지 않는 공익적 사업영역도 있어 2002년부터는 업그레이드형 자활근로를 '시장형 사업'과 '공익형 사업'으로 구분하여 사업특성에 맞는 자활근로 지원체계를 마련하게 된 것이다(보건복지부, 2001). 2002년 9월말 현재 자활근로 업그레이드 사업단은 약 1천 개의 사업에 약 1만 명이 참여하고 있으며, 시장형 사업단이 약 400여 개, 공익형 사업단이 약 600여 개로 구성되어 있다. 수익구조는 매우 열악하여, 매출총액이 투입비용에 이르지 못하고 있다.

자활후견기관 자활사업에 참여하는 대상자는 조건부 수급자뿐만 아니라 일반 수급자와 소득이 최저생계비의 120%미만인 차상위계층, 기타 저소득계층의 참여가 가능하며 업그레이드형 자활근로의 경우 참여인원의 40% 이내에서 차상위계층이 참여할 수 있다.[54]

---

54) 업그레이드형 자활근로의 민간위탁은 자활근로 예산 등이 포함된 해당연도 '지역자활지원계획'에 의거하여 배정되는데 수탁기관의 객관적인 선정을 위해, 지자체(국민기초생활보장기관)와 고용안정센터 및 자활후견기관 등 공공·민간 자활관련 기관, 사회복지관과 사회종교단체 등으로 구성된 지역'자활기관협의체'에서 선정기준을 마련하고 심사하여 시·군·구에서 최종적으로 결정한다. 이렇게 해서 사업이 확정되고 참여자들이 확정되면 읍·면·동에서 각 기관으로 비취업대상자가 의뢰되고 자활후견기관 등 민간단체들도 참여자들을 발굴하여 정해진 시기에 사업을 개시하게 된다.

　새로운 자활근로 사업단이 구성되거나 처음 자활후견기관 사업에 참여하게 되는 사람들의 경우에는 초기에 일종의 적응과정을 거치게 되는데 보통 수일이나 수주간 자활사업에 대한 이해와 인간관계훈련이나 공동체문화 프로그램 등 인성교육을 실시하며 이러한 교육은 근로에 참여한 이후에도 내 자활공동체는 자활근로 참여에 대해 국가가 지급하는 '자활근로 임금'이 아니라 참여자들이 생산한 상품과 서비스를 판매하여 생기는 사업수익금에 의해 소득을 창출하는 방식으로 운영되는 사업단을 의미한다. 즉 일정하게 기업적 틀을 갖춘 상태인데 2002년 9월 말 현재 112개의 자활후견기관이 196개의 자활공동체를 운영하고 있으며, 여기에 참여하는 수급자 및 차상위층은 1,216명에 이르고 있다(2003년 9월 현재 자활후견기관은 209개소로 확장되었다). 그리고 전체 자활공동체가 참여자에게 지급한 월 평균급여는 1인당 61만 4천 원 수준이다.

자활공동체 사업을 통해 가구별 최저생계비를 넘는 소득을 얻게 되면 경제적 의미에서의 '자활' 상태에 이른 것으로 판정되어 수급권에서 벗어나 생계 · 의료 · 교육 · 주거급여 지급이 중지된다. 자활공동체에 대한 지원기간은 사업초기 지속적인 지원의 필요성 때문에 자활공동체 설립 이후 2년(최대 3년까지 가능)으로 하고 있다. 자활공동체의 상당수는 차상위계층 및 일반 저소득계층 중심으로 설립되면서 점차 조건부 수급자들이 결합하는 방식으로 운영되어 왔으나 조건부 수급자들 중심의 업그레이드형 자활근로를 거쳐 설립된 경우가 차츰 늘어나고 있다.

자활공동체의 문제는 자활공동체 전환 이후의 전망이 불투명하며, 이에 대한 지원책도 미비하다는 점이다. 기초법에는 자활공동체에 대한 지방자치단체의 국공유지 우선 임대, 국가 또는 지자체가 실시하는 사업의 우선 위탁, 공동체 생산품의 우선 구매(법 제18조 3항)를 명문화하고 있으나, 이런 식의 지원을 받는 자활공동체는 극소수에 불과하다. 그리고 자활공동체를 통하여 기초법 수급 대상자에서 탈피하는 순간 의료급여, 주거급여, 교육급여 등 다양한 급여를 모두 받지 못하게 됨에 따라 얻는 것에 비해 잃는 것이 너무 많게 되어 자활공동체로의 전환을 꺼리게 된다.

용과 형식을 달리하여 실시하게 된다. 기능교육은 근로에 참여하면서 이루어지데 외부강사나 내부 기능인력을 활용하거나 노동부 직업훈련 프로그램 등 외부 교육프로그램을 이용하며 단위 사업단별 교육뿐만 아니라 광역 또는 전국 차원의 기능교육이 실시된다(서울 · 부산자활정보센터, 2002)

2) 전국 표준화사업

전국 표준화사업은 자활사업 초기단계에서 주요 자활사업들을 육성하기 위하여, 전국적으로 활성화되고 사업의 효과가 높을 것으로 예상되는 전략사업들을 집중적으로 지원하고 사업별로 효율적인 연계협력체계를 구축하는 것을 그 내용으로 한다. 전국 표준화사업은 대부분 공공근로 민간위탁을 통해 실험된 사업들이 발전되어 자활의 대표적 업종으로 정착된 사업이다. 공공영역으로서 제도화를 지향하는 사업으로는 무료 간병인사업이 있으며, 공공의 지원으로 출발하여 점진적인 시장진입을 지향하는 유형으로는 음식물쓰레기 재활용사업과 집수리사업이 대표적인 업종이다(김홍일, 2001). 현재 전국표준화자활사업으로 5대 영역이 선정되어 있다(서울자활정보센터, 2002). 현재 진행 중인 전국표준화사업 외에 지역사회 내 사회복지시설 증개축 사업, 공원시설물 정비공사 등 공익적 성격을 가진 '보호된 사회적 시장영역'을 확대해야 할 과제를 가지고 있다.

① 간병인사업

복지간병인사업은 1998년부터 서울, 대전지역 등에서 특별취로 사업으로 시작하여 1999년에는 공공근로 민간위탁사업형태로 발전되어 전국화된 사업이다. 2002년 6월 현재 전국적으로 136개 자활후견기관에서 1,768명이 활동중이다. 전체 사업 규모 중 유료서비스는 약 10%이며 나머지는 저소득층을 대상으로 무료서비스를 제공하는 공익형 자활근로로 이루어지고 있다. 유료서비스 영역인 시장형 자활근로 사업단 및 자활공동체는 대도시를 중심으로 도시지역에 집중되어 있다. 도·농 복합 및 농촌지역에서는 재가서비스, 무료서비스, 공익형 자활근로 중심으로 사업이 실시되고 있다. 공익형 자활근로는 수혜자 발굴 및 의뢰시 공식적 체계의 미비, 서비스 시간의 제한, 서비스 질 문제, 사업의 전망과 비전 수립의 어려움이 있다. 시장형 자활근로 및 자활공동체는 개별 자활후견기관 사업수행 체계로 인한 시장경쟁력 취약이 문제로 나타나고 있다. 공익형, 시장형 공동으로 체계적 간병도우미 양성과 관리 프로그램의 부재가 지적되고 있다.

② 집수리사업

2001년까지 약 100개 기관, 114개 사업단에서 822명이 참여하였으며, 이중 공동체는 약 10개에 30여명이 참여하였다. 대부분의 사업단의 사업 내용은 저소득가정 및 사회복지시설 무상 수리였으며, 사회복지공동모금회의 '사랑의 집 고치기' 사업을 비롯하여 일부 유료사업을 실시하고 있었다. 2002년 7월부터 자가가구에 대한 현물주거급여 부분실시를 계기로 집수리사업은 보호된 시장을 형성하게 되었다. 지역적 편차가 심해 농촌지역을 중심으로는 자활근로 참여자가 확대되는 추세에 있으나, 서울을 비롯한 대도시의 경우 물량 확보의 어려움을 겪고 있다. 2002년 현재 153개 사업단, 21개 공동체, 1,057명이 집수리사업에 종사하고 있다.

집수리 사업의 특성상 각 사업단별로 전 작업공정을 현장에서 지도하고 책임지는 기능인력이 요구되는 업종이나 현재 자활근로 단가는 시장가격의 1/3 수준에도 못 미치고 있어 기능인력 확보에 어려움이 크다. 전문 기능인력 확보 외에 민관협력 체계의 구축과 집수리 중점 교육체계의 마련이 요구되고 있다.

③ 폐자원 재활용사업

2002년 7월말 현재 전국적으로 93개의 사업단과 7개 공동체에서 740여명이 참여하고 있다. 현재 민간영역에서 담당하고 있는 고수입이 창출되는 폐자원 분야(고물상)가 아닌 폐컴퓨터와 잡병 분야가 주영역이다. 울산시 북구, 충남 천안시, 경기도 안산시, 서울시 강북구 등의 경우 지자체와 협력을 통한 폐자원사업이 추진되고 있다. 현재 '전국 지역별 대표자 회의'가 있으며 협회 사업위원회 산하에 '재활용기업추진위원회'가 구성되어 전국-권역-기초 단위별 전략수립과 중·장기 사업 계획서가 작성 중에 있다. 핵심 과제는 재활용기업을 통한 단일 물류체계 구축(권역별 물류센터 구축)과 보호된 일자리 창출을 위한 재활용 시설 설치와 관리에 관한 제도화가 요구되고 있다.[55]

④ 청소사업

2002년 8월 현재 94개 기관 104개 사업단과 11개 공동체에서 742명이 참여하고 있다. 학교, 공중화장실, 주민자치센터 등 공공시설을 중심으로 사업 영역이 확대되고 있다. 종합운동장, 실내체육관, 주민자치센터를 위탁받은 부천시 원미, 공용화장실을 위탁받은 울산시 동구, 수원의료원을 위탁받은 경기도 수원자활후견기관 등이 대표적인 사례가 된다. 경남의 경우 도지부 차원에서 도내 학교 화장실 청소 위탁 사업을 추진 중에 있다. 청소사업은 사업의 친환경적인 특성과 함께 적립금이 다른 사업단과 비교해서 더 많으며 상대적으로 공동체 설립도 활발하게 모색되고 있다. 대도시의 경우 고부가가치의 청소대행업(협동조합 방식으로 운영중인 '늘푸른 사람들'이 대표적이다)이 가능하나, 중소도시와 농촌의 경우 단순 관리와 청소를 담당하는 청소용역업 위주로 사업이 진행되고 있다. 기능교육체계의 정립과 안정적 일자리 확보를 위한 공공영역에서의 보호된 일자리의 제도화가 주요 과제이다.

⑤ 음식물 쓰레기 수거·재활용사업

음식물 쓰레기 수거·재활용사업은 1998년 성북자활후견기관에서 특별취로사업으로 시작하였다. 1999년 4월부터는 강북, 노원, 성북지역의 중·장년 실업자들

---

55) 재활용 시설 설치와 관리와 관한 조례가 있는 지자체로는 서울시 송파구가 유일하다. '서울시 송파구 고쳐쓰기센타의 설치 및 운영에 관한 조례'는 1995년 12월 5일 제정되었다.

의 새로운 일자리 창출을 목표로 서울북부실업자사업단에서 서울시 공공근로 민간위탁 사업으로 2000년 9월까지 진행하였다. 그 후 서울지역 외에도 인천, 전주 등 여러 지역에서 중·장년 실업자들의 새로운 일자리 창출을 목표로 전국적으로 발전되었다.

2002년 9월 기준 15개소 자활후견기관, 16개 사업단, 참여 인원은 97명이 활동 중이다. 상대적으로 높은 노동강도와 힘든 일이라는 작업특성으로 인해 기관이나 자활사업 참여자들이 사업추진과 참여를 기피하고 있다. 유료수거 및 재활용사업을 제대로 하기 위해서는 자원화시설 설치 및 수거전용차량 구입이 필요하나 자금조달의 문제로 사업추진에 어려움을 보이고 있다. 사업 모델로는 가축사육 중심의 축산농가형(10개), 수거업무 중심의 수집·운반업형(8개), 재활용시설까지 갖춘 재활용사업형(실업극복, 공공근로사업에서 발전)이 있다. 안정적인 수익구조를 갖출 수 있는 모델은 일반적으로 재활용사업형(인천실업극복, 성북실업자사업단의 경우 월 80만원에서 120만 원까지 급여 지급)이다.

3) 자활전달체계

자활사업은 현재 사업관리 주체와 서비스 제공 주체 양 측면에서 모두 이원화되어 있다. 형식적으로 자활사업은 보건복지부가 총괄적으로 담당하지만, 조건부 수급자가 취업 대상자와 비취업 대상자로 분류됨으로서 실제로는 노동부와 복지부로 이원화되어 있다. 조건부 수급자는 특성에 맞는 자활프로그램 제공을 위해 취업 대상자와 비취업대상자로 유형을 구분한다. 조건부 수급자의 유형은 근로능력, 자활욕구, 가구 여건 등을 고려하여 결정한다. 유형 구분은 근로능력 점수표에 의해 근로능력 점수에 따라 구분하되, 일정요건에 해당하는 자는 자활 욕구를 반영한다. 조건부수급자 유형 및 자활급여내용은 사회복지전담공무원이 최종 결정한다(국민기초생활보장법 제19조 제4항). 다만, 고용안정센터 직업상담원, 자활후견기관 · 재활프로그램 등 자활사업실시기관으로 의뢰하기 전에 해당 기관 담당자와 사전협의(유선 · 면접 등 다양한 방법가능)할 수 있다(보건복지부, 2003).

자활대상자에 대한 관리체계는 이원화되어 있는데, 취업 대상자에 대한 자활서비스는 노동부의 고용안정센터가, 비취업 대상자에 대한 자활 서비스는 지방자치단체와 자활후견기관을 중심으로 한 다양한 자활사업 실시기관이 담당하고 있다. 즉, 노동부는 취업 대상자에 대한 서비스를 제공하며, 보건복지부는 비취업 대상자에 대한 서비스를 제공하고 있다. 더욱이 보건복지부는 별도의 지방전달체계가 없기 때문에, 지방정부의 전달체계를 활용하고 있는 실정이다. 읍 · 면 · 동사무소가 자활대상자를 구분한 후, 비취업 대상자는 읍 · 면 · 동사무소가 관리하도록 하고 취업대상자는 노동부의 고용안정센터에 이관시켜 담당하도록 하고 있는 것이다(표 8.2 참조). 이러한 이원화된 관리체계는 대상자의 다양성을 고려한 <고용+복지>의 통합적 서비스를 제공하고 있지 못하는 원인이 된다는 지적을 받는다(홍경준, 2002).

표 8.2 자활대상자 유형구분 기준표

유 형	정 의	기 준	특 성
취업 대상자	• 즉시 노동시장에서 취업 또는 창업이 가능한 자 • 직업훈련을 통해 노동시장 편입이 가능한 자	• 근로능력점수 70점 이상 • 근로능력점수가 50점 이상인 자가 취업지원서비스를 받고자 하는 경우	- 건강한 청년층 - 건강상태가 양호하며 학력이 높고 취업경력이 있어 취업지원을 통해 자활하는 것이 가능한 계층
비취업 대상자	• 노동시장에서의 취업은 어려우나 공동작업장, 자활공동체 참여, 공공근로 기회제공 등이 필요한 자	• 근로능력점수 70점 미만 • 근로능력점수가 70점 이상인 자가 보육 · 간병 등 가구여건상 취업지원프로그램에 참여하기 곤란한 경우	- 건강상태 및 학력 · 직업이력상태가 낮은 근로가능 계층

(자료: 보건복지부, 2003)

자활지원서비스 운영체계는 이원화된 관리체계보다 더 다원화되어 취업능력에 따라 대상별로 다른 자활지원서비스를 제공받도록 하고 있다. 비취업 대상자 경우 자활지원서비스를 자활공동체 및 업그레이드, 취로형 자활근로, 지역봉사활동, 재활프로그램으로 세분화하여 다양한 자활실시기관에 의해 실시되고 있으며, 취업 대상자의 경우 구직 및 취업알선, 직업훈련, 자활지원인턴, 구직세일즈공공근로 등의 자활지원서비스로 세분화하여 고용안정센터가 직접 또는 타 기관과 연계하여 실시하도록 하고 있다. 이와 같이 다원화된 자활지원서비스 운영체계는 서비스의 다양성을 넓힌다는 데 의의가 있으나, 읍·면·동사무소 또는 시·군·구가 자활 실시기관에 대해 구심점 역할을 못하는 상황에서 자활지원서비스의 분산적 운영이 대상자와 기관간의 원활한 연계를 어렵게 하고 있다는 지적을 받고 있다(정영순, 이은정, 2002).

3. 자활지원사업의 과제

1) 자활의 목표와 대상자에 대한 조정

빈곤층이 자신의 노력으로 소득을 얻고, 나아가 빈곤에서 탈출하려는 것은 어떤 경우든 권장해야 하고 또 사회적으로 바람직한 일이다. 따라서 사회가 그러한 노력을 북돋우고, 지원하는 것은 당연한 책무이기도 하다. 그러나 각 개인별로 자활의 의미와 욕구가 다를 수밖에 없기 때문에 어디까지를 자활의 목표로 할지는 일률적으로 말할 수 없다. 그럼에도 현실적으로 자활지원과 관련해서 정부나 사회가 제시하는 목표는 공공부조 대상에서의 탈피이다. 즉, "일을 함으로써 빈곤선 이상의 소득을 지속적으로 얻어, 궁극적으로는 공공부조 대상에서 탈출하도록 지원하는 것"이

자활지원사업의 주된 목표라는 것이다. 자활후견기관 사업에서 (시장진입형) 자활공동체 활성화가 지향해야 될 가장 중요한 사업목표로 제시된 것이 대표적인 사례이다.

그러나 자활지원사업의 목표로 '자립'만을 상정하는 것은 적절하지 않다.[56] 일반적으로 우리나라의 자활지원사업과 같은 정책은 여러 빈곤정책의 유형 중에서 일자리를 제공하여 빈곤으로부터 탈출하게 하는 고용전략(employment strategy)으로 분류된다. 하지만 근로능력이 있는 빈곤계층에 대한 고용전략은 정책의 목표와 이념적 배경이 상이한 두 가지의 방향으로 추진되어 왔다(김수현 외, 2001).

우선 '자립'을 강조하는 소득중점 목표(income goal)의 추진은 소득이전보다 더 많은 소득을 보장할 수 있는 고용전략을 중시한다. 즉, 공공부조의 생계급여액보다 많은 소득을 보장할 수 있는 고용 및 생업환경을 조성하는 데 초점을 둔다는 것이다. 하지만 그를 위해서는 빈곤선 이상의 소득을 보장할 수 있는 다양한 일자리의 창출 · 유지 · 개발이 필요하며, 상당한 규모의 정부예산이 투입되어야 한다. 물론 여기에 참여하는 사람들이 가진 근로능력의 질과 교육, 연령, 건강상태, 근로의지 등의 인적 특성 또한 그러한 일자리에 적합하거나 근접할 수 있어야 한다.

한편 '재활'이나 '(협의의) 자활'을 강조하는 근로중점 목표(work goal)의 추진은 빈곤계층에게 근로의 기회를 제공하는 것 그 자체에 초점을 두며, 적은 보수라 할지라도 소득이전 프로그램에서 제공하는 생계급여액보다는 근로를 통해 획득한 소득이 빈곤계층의 복지를 위해 중요하다고 판단한다. 근로는 빈곤계층의 자활의지 진작, 복지의존성의 감소, 사회와의 연계 및 통합을 통해 정상적인 사회성원으로 복귀하는 핵심적인 수단으로 간주되는 것이다. 따라서 양질의 일자리보다는 근로

---

[56] 빈곤선 이하의 가구가 자립 목표를 달성하는 것은 쉬운 과제가 아니다. 그리고 자립한 경우 자립의 성공 요인을 찾기 위해서는 자립을 이룩한 가구들의 실제 자활경로를 추적하는 심층 연구가 필요하다. Butler & Seguino(2000)는 미국에서 1996년 새롭게 도입된 공공부조법(PRWORA) 이후 기존의 AFDC 수급자들의 자활 성공 여부와 자활에의 장애요인들을 밝히고 있다. 우리나라의 경우도 유사한 연구들이 많이 나와야 실질적인 자활의 성과와 한계를 알 수 있을 것이다.

의 경험을 제공할 수 있는 다수의 일자리를 창출하는 것에 강조점이 두어지며, 여기에 참여하는 사람들이 가진 근로능력의 질이나 인적특성의 편차는 부차적인 관심사항이 된다.

따라서 자활지원사업의 대상자 특성에 따라 목표가 달라져야 한다. 현행 조건부 수급자의 경우, 상당수는 위의 설명에서 근로중점 목표의 대상이다. 즉, 근로참여 자체가 자활지원 과정이 되어야 하는 것이다. 반면 노동시장 진입과 빈곤탈출을 목표로 하는 사람들은 대다수가 조건부과 대상에서 제외되어 있다. '현재 취업자'이기 때문이다. 그러나 이들의 경우는 현행 제도에서 근로인센티브의 설계가 곤란하고, 기초생활보장제도 이외의 보완적 지원수단이 사실상 전무하기 때문에 역으로 공공부조의 틀을 벗어날 수 없다. 따라서 이들 소득중점 목표의 대상자들을 위한 별도의 지원체계가 필요하다.

또한 공공부조 제도의 적용을 받지 못하는 많은 장기실직자, 공공근로사업 장기종사자 등은 자활지원을 가장 필요로 하는 집단이지만, 사실상 방치되어 있다. 극히 일부만이 자활후견기관 사업 등에 참여하고 있을 뿐이다. 따라서 이들을 자활지원대상자로 포함함으로써 빈곤심화를 방지하고 안정적 소득기회를 확충해야 될 필요성이 높아지고 있다.

결국 자활사업이 근로빈곤층의 탈빈곤정책으로 자리매김하기 위해서는 우선 비수급빈곤층을 자활사업의 대상으로 확대해야 하며, 그럴 경우 자활대상자들의 근로능력을 고려한 자활의 다양한 경로와 목표를 설정해야 할 것이다.

2) 사회적 일자리 창출 및 제공

국민기초생활보장법 상의 자활사업이 본격적으로 시행된 지난 3년의 경험은 시장진입을 통한 자활의 가능성이 매우 미약하다는 비관적인 측면을 확인시켜 줌과 동시에 사회적으로 보호된 시장과 새로운 일자리를 창출, 제도화하는 방향으로 정책적 지원 노력을 기울일 경우 자활사업이 실질적인 성과를 거둘 수 있다는 비전을 확인시켜 주었다. 실제 사업발전 속도가 빠르고 일정한 사업성과를 거두었던 경우는 자활후견기관 차원에서의 헌신적인 노력과 자체 인프라 구축과 함께 사업위탁이나 상품구매, 시설지원 등이 절대적으로 필요했다는 사실을 보여 주었다.

(1) 사회적 일자리 창출

보호된 시장의 형성과 함께 자활사업에서 추진해야 할 정책방향은 사회적 일자리 창출과의 연계이다. 복지나 환경영역 등에서 사회적 요구가 매우 큼에도 불구하고 기업이 활동하고 있지 못한 분야에서 사업을 개발하고 안정적인 일자리로 발전될 수 있도록 제도화하는 것이다. 저소득 가구 내 간병 및 가사지원 서비스나 숲가꾸기는 지난 몇 년간의 자활사업경험을 통해 사회적으로 매우 유용한 사업이라는 것이 확인되어 숲가꾸기는 부분적인 제도화가 마련되었고 간병사업 또한 자활사업 차원에서 계속 확대시행되고 있으며 노인요양보호 등 사회보장체계가 지속적으로 확충되어 나가는 추세에 따라 어떠한 형태로든지 제도화될 것으로 판단된다. 이러한 사업영역들을 지속적으로 발굴하여 일자리 창출과 연관하여 시행하고 향후 이러한 사업들을 제도화함으로써 새로운 고용을 창출하는 방안이 장기적으로 사회적 일자리 제공의 승패에 매우 중요한 변수가 될 것이다.

사회적 일자리 창출시 사회적 서비스 부문에서의 고용 창출 가능성은 대단히 높다. 1999년 ILO자료에 의하면 간병사업, 방문보호, 보육서비스 등 보건 · 사회복지 서비스업의 경우 미국 8.72%, 영국 11.0%, 독일 9.87%의 고용 비중을 차지하고 있는데 비해, 우리나라는 1.81%에 불과해 고용 창출의 가능성이 상대적으로 훨씬 높다는 것을 알 수 있다(황덕순, 2000). 1980년대 이후 고실업을 경험한 대다수의 선진국에서 새롭게 창출되는 일자리의 90%는 서비스 부문에서 나타나고 있다. 특히 공공 및 사회 서비스 부문에서 일자리 창출이 뚜렷하게 나타나고 있다. 우리나라의 현재 공공서비스 및 교육, 보건의료, 복지부문의 일자리 비중은 11% 수준으로 20-30%의 비중을 보이는 선진국과는 현저히 대비되는 실정이다. 공공 서비스 및 교육, 보건의료, 복지부분의 일자리 비중을 13%로 높이기 위해서는 70만 개의 일자리가 필요하다(전병유 외, 2003).

사회적 기업의 활동은 크게 노동통합적 활동과 사회서비스 제공활동의 두 가지로 구분할 수 있으며 간혹 이 둘을 통합한 형태도 나타난다(전병유 외, 2003). 노동통합 사회적 기업은 보호고용 작업장에서 발전한 것이지만, 전통적인 보호 작업장은 소극적 노동시장정책의 맥락에서 나타나는 반면, 새로운 노동통합적인 사회적 기업은 동일한 근로자 집단을 위한 적극적 노동시장정책의 도구로 볼 수 있다. 사회적 기업은 공적 기금에 덜 의존하고 시장 역동성에 더 많은 관심을 가지려고 노력하며 고용된 한계 계층 사람들의 소득이 다른 근로자들의 소득과 비슷하도록 보장하는 것을 목표로 추구한다는 점에서 기존의 보호고용 작업장과는 다르다.

또한 한계 근로자에게 직업훈련을 제공하는 것을 명시적인 목적으로 하고, 근로자들이 점차 정규 노동시장에 통합할 수 있도록 원조하는 것을 궁극적인 목적으로 조직된 경과적 일자리(transitional job)의 사회적 기업도 노동통합적 기업에 포함된다. 노동통합적인 사회적 기업은 기존 공공 고용정책이 지원하지 않는 사람들과 같이 매우 특수한 근로자 집단을 고용하는 경우도 있고(스페인), 더 넓은 범위의 근로자 수천 명을 고용하기도 한다(이탈리아).

사회적 서비스를 제공하는 사회적 기업은 구성원 및 제공되는 서비스 유형에서 노동통합적인 사회적 기업과는 다르다. 사회 서비스를 제공하는 사회적 기업은 새로운 서비스를 제공하거나, 공공기관이 인지하지 못하는 욕구를 가졌거나 공적 급여에서 배제된 인구집단에게 반응하기 위하여 설립되었다. 처음에는 정부의 지지가 거의 없이 시민집단이 독자적으로 활동을 개시하는 경우가 많지만, 일단 제공되는 서비스가 공익적이라고 인정받게 되면, 활동의 전부 혹은 일부에 대해서 정부의 지원을 받게 된다.

(2) 사회적 일자리와 지방정부의 역할

자활사업에 대한 사회적 관심과 지원이 매우 취약한 상황에서 지방정부의 역할이 매우 중요하다는 점이 부각되었다. '2001년 지방자치단체 자활사업 종합평가 결과'(보건복지부, 2002)에 따르면 "2001년은 자활사업 시행 원년으로 지자체별로 자활사업 추진경험 및 공공 및 민간 자활인프라가 부족한 가운데 지자체의 적극적인 지원이 절대적으로 필요하다는 점이 지적되었다. 전반적으로 지자체의 추진의지는 미흡한 실정이며, 자활전담조직(인력) 확보도 일부 지차제를 제외하고는 이루어지지 않은 상태이다. 하지만 다행히 지역차원에서 "우수 시·군·구를 중심으로 자활수행기관에 대한 사무실·작업장 지원 및 자활공동체 사업단에 우선 위탁 등 지자체 지원(이) 증가(하는) 추세"에 있다.[57]

지방정부는 지역사회 기업체들과 자활후견협정을 체결하여 자활대상자들에게 지속적으로 일자리를 제공해야 한다. 이를 위해 지방정부는 자활후견기관의 자활공동체의 성공적인 운영을 위한 재정지원, 판로지원 등을 제공해야 하며, 고용안정센터와의 실질적 연계를 강화해야 한다. 지방정부는 자활기관 협의체 운영에 지역사회 내 기업, 지역단체 등 다양한 주체들을 참여시켜 일자리 마련을 위한 체계적 계획을 수립/시행해야 한다. 보호된 시장과 사회적 일자리를 창출하는 지방정부의 지원은 지방자치단체장의 선의에 의존해서 이루어지는 것이 아니라, 하나의 법적 권리와 의무로서 규정되어야 한다. 예를 들면 '국가를 당사자로 하는 계약에 관한

---

57) 현재 일부 지자체에서 이루어지고 있는 지원 방식으로 사업장 무상 임대(서울 마포), 자활생산품 판매(광주 북구, 전북 전주시), 사업 우선 위탁(경기 부천) 등이 있다. 지원 사례로는 청사 내 주차차량 대상 세차, 공공건물 청소용역 알선, 도시락·김치, 재활용 비누 등의 구매, 소년소녀가장 및 독거노인 도시락배달 사업위탁, 작업장 공간이나 시설 및 장비 지원 등의 사례가 있다.

법률'의 개정, 조달사업에 관한 법률과 지방재정법의 개정 등이 필요하다.

또한 기업의 공익사업이나 사회적 기금 또한 자활사업에 매우 중요한 재원을 제공할 수 있는데 2001년의 경우, 정보통신부 우정사업본부의 공익사업 기금과 사회복지공동모금회 기금을 통해 '저소득 가구 내 환자를 위한 간병사업'과 '사랑의 집 수리사업'을 자활사업으로 추진하였는데 앞으로 이러한 사업들이 보다 활성화될 것으로 예상된다.

자활사업이 단순노무형 공공근로나 취로사업과 같은 형태가 아니라 일반적인 기업활동에 준해서 사업이 수행된다는 측면을 고려할 때 상품구매나 사업위탁 또는 시설이나 장비지원 등 실질적으로 사업의 발전을 도모할 수 있는 지원이 사업 초기 단계에서는 핵심적인 역할을 하게 될 것이다.

3) 자활공동체 지원정책 고려

(1) 선진국의 자활공동체 지원정책

자활공동체를 지향하는 표준화사업단의 경우 공통적으로 사업단의 법적 지위가 문제가 되고 있다. 자활사업이 시장에서의 경쟁을 통한 자활자립의 모색이 주된 지향이 아니라고 본다면 공익형 사업의 경우는 일반 사업장과는 다른 형태의 법적 지위가 필요할 것이다.

가. 프랑스

공익형 사업을 통한 자활사업의 역사가 깊은 유럽의 사례를 살펴보자. 먼저 프랑스의 경우 1970년대 말 사회활동가들의 주도로 시작된 자활지원사업은 단순 원조가 아니라 실직 빈곤계층이 생산현장에서 정규 근로계약을 체결하여, 사회경제적 지위를 회복할 수 있는 기회를 제공하는 것이었다. 그후 자활지원사업을 위한 다양한 조직이 구성되었다. 노동통합기업, 지역관리공사, 인력파견단체, 자활작업장 등 다양한 조직을 통해 매년 약 100만 명이 자활지원사업에 참가하고 있으며, 민간자활지원단체에 참여하고 있는 인원을 전일제로 환산하면 약 6만 명에 이르고 있다. 비영리민간자활지원단체들은 2001년 공익협동조합의 지위로 전환할 수 있게 되었다. 공익협동조합은 상법의 규정을 받는 유한책임신탁회사로서 그 목적을 사회적 유용성을 가지는 공익적인 재화나 서비스의 생산과 제공에 두고 있다. 공익 협동조합의 운영은 연대성과 민주성의 원칙에 기반하고 있다(김신양, 2001).

나. 영국

영국의 경우 대 다수 사회적 기업은 비영리 조직의 형태이거나 협동조합의 경우처럼 조합원의 이해를 위한 경제활동을 수행하는 형태로 존재한다. 구체적인 조직 형태로는 협동조합, 지역사회 기업, 경제활동을 하는 자원봉사 조직 등이다. 협동조합은 영국의 기업법 혹은 우애조합법에 의거해 설립되었으며 1980년대 이후 급격한 성장을 보였다. 협동조합에는 소비자 협동조합, 신용 협동조합 등 다양한 형태가 존재하지만, 대부분의 사회적 협동조합은 노동자 생산협동조합(1992년 1,100여 개)의 형태를 취한다. 지역사회기업(1995년 400여 개)은 민주적 참여의 원칙에 의해 특정 지역공동체의 구성원들이 그 지역사회에 이익을 가져다 줄 수 있는 경제적·사회적 활동에 관여하도록 만드는 구조이다. 자원봉사조직은 자원봉사의 전통이 강한 영국사회의 독특한 사회문화적 배경으로 인해 광범하게 존재해 왔으며 점차 계약 문화로 이전하는 추세를 보이고 있으며 서비스 제공자로서의 역할이 증대되고 있다(이성수, 2000).

다. 이탈리아

이탈리아의 자활사업 역시 사회적 협동조합의 형태가 일반적이다. 1970년대 시작된 사회적 협동조합은 1991년 특별법의 승인과 함께 비약적으로 발전하였다. 사회적 협동조합은 현재 총 4,500개에 달하며 이중 70%인 A유형은 장애자, 노령자, 약물중독자, 가정문제가 있는 청소년을 위해 사회서비스를 제공하며 8만 명 이상을 고용하고 있다. B유형은 노동을 통한 통합 역할 하는 것으로 1,500개가 있고 2,300명의 취약계층을 고용하고 있다. 이탈리아에서 사회적 협동조합이 발전하게 된 이유는 사회적 협동조합과 지방정부간의 파트너십 형태가 개발되었기 때문이다(노대명 외, 1999).

라. 스웨덴

스웨덴에서는 사회적 협동조합 활동의 중요한 진전이 정신 장애나 다른 신체적 손상으로 인해 노동시장으로부터 배제된 이들에게 일자리를 제공하고 사회에 복귀할 수 있도록 하는 영역에서 이루어지고 있다. 1980년대 중반 정신질환기구개혁으로 정신질환 시설이 크게 축소되었다. 기존 정책 프로그램이 제대로 기능하지 못하자, 이에 대한 대응으로 1989년부터 정신질환자를 위한 노동자협동조합이 형성되기 시작하였다. 이들 협동조합은 1-2명의 교사와 5-6명의 사용자로 구성된다. 물론 활동의 성격에 따라 구성은 달라질 수 있다. 스웨덴 법률에 따라서, 협동조합의 재정과 인력채용 그리고 내부적 일들은 선출직 이사회에서 결정된다. 현재 정신질환자와 장애자를 위한 약 70개의 협동조합(회원수 900명)이 만들어졌다(전병유 외, 2003).

마. 일본

일본의 경우 1970년대 전반에는 노동자가 경영과 노동을 함께 하는 기업형 협동조합이 탄생했으며, 이것이 나중에 노동자 협동조합인 '중고련 복지사업단'이 되었다(현재 일본 노동자 협동조합 연합회로 발전). 이와는 별도로 노인 인구의 급격한 증가와 함께 조합원의 고령화가 나타나 1995년 미에현에서 최초의 고령자 협동조합이 설립되었다. 그 후 오키나와, 후쿠오카 등을 거쳐 1996년도에는 25개 조합이 만들어졌고 지방자치단체들로부터 공공적 성격이 강한 용역사업들(공원관리, 도시 녹화, 산림보전, 환경오염방지 등)을 위탁받아 운영하고 있다. 이 조합은 소비자협동조합과 관련을 가지고 있어 생활필수품을 공동구매하거나 조합원 스스로 가정봉사원이 되어 병약한 조합원을 도와주는 등 일자리를 창출하고 있다(황진수, 2003).

이상에서 살펴본 다양한 자활공동체의 법적 지위에 관한 사례들을 참조하여 우리나라의 경우에도 자활공동체를 지원하는 협동조합식 조직의 법제화가 필요하다.

(2) 자활공동체 금융지원

또한 자활공동체의 설립이나 운영에 있어 가장 큰 장애요소는 필요한 자본을 조달하는 것이다. 특히 담보를 제공할 수 없고 신용보증도 받을 수 없는 수급자들의 경우에는 금융기관을 이용한다는 것이 더욱 더 어렵다. 일반적인 기업들도 제도금융을 이용하지 않고서는 정상적인 기업활동을 유지할 수가 없는데 하물며 자본조달 및 경영능력이 절대적으로 취약한 사람들의 기업에 있어서야 두 말할 나위가 없는 것이다.

외국의 예를 보더라도 사적 이윤을 추구하지 않는 사회적 기업들은 일반 금융기관들과는 다른 별도의 금융시스템에 의해 재정적 지원을 받으며 동시에 사후 관리나 경영지원도 함께 이루어지는 경우가 많다. 프랑스의 경제주도권을 위한 협회(ADIE)의 직업이 없는 신용불량자를 대상으로 하는 미니신용(micro-credit)서비스의 경우 직업이 없는 신용불량자들에게 재기를 위한 최소한의 신용을 제공함으로써 자신의 사업을 시작할 수 있도록 돕는 것을 목표로 한다. 현재 200명과 직원과 600명의 자원봉사자가 창업상담 및 융자관련 서비스를 지원하고 있으며 2001년도에 3,500개의 융자건수를 기록하고 있다. 1990년에 설립된 이래 1만 1,000개의 일자리를 창출하였으며, 일자리가 2년 이상 지속된 비율은 약 70%에 달한다(전병유 외, 2003).

특히 유럽의 사회연대금고 등 각종 기금들에서 볼 수 있는 것과 같이 정부와 민간이 다양한 재원을 통하여 지원시스템을 구축하고 있음으로 해서 자활사업을 하는 민간조직들이 유연하고도 특성화된 활동을 수행할 수 있는 여건을 마련하고 있다는 점을 주목해야 할 것이다. 사회연대금고는 자활공동체뿐만 아니라 사회경제적 약자들을 위한 다양한 사회적 기업의 발전을 위한 핵심적인 물적 토대로서 반드시 필요하다. 그러나 사회연대금고는 '돈' 이상의 의미를 갖고 있는데 그것은 바로 그 사회의 '연대의 문화와 정신'이라 하겠다(서울자활정보센터, 2001). 우리나라의 경우도 2002년도 유사한 성격의 사회연대은행이 출범하여 저소득여성 창업지원 등의 사업을 전개하고 있다.

4) '복지와 고용'의 통합적 서비스 제공체계 구축

'복지고용'의 통합적 서비스 제공은 근로능력 있는 빈곤계층들이 자활할 수 있게 하는 데 매우 중요한 정책방안으로, 국민기초생활보장제도를 기반으로 저소득층의 절대빈곤을 추방하기 위해서는 장·단기적인 종합대책을 체계적으로 수립, 시행해야 한다. 또한 국민기초생활보장제도와 빈곤퇴치대책의 실효성 확보를 위한 각종 복지정책은 노동부의 자활지원기능과 밀접한 연계 속에서 이루어져야 한다. 따라서 '복지+고용'의 통합적 서비스 제공을 위한 전달체계를 구축하기 위해 보건복지부와 노동부의 통합의 필요성이 제기되는 것이다. '복지+고용'의 통합적 서비스 제공을 위해서는 통합적 서비스 제공의 필요성을 잘 인식하고 있는 정책적 지향과 사례 관리에 관한 더 많은 경험과 기술을 가지고 있는 보건복지부의 주도적 역할이 기대된다. 복지와 고용의 통합적 서비스 제공 체계는 광역, 기초자치단체 단위에서도 적용되어야 한다.

(1) 전달 체계 일원화 및 중앙 자활지원센터 설치

자활사업은 고용과 복지의 통합적 서비스에 기초한 빈곤정책으로 통합적 서비스의 제공과 사례관리를 위해 정책의 집행 및 전달체계는 조속히 일원화되어야 한다. 프랑스, 벨기에, 캐나다 등은 보건복지부와 노동부의 통합을 통해 기존의 분산된 고용·복지서비스 업무를 통합하고 사회경제부를 신설하여 사회적 일자리 창출을 전담케 하고 있다. 현재 영국에서도 Jobcentre Plus(benefit agency와 employ-ment service를 통합한 조직) 설치를 통해 일자리(교육훈련 포함)와 사회적 급여 제공을 통합해서 제공하고 있다. 이 기관은 사회복지서비스와 일자리 및 교육훈련을 원하는 취업 희망자(신규 인력 포함)에게 뿐만 아니라 구인 업체의 고용주에게 서비스를 제공한다. 현재 26개소가 설치되어 있고 2006년까지 영국 전역으로 확대될 예정이다.

중앙정부 차원의 전달체계 일원화와 함께 자활사업을 지원하기 위한 중앙 자활지원센터의 설치가 필요하다. 현재 자활후견기관을 비롯한 다 수의 자활사업 실시기관들이 전개하는 자활공동체, 자활근로, 취업알선, 직업훈련 등 다양한 자활사업들을 지원하는 중앙단위의 지원기관은 없다. 다만 민간 단위의 한국자활후견기관협회 산하 자활정보센터가 자활후견기관의 자활공동체 사업을 중심으로 조사, 연구사업의 일부를 담당하고 있을 뿐이다. 그러나 자활사업이 사회적 약자들의 탈빈곤사업으로 발전하기 위해서는 중앙정부 차원의 종합적 지원기관의 설립이 불가피한 현실이다. 신설될 자활지원센터는 보건복지부 자활지원과와 긴밀한 협조체제하에 자활사업을 총괄 지원하게 될 것이다.

(2) 광역단위 자활지원센터 설치

시, 도 단위 전달체계 개선방안의 핵심은 중앙 자활지원센터와 마찬가지로 광역단위에서 자활사업을 기획하고, 자활후견기관을 비롯한 기초단위의 자활실시기관을 지원하는 역할을 수행할 자활지원센터를 설치하는 것이다. 광역단위 자활지원센터는 자활후견기관이 설치를 희망하는 자활근로 공동사업과 광역 단위 사업지원센터의 역할을 포괄할 수 있을 것이다. 광역단위 지원기관의 주요 대상은 자활근로사업단, 자활후견기관, 자활실무자 등이며 광역 지자체의 파트너 역할을 수행해야 한다. 광역단위 지원 기관의 주요 과제는 지역자활사업 지원, 정보제공, 전문경영지도, 사업개발, 종사자 교육훈련 등이 될 수 있다. 광역단위 자활지원센터의 조직 구조는 중앙조직 중 사업지원부의 자활기업지원팀, 취업지원팀, 창업지원팀은 그대로 설치해야 할 것이며, 기획관리부와 연구개발부는 기획관리팀과 연구개발팀 수준으로 구성할 수 있을 것이다.

자활후견기관협회에서 제안하고 있는 공동사업단과 광역사업지원센터의 사업 내용은 다음과 같다. 공동사업단은 2개 이상의 자활근로사업단(자활공동체 포함)이 통합운영되는 사업단으로 현재 간병사업, 폐자원재활용사업, 산후조리사업 등을 중심으로 8개 공동사업단(35개 자활후견기관 참여)이 운영중이다. 공동사업단을 통해 예산 및 자원운용의 효율성을 제고할 수 있으며, 사업의 경쟁력도 강화시킬 수 있다. 현재 공동사업단은 행정과 사업부문을 이원화하여 실시하고 있다. 회계업무 부분은 각 자활후견기관별로 실시하고 있으며, 사업업무는 공동으로 실시하고 있다. 광역사업지원센터는 간병, 집수리, 청소, 재활용, 외식사업 등 주요 자활사업을 중점 지원하며, 광역단위의 공동사업단의 운영을 지원하게 된다. 그 외 홍보, 영업, 교육훈련 등 광역단위 공동사업을 지원하게 되며, 고용안정센터, 소상공인지원센터 등 관련단체들 간의 긴밀한 협조체제를 구축할 것이다(한국자활후견기관협회, 2003).

(3) 지역자활 인프라 보완과 원스탑 서비스체계 구축

자활후견기관 등 자활실시기관 정비와 자활인프라 구축이 동시에 진행되어야 한다. 지금의 시·군·구 단위의 자활후견기관은 운영체계 개선이 요구되며, 자활사업의 효율성을 위한 자활정보화 체계 구축이 이루어져야 한다.

단기과제로는 전국적으로 활동 중인 200여 개의 자활후견기관과 중앙의 자활후견기관협회와의 핵심 연결고리 역할을 하고 있는 광역단위 지부 역할의 공식화가 필요하다. 지부가 공식적인 지위와 역할을 갖게 됨으로써 광역지자체의 자활사업에의 관심을 제고시킬 수 있으며, 자활후견기관 사업을 원활하게 진행하게 될 것이다. 장기과제로는 자활후견기관의 경우 지역 여건을 고려한 상당한 자율성을 갖는 조직 운영이 보장되어야 하며, 여건이 되는 대로 복지부와 자활후견기관이 기본 협정을 체결하며, 정기적으로 평가를 통해 재계약 여부를 판정하는 체계로 전환되어야 할 것이다(목표 공유 일정기간별 계약, 지원책 제시, 프랑스의 사회적 기업은 프로그램 내지 사업 아이템별 지원방식).

자활사업의 수요와 공급의 양 측면을 고려한 일자리 창출·유지·개발과 훈련·교육·배치의 전 과정을 지속적이고 체계적으로 관리할 수 있는 자활정보화 체계 구축이 필요하다. 이는 자활사업 대상자들의 욕구에 기초한 자활전략 수립과 이를 통한 다양한 서비스 제공 및 참여 활성화 프로그램 실시를 가능하게 한다. 시스템 구축을 통해 자활실시기관-지역사회-기업-훈련기관-정부를 잇는 효과적인 온/오프라인 전달체계 구축을 통한 자활사업 활성화 도모와 자원간 연계망 구축을 통한 새로운 자활사업 모델을 확립할 수 있다. 나아가 자활 전 과정에 이르는 고용과 복지의 통합 서비스 기반을 구축할 수 있다. 그리고 온/오프라인의 유기적 결합을 통한 일자리 창출과 이를 위한 상시적 교육 시스템을 마련할 수 있다.

또 하나의 과제는 지방자치단체 사회복지조직(사회복지사무소 혹은 사회복지과), 노동부 산하의 고용안정센터, 중소기업청 산하의 소상공인지원센터 등 공공의 자활관련기관은 물론이고, 민간의 자활후견기관, 사회복지관, 자활직업훈련기관 등 자활사업을 지원하는 실질적인 지역자활네트웍(지역자활지원협의체의 확대)

을 구축하며, 지역자활네트웍 조직내 단일창구를 두어 원스탑 서비스가 가능하도록 하는 것이다. 예를 들어 수급자의 경우, 사회복지전담공무원과의 초기상담과 지역자활네트워크 내 사례회의를 거쳐, 사례관리자(복지사무소 전담공무원, 고용안정센터 고용상담원, 자활후견기관 실무자 등)를 통해 필요한 지원기관(복지사무소, 고용안정센터, 자활후견기관)을 소개받게 되며, 지속적인 사례관리를 받게 될 것이다(의료기관의 환자 관리 시스템과 유사).

4. 맺는 글

국민기초생활보장제도의 도입과 함께 자활사업은 복지와 고용이 결합된 새로운 근로연계복지제도로서 도입되었다. 자활사업은 1970년대부터 시작된 민간 자율적인 생산공동체운동의 전통에 뿌리를 두고 있으며, 하나의 제도로 성립됨으로서 새로운 변화의 전기를 맞이하고 있다.

현재 자활사업은 취업대상자와 비취업대상자를 구분하여 프로그램이 제시되고 있다. 취업대상자의 경우는 취업알선, 직업훈련, 직업적응훈련, 자활취업촉진사업 등 직업안정기관이 추진하는 사업이 제시되는 것에 비해, 비취업대상자에게는 자활공동체사업, 자활근로, 지역봉사, 재활프로그램, 생업자금융자 등 시·군·구가 추진하는 사업이 제시된다. 본 문에서는 대표적인 자활사업이라 볼 수 있는 업그레이드 자활근로와 자활공동체 그리고 이들을 표준화한 5대 전국표준화자활사업과 이원화되어 있는 자활전달체계를 중심으로 동향을 살펴보았다. 그리고 자활사업의 발전을 위한 쟁점으로 자활사업의 목표와 대상자 조정문제, 자활사업의 정착을 위한 보호된 시장과 사회적 일자리 제공 과제 그리고 현재 자활사업의 일차적 목표인 자활공동체 정착을 위한 지원방안 그리고 이원화된 자활전달체계의 합리적 개선과제를 살펴보았다.

자활사업은 기초법 제정을 통해 그 동안 별도의 서비스로 분리되어 제공되던 복지서비스와 고용서비스의 통합을 지향하는 프로그램으로 제도화되었다. 자활사업은 영국, 프랑스, 미국 등 선진국가들이 지향하는 근로연계복지제도의 도입으로, 일자리 제공을 통한 빈곤의 탈출이라는 새로운 시도를 담고 있다. 현재의 자활사업은 기초법상 조건부수급자 중심의 소극적 차원의 사업에 머무르고 있으나, 자활사업의 과제에서 제기되었던 다양한 쟁점들, 즉 대상의 확대와 그에 따른 목표의 재설정, 사회적 차원의 고용과 시장 창출, 전달체계의 합리적 개선 등이 발전적으로 제도화될 경우 적극적 탈빈곤의 기제로서 자리매김을 할 수 있을 것이다.

여기에 더하여 자활사업의 자리매김에 중요한 변수의 하나는 자활현장에서 운동과 제도와의 조화로운 균형점 찾기라 할 수 있다. 현재 자활후견기관을 운영하는 주체는 크게 2부류로 구분할 수 있다. 한 부류는 사회복지관으로 과거부터 제도화된 사회복지사업을 수행하던 단체들이다. 또 다른 부류는 경제위기 이후 실업극복사업을 수행하던 지역 시민사회단체들이다. 이들은 그 동안 사회(복지)운동의 차원에서 민간위탁사업을 주로 수행해왔다. 상당수 단체들이 현재의 자활사업을 운동으로 해결할 것인지 아니면 제도로 풀어야 할 것인지를 두고 고민하고 있다. 자활후견기관사업이 본격화 된 지 이제 3년밖에 되지 않아 아직 미완성인 관계로 여러 가지 혼선이 일어나고 있지만 분명한 것은 자활사업은 결코 운동만으로는 그리고 제도화만으로도 이루어지는 것은 아니라는 사실이다. 시간이 지나갈수록 나아지겠지만 제도화된 프로그램 운영의 장점을 가지고 있는 사회복지관의 경험과 역동적 운동의 장점을 가지고 있는 시민사회단체들의 경험이 서로 조화를 이루어 자활사업만의 독특한 사업방식을 만들어가야 할 것이다.

(2003년 작성)

참고문헌

권순원 외(1993), 『저소득층의 생활안정과 자립대책』, 한국개발연구원.

김수현 · 노대명 · 홍경준(2002), 『자활지원사업 체계 정립방안』, 서울시정개발연구원.

김신양(2001), 『사회적 연대의 실현과 대안경제를 찾아서』, 서울자활정보센터.

김홍일(2001), "중장년 실업문제와 공공근로를 통한 사회적 일자리 창출", 『공공근로를 통한 사회적 일자리 창출방안』, 전국실업극복단체연대회의.

노대명 · 김홍일 · 김신양(1999), 『도시영세민 자활지원방안』, 한국협동조합연구소

노대명(2002), "자활사업에 대한 평가와 전망", 『동향과 전망』 53호, 한국사회과학연구소

노인철 외(1995). 『저소득층 실태 변화와 정책과제』, 한국보건사회연구원.

신명호 · 김홍일(2002), "생산공동체 운동의 역사와 자활지원사업", 『동향과 전망』 53호, 한국사회과학연구소

변재관 외(2000), 『참여형 지역복지 체계론』, 나눔의 집.

보건복지부(2003), 『국민기초생활보장사업안내(II) - 자활사업』.

보건복지부(2002), 『2001년 지방자치단체 자활사업 종합평가 결과보고서』.

서울자활정보센터 · 부산자활정보센터(2002), 『자활후견기관 직업훈련 활성화방안-SEDA report2』.

서울자활정보센터(2001), 『사회연대금고 설립방안과 사례모음』.

서울자활정보센터(2002), 『전국 5대 표준화사업 연구보고서』.

이성수(2000), 『사회적 협동조합』, 한국협동조합연구소

이인재 · 이성수(2002), "자활사업의 현황과 쟁점", 『동향과 전망』 53호, 한국사회과학연구소

전병유 외(2003), 『사회적 일자리 창출방안 연구』, 한국노동연구원.

정영순 · 이은정(2002), "국민기초생활보장제도의 근로유인 방안 연구: 영국이 주는 시사점", 『사회보장연구』 제 18권 2호, 한국사회보장학회.

홍경준(2002), "한국 빈곤정책의 변화와 향후과제-자활지원사업을 중심으로", 사회보장연구 제 18권 제 1호, 한국사회보장학회.

한국자활후견기관 협회(2003), "광역공동사업단 및 광역사업지원센터 운영안", 미간행자료.

황덕순 외(2002), 『근로연계 복지정책의 국제비교』, 한국노동연구원.

황덕순(2003). 『사회안전망체계의 국제비교연구』(II): 미국. 한국노동연구원.

황덕순(2000), "빈곤 및 실업 극복의 대안으로서 사회적 일자리 창출의 의미와 전망", 자활정
    책연구회 발표 자료.
Butler, S. S. & Seguino S. (200) "Working in Coalition : Advocates and Academics Join Forces to
    Promote Progressive Welfare Policies" *Journal of Community Practice*, Vol. 7(4).
http://www.dwp.gov.uk
http://www.jobcentreplus.gov.uk

제9장
지방자치시대 사회복지재정

1. 들어가는 글

1995년 본격화된 지방자치의 시대는 지역주민들의 실제 생활과 관련하여 많은 변화들을 시사하고 있다. 지역주민들의 욕구에 쉽게 접근할 수 있다는 점에서 사회복지관련 이슈들이 많은 관심을 받을 것으로 보인다. 문제는 과연 지방자치시대를 맞이하여 지역주민들의 복지수준이 과거와 비교해서 더 높아질 수 있을 것인가에 있다. 주민들의 복지문제뿐만 아니라 나아가 장애인, 노인 등과 같은 사회적 약자들의 복지수준이 향상될 수 있을 것인가 하는 점이 중요한 과제로 등장하고 있다.

지금까지의 연구결과들을 보면 사회복지계는 지방자치가 지역주민들의 복지증진에 당연히 순기능적 역할을 할 것으로 기대하고 있으며, 지역실정에 맞는 다양한 복지형태들이 나타날 것으로 보고 있다(김융일, 1991; 신섭중, 1990). 이에 비해 실제 지역주민들을 대상으로 조사한 연구에 따르면 지방자치제의 실시가 오히려 지역주민들의 복지욕구를 충족시키는데 역기능적으로 작용할 것이라 보고 있다(김홍식, 1994). 지방자치제가 지역주민들의 복지에 순기능적이라 보는 견해는 다분히 규범적인 시각에 기초하고 있는데 반해, 반대 견해는 현재와 같이 지역 격차가 크며, 지역간의 경쟁이 기반이 되는 지자제 하에서는 당연히 지역개발욕구가 높으며, 실제 재정지출도 그런 방향에서 이루어지고 있다는 실증분석에 기반하고 있다.

그러나 지방자치의 시대는 지금까지 중앙정부에 의해서 일방적으로 결정되던 사회복지정책결정에 있어서 지방자치단체의 역할이 증대하는 것을 의미한다. 그리고 사회복지문제의 해결을 위해서는 많은 재원이 필요하며, 한정된 재원의 우선적인 사용을 위해서는 여타 다른 정책집행, 예컨대 지역개발에 의한 이득의 포기라는 희생이 필요하다. 궁극적으로 지방분권화가 사회복지정책에 미칠 영향은 지역주민들의 경제적 이해관계와 관련되어 있는 것이다.

지자제 하에서 삶의 질의 문제가 전면적으로 다루어진다고 할 때, 이를 보장할 가장 중요한 과제는 사업수행을 위한 재원의 마련이다. 사회복지에 투입되는 재원의 양이 경제성장에 비해 상대적으로 열악한 우리의 현실에서 이의 극복을 위한 방안은 무엇인가? 그리고 다양한 경제자립도(1994년 기준 전국 평균 63.5%, 가장 높은 곳은 서울특별시 98.0%, 가장 낮은 곳은 전라남도 23.4%)를 보여주는 지방정부들의 사회복지재정마련을 위한 방안은 무엇인가?

본 장에서는 이상의 문제에 대한 개선안을 마련하는 것을 목적으로 한다.

2. 지방자치와 사회복지

1) 지방자치의 사회복지에의 영향과 중앙과 지방간의 사무분담

지방자치가 사회복지에 미치는 영향은 긍정적인 부분과 부정적인 부분을 동시에 지니고 있다. 먼저 지역주민의 사회복지 향상에 긍정적 영향으로는 두 가지 측면에서 고려할 수 있다. 첫째 지자제는 지역주민들의 실제적 욕구에 기반한 복지정책을 펼 가능성을 과거보다 훨씬 높일 것이다. 지자제 하에서는 지방정부의 재량권이 넓어지기 때문에 과거처럼 지역의 사회적·인구학적 특성을 반영할 수 없었던 복지제도가 지역주민의 욕구에 맞게 적용될 가능성이 높다. 둘째, 지자체의 재정편성권이나 기타 행정적 권한에 대한 재량권이 넓어짐으로써 민선자치단체장이나 지방의회의 의지에 따라 독자적 사회복지발전계획의 수립이 가능하고 현재와 같은 획일적인 복지정책이 다양화되고, 그 질도 높아질 가능성도 충분하다(김연명, 1995: 3).

반면, 지자제는 지역주민의 복지증진에 바람직하지 못한 결과를 가져올 가능성도 있다. 사회복지 재정을 확대하기 어려운 중앙정부가 '지방분권화'라는 이름 하에 지자체에 사회복지업무를 강제로 '떠맡김으로써' 재정력이 취약한 지자체는 주민의 사회복지를 충분히 충족시키지 못하게 되며, 지역간 복지수준의 격차가 더 벌어지게 되는 상황도 배제할 수 없다. 또한 사회복지사무에 관한 지자체의 고유권한이 매우 취약하고, 거의 모든 행정업무를 중앙정부(의 법률)에 의해 통제 받는 현재의 상태가 지속된다면 지자제가 지역주민의 사회복지에 미치는 긍정적 영향은 유명무실해질 가능성도 있다. 지방자치법(제9조 2항: 주민의 복지증진에 관한 사업, 지역개발 및 주민의 생활환경시설의 설치 · 관리에 관한 업무, 제135조 1항: 공공시설의 설치)에 의하면 사회복지영역의 많은 부분을 지방자치단체의 고유사무로 인정하고 있다. 문제는 사회복지에 관한 개별 법률들(노인복지법, 장애인복지법 등)에서는 지방자치단체의 행정권한이 충분히 확보되지 않고 있어 대부분의 정책집행이 중앙정부의 승인을 받도록 되어 있다는 점이다.

지방분권화의 부정적인 면을 최소화하면서 긍정적인 면을 살리려면 사회복지정책수행을 위한 정부간의 합리적인 행정기능배분이 전제되어야 한다. 사회복지정책은 물론이고 대부분의 공공정책에서 중앙과 지방간 기능배분의 현실은 많은 문제점을 내포하고 있다. 1988년도의 지방자치법의 개정에 의해 기능배분방식이 포괄적 위탁방식에서 예시적 열거방식으로 변화됨에 따라 어느 정도의 구분이 이루어졌으나, 여전히 자치사무와 위임사무, 기관위임사무와 단체위임사무 간의 구분의 모호성이 문제점으로 지적되고 있다.

이러한 문제점은 사회복지분야가 대표적인 실례가 된다. 예를 들면 시·도와 시·군·구 간에 주민복지에 관한 업무분담 내용을 보면, 시·도는 '주민복지증진과 주민보건향상을 위한 종합계획의 수립 및 지원'을, 시·군·구는 '주민복지증진 사업계획의 수립, 시행'을 담당하도록 되어 있다. 주민복지증진계획은 보건복지부, 광역자치단체, 기초자치단체에서 모두 담당하는 것으로 되어있는데, 명확한 구분이 이루어지지 않고 있는 것이다. 뿐만 아니라 광역단체의 업무와 기초단체의 업무가 동일한 내용으로 되어 있는 규정이 많이 있다. 예를 들면 사회복지시설의 설치·운영, 노인복지시설의 설치·운영·지원, 아동복지시설의 설치·운영 등의 사무가 광역단체와 기초단체의 사무내역으로 동일하게 나와 있다(지방자치법 시행령 8조 및 별표 I 지방자치단체의 종류별 사무).

문제는 행정사무구분의 불명확성은 중앙과 지방간의 경비부담의 모호와 이에 따른 지방재정조정제도의 비효율성을 초래한다는 것이다. 즉 자치사무의 경비는 당연히 지방자체수입 또는 일반재원인 교부금에 의해 충당되어야 하며, 단체 및 기관위임사무는 보조금에 의해 충당되어야 하는바, 사무구분이 불명확하면 지방정부로서는 일반재원으로 충당해야 할 사무도 국고보조에 의존하려 하게 될 우려가 있다. 또한 단체위임사무와 기관위임사무에도 보조금 지급의 정도가 다르게 규정되어 있으므로 양자간 구분도 분명해야 할 필요가 있다(유일호, 1994: 36).

2) 지방재정의 추이

지방자치에 의해 지역주민의 사회복지욕구가 충족되기 위해서는 먼저 지역주민의 선호가 지방정부의 예산 결정과정에 정확하게 반영되어야 한다. 그러므로 지역주민의 욕구에 부응할 수 있는 재정자율권의 확보는 지방자치제의 기본 관건의 하나가 된다. 이러한 측면에서 지방세의 세목, 세율, 과표산정, 감면범위, 징수방법, 지방채의 활용 방법, 수수료율의 결정 등이 모두 중앙정부에 의해서 통제되고 있는 우리나라의 경우 재정운용의 자율성이라는 측면에서는 중앙정부와 지방정부의 구분이 명목적일 수 밖에 없다. 이러한 문제에 대한 제도적 차원의 개혁이 없이는 지방자치제의 본래의 의미를 살릴 수 없다.

지방자치제가 실시되기 시작한 1991년 이래 지방정부재정을 세출측면에서 보면 다음과 같다(오영수, 1994: 52-56). 1990년부터 세출구조면에서는 지방정부의 재정이 총재정의 50.6%를 차지함으로써 중앙정부의 재정을 앞지르기 시작하여 그 기조가 계속되고 있다. 이는 지방자치제의 실시가 세출규모면에서는 어느 정도 성과를 거두고 있음을 보여주고 있다. 세출구조면에서의 지방재정의 특징은 표 9.1에서처럼 중앙정부의 재정에서도 소홀히 되고 있는 사회복지분야에 대한 재정지출

표 9.1 지방재정 세출구조의 추이

(단위: %)

구 분	1980	1985	1990	1991	1992	1993
의 회 비	-	-	0.1	0.6	0.4	0.4
일반행정비	21.4	21.0	12.8	11.8	12.1	11.9
사회복지비	12.0	10.8	13.9	11.6	11.6	11.0
산업경제비	12.4	9.6	9.9	9.3	9.4	10.5
공익사업비	46.0	48.7	-	-	-	-
지역개발비	-	-	49.3	51.9	54.1	52.5
문화·체육비	-	-	4.1	3.5	4.1	2.3
민 방 위 비	1.4	1.2	1.5	1.4	1.4	1.3
지원·기타경비	6.8	8.7	8.4	9.9	6.9	10.0
합 계	100.0	100.0	100.0	100.0	100.0	100.0

비고 : 1) 1993년 예산은 예산액 기준임.
    2) 세출규모는 일반회계, 공기업 특별회계, 기타 특별회계를 합한 것임.
출처 : 내무부, 지방재정연감, 각 연도. (오영수, 1994: 55)

이 지방재정에서도 1980년대 이후로 계속 감소하는 추세 속에서 지방자치제의 실시 이후 지역개발비의 비중이 높아지는 특징을 보이고 있다. 이것을 다시 경제적 성질별로 보면 1992년 결산기준으로 인건비, 물건비 및 경상 이전에 지출되는 경직성 경비가 41.4%를 차지하고 있어 재정의 탄력적 운용을 어렵게 하고 있다.

세출의 측면에서는 지방정부의 재정규모가 중앙정부의 재정규모보다 상대적으로 신장된 반면에, 세입의 측면에서는 국세에 비해 지방세가 상대적으로 위축되는 불균형 구조가 유지되는 것으로 나타나고 있다(오영수, 1994: 56-59). 지방세 수입은 총조세에서 차지하는 비중상으로나 대 GNP 비중상으로 꾸준히 증대하는 추세임에도 불구하고 여전히 그 비중은 낮다. 즉 절대규모면에서는 1970년 332억 원에서 1993년 10조 9,900억 원으로 331배 증가하여 같은 기간에 GNP 절대규모가 95배 증가한 것을 훨씬 상회했으나, 1970년 GNP 대비 1.2%, 총조세 대비 8.4%였던 것이 1993년에는 GNP 대비 4.2%, 총조세 대비 22.0%의 수준으로 증대되었을 뿐이다.

표 9.2 지방재정 세입구조의 추이

(단위 : %)

구 분	1970	1980	1985	1990	1991	1992	1993[2]
지방세수입	10.3	24.7	21.8	22.5	22.1	22.5	24.3
세외수입	12.0	39.8	48.8	38.6	49.8	43.3	37.6
이전수입[1]	77.6	35.5	29.4	38.9	28.2	34.2	38.1
합 계	100.0	100.0	100.0	100.0	100.0	100.0	100.0

주 : 1) 이전 수입은 중앙정부로부터 받는 교부금, 양여금, 보조금으로 구성된다
　　2) 1993년은 예산액 기준임
　　* 지방정부 일반회계, 공기업 특별회계, 기타 특별회계를 모두 합한 총계규모임.
자료 : 내무부, 지방재정연감, 각 연도 (오영수, 1994, p 57)

일반회계 및 특별회계를 포함한 지방재정 세입구조의 추이를 보면, 지방세수입은 1970년대의 10% 수준에서 크게 증대하여 1990년대에는 22-24% 수준에 이르고 있다(표 9.2 참조). 지방세외수입의 비중 역시 1970년의 12%였으나, 1980년대

에 꾸준히 증가하여 1993년에 37.6%를 차지하고 있다. 이에 비해 이전수입의 비중은 1970년에 비해 현저히 하락하여 30%대 수준을 유지하고 있으나, 지방양여금 신설 등의 영향으로 1991년 이후 증가추세를 보이면서 1993년에 38.1%를 차지하고 있다.

과세유형별로 지방세의 구조를 보면 1990년 이후 소득과세와 재산과세의 증대추이 속에 소비과세가 줄어드는 경향을 보여 1993년에는 예산기준으로 소득과세 10.8%, 소비과세 17.8%, 재산과세 67.3%, 기타과세 4.0%로서 재산과세의 비중이 압도적임을 알 수 있다.

3. 중앙과 지방정부 사회복지재정의 추이

1) 중앙정부 사회복지재정의 추이

사회복지재정의 추이를 살펴보기 위해서는 사회복지지출의 성격을 2가지 측면에서 고찰해야 한다. 첫째, 사회복지지출의 절대적인 수준이 어떠한가를 규명해야 한다. 일반적으로 사회복지지출의 수준을 평가하는 방법으로는 지출을 국민총생산수준과 비교하여 판단하는 방법이 있고, 또 다른 방식은 정부의 재정지출과 사회복지지출을 비교하는 방법이 있다. 둘째, 사회복지지출의 내용을 분석하는 것으로과 비용분담이 어떻게 이루어졌는가를 분석하는 것이다. 구체적으로 국가, 사용자, 피용자의 비용분담이 어떻게 이루어졌는가를 분석한다.

먼저 사회복지지출의 절대수준을 국민총생산 대비 사회복지지출의 비율로 살펴보면 다음과 같다. 사회복지제도운영에 국가의 재정지출은 선진국의 경우 국민총생산의 20-30% 수준에 까지 도달하고 있다(한국개발연구원, 1988: 254-257; 한

국개발연구원, 1991: 264-265, 296). 그러나 우리나라의 경우는 그 비율이 1~2%
의 수준에 머무르고 있어 그 절대액이 현저히 작다는 것을 알 수 있다(표 9.3).

표 9.3 GDP 대비 사회보장지출비의 비중

연도	전체 사회보장지출의 대 GDP 비중(%)	1인당 사회보장비(원)	중앙정부 사회보장지출의 대 GDP 비중(%)
1962	1.1	140	1.0
1965	0.8	224	0.61
1970	1.0	870	0.59
1975	1.0	2,804	0.59
1980	1.6	16,400	0.70
1985	2.1	42,163	0.73
1990	3.1	127,744	1.08
1994	3.7	240,534	1.21

(출처: 노인철 · 김수봉, 사회보장재정의 국제비교와 전망, 한국보건사회연구원, 1996, 이영환 · 문진영,
1996, p. 8)

표 9.4 중앙정부 지출 대비 사회지출(주택·사회보장·사회복지)의 비중, 1993

(단위: %)

분류	국가	1인당 GNP	중앙정부지출 대비 사회지출비중	GNP 대비 중앙정부 지출비중	GNP 대비 중앙정부 사회지출비중
중상위 소득 국가군	브라질	$2,930	30.0	25.6	7.68
	칠레	$3,170	39.3	22.6	8.88
	그리스	$7,390	14.7	43.1	6.34
	한국	$7,660	11.2	17.1	1.92
고소득 국가군	영국	$18,060	32.5	43.4	14.11
	프랑스	$22,490	45.5	45.5	20.70
	독일	$23,560	45.9	33.6	15.42
	스웨덴	$24,740	53.3	53.9	28.73
	미국	$24,740	31.7	23.8	7.54

(출처: World Bank, World Development Report 1995, 이영환 · 문진영, 1996, p. 10)

이러한 현실은 외국과의 비교에서도 확인할 수 있다(표 9.4 참조). 1993년 기준으로 우리나라의 중앙정부지출 대비 사회지출 비율은 11.2%로 고소득 국가군은 물론이고 중상위국가군인 브라질 30.0%, 칠레 39.3%에 비해 현저히 떨어지며, 그리스 14.7%에 비해서도 더 낮은 수치를 보여주고 있다.

복지부 예산비율의 감소는 사회보장 및 사회복지사업에 대한 중앙정부의 재정적인 기여의 상대적인 감소를 의미할 뿐, 그것이 전체 사회보장비 지출이나 수입에 미치는 영향은 전적으로 사회보장제도 자체의 성격에 달려 있다. 3자 부담이 아니라 2자 부담방식의 사회보험제도가 주축이 되는 사회보장제도라면, 중앙정부 예산 감소가 결정적인 영향을 주지는 않을 것이다. 실제로 우리나라에서는 복지부 예산이 감소되어도, 총사회보장비 지출규모는 지속적으로 늘어났다. 1986년 사회보험과 공적부조, 보훈 및 사회복지서비스의 총지출이 1조 9천억 원으로 GNP의 2.15%이던 것이 1988년 2조 3천억 원, GNP의 2.43%로 증가하고, 1990년 5조 4천억 원, GNP의 3.15%, 1992년에는 8조 원, GNP의 3.5%로 지속적으로 증가하였다. 인구 일인당 사회보장비 지출도 1986년 4만 7천 원에서 1992년 18만 4천 원으로 증가하여, 같은 기간동안 일인당 GNP 220만 7천 원(US 2,505)에서 527만 원(US 6,749)으로의 증가를 상회하였다(이혜경, 1995:44).

다음으로 우리나라의 정부예산과 사회복지예산의 변천 추이를 보면, 1980년 후반이후 중앙정부예산의 대 GNP 배분비율은 1990년을 정점으로 점차 감소 및 정체를 보이고 있고, 사회복지예산의 대 정부예산 배분비율은 1992년을 정점으로 점차 감소추세에 있다(표 9.5 참조). 그리고 그 수준이 외국과 비교할 때 대단히 낮은 수준에 머무르고 있다. 1987년 기준으로 각국의 정부예산을 비교한 연구결과에 따르면 선진국의 경우 사회복지예산의 대 정부예산 배분비율 평균이 40.67%, 우리나라와 경제발전수준이 유사한 중상위국의 경우 22.37%, 중하위국의 평균이 11.98%에 달하는 것으로 나타나고 있다(평화연구소외, 1991:23-38). 이에 비해 우리나라의 경우는 지출수준이 가장 높은 1992년의 경우도 6.41%에 불과하여 전체적으로 사회복지지출수준이 극히 열악함을 알 수 있다.

표 9.5 GNP 및 정부예산과 사회보장예산의 변천 추이

(단위 : 10억 원, 경상가격)

년도	GNP	정부예산	사회보장예산	정부예산/GNP (%)	사회보장예산/GNP (%)
1988	113,975	18,429	820.227	16.2	4.45
1989	137,140	22,047	1,142.708	16.1	5.18
1990	166,060	27,456	1,498.834	16.5	5.45
1991	198,472	31,382	1,995.858	15.8	6.35
1992	227,230	33,502	2,148,901	14.6	6.41
1993	266,540	38,050	2,414.830	14.3	6.34
1994	289,482	43,250	2,613,623	14.9	6.04

(여기서 정부예산은 일반회계 예산을 의미하며, 사회보장예산은 의료보호/보험, 보훈, 근로자복지, 기타 사회복지, 국민연금부문의 예산을 의미한다.
출처: 예산 개요, 경제기획원, 1989년-1994년)

위에서 살펴본 바 대로 1990년대 들어 정부의 사회복지에 관한 재정적 관여는 감소추세에 있다. 중앙정부의 기능별 세출 결산 중 사회개발비의 비중이 1990년을 고비로 계속 떨어지고 있는 반면, 경제개발비의 비중이 1990년 이후 계속 증가추세를 보이고 있다. 이외 중앙정부 일반 예산 중 보건복지부(보건사회부) 예산이 차지하는 비중 역시, 1990년과 1991년 5.0%와 5.1%를 정점으로 1992년 4.7%, 1993년 4.4%, 1994년 4.1%까지 감소추세에 있으며, 1995년 예산에서도 일반정부 예산 증가가 15%인데 반해서 복지부 예산 증가는 7%선에 거쳐, 전체적인 비율은 더욱 감소할 것이다(이혜경, 1995: 39-40).

중앙정부 예산의 상대적 감소는 사회보장비 지출총액 중 중앙정부지출이 차지하는 비율의 감소로 나타나게 된다. 1986년부터 1989년까지는 중앙정부 지출이 총

사회보장지출의 42.7%에서 41.7% 사이를 이동한 데 비해, 1990년 이후에는 군인연금 적자의 보전과 농촌지역 의료보험에 대한 정부지원 그리고 국민연금 행정비지원에도 불구하고 40%, 39%, 37%대로 계속 떨어지고 있다. 중앙정부 지출 중 가장 큰 비중을 차지하는 것 역시 사회보험으로 1986년부터 1992년 까지 평균 59%를 차지하였고, 다음이 보훈을 비롯한 공적부조로서, 7년 평균 36%, 마지막이 사회복지서비스로서 7년간 평균 5%의 지출을 차지했다. 여기서 정부의 사회보험지출은 일반국민을 위한 사회보험에의 지원이 아니라, 공무원과 군인 그리고 사립학교교직원을 위한 연금과 의료보험을 위한 지출을 의미한다(1992년 중앙정부지출의 46.4%)(이혜경, 1995: 46-48).

사회복지지출수준의 미약함은 제도의 특성상 제도운영이 전액 국가의 지출로 이루어 지는 공적부조와 사회복지서비스예산을 살펴보면 더욱 뚜렷하게 나타난다. 우리나라 공적부조제도 예산을 살펴보면 그 수준이 대단히 미약함을 알 수 있다. 한국보건사회연구원(1990)의 조사에 의하면 선진국의 경우 1985년 GDP대비 사회부조 예산은 약 2-6%수준이나 우리나라는 0.44%에 불과하다고 한다. 우리나라가 선진국에 비해서 절대빈곤층이 적기 때문에 재정지출이 낮다고는 결코 볼 수 없다. 아동, 장애인, 노인 등 사회적 약자들을 대상으로한 사회복지서비스 예산 역시 공적부조의 경우와 같은 논리로 국가의 전액 재정부담이 대부분 이루어지고 있으나 그 예산규모가 1991년의 경우 국민총생산의 0.07%, 정부예산의 0.5%에 불과해 재정지출이 대단히 미약하다는 것을 알 수 있다.

둘째, 재정지출의 사회적 분담문제를 보면 다음과 같다. 재정차원에서 그 절대액은 물론이고 비용의 분담문제가 중요한 이슈로 등장하는 것이 바로 사회보험분야라 하겠다. 사회보험과 관련된 재정의 분담원리는 국제노동기구의 권고안이 중요한 시사점을 제공해 주고 있다. 1944년 국제노동기구의 소득보장에 관한 권고(권고 제67호)(ILO조약 권고집, 1991: 771-772)에 따르면 사회보장의 비용은 우선적으로 전 국민이 공평하게 분담한다는 것을 알 수 있으며, 사용자의 비용부담이 50% 이상을 넘어서야 하며, 사회보험의 기여금은 수입에 따라 비례적으로 부담되어야 한다는 것을 알 수 있다.

따라서 사회복지재정의 경우 전 국민이 비용을 공평하게 분담하는 것이 재원마련의 중요한 관건이라 하겠다. 국민의 비용 분담은 일차적으로 조세를 통한 비용분담이 있으며, 다음으로는 사회보험의 경우 기여금을 통한 수급자로서의 비용분담이 있으며 의료보험의 경우는 의료이용시 본인부담금을 통한 비용지출이 있다. 먼저 비용분담이 공평하게 이루어지기 위해서는 전 국민이 비용을 지불하는 조세체계가 공평성을 보장할 수 있게 누진적으로 운용이 되어야 한다. 우리나라의 경우는 간접세의 비중이 다른 나라에 비해서 높기 때문에 이의 개선이 무엇보다 우선적으로 이루어져야 재정의 공평한 분담이 이루어질 수 있을 것이다(표 9.6 참조).

1989년에 도시지역주민을 마지막으로 전국민에게 적용된 의료보험은 우리나라의 대표적인 사회보장제도라 할 수 있다. 특히 무엇보다 국가, 사용자, 근로자, 자영자가 모두가 재원을 부담하고 있다는 점에서 재정의 분담 정도를 판단할 수 있는 중요한 척도가 된다.

표 9.6 주요국의 직·간접세 비교

	일 본		미 국		영 국		한 국	
	직접세	간접세	직접세	간접세	직접세	간접세	직접세	간접세
1985	72.8	27.2	90.0	10.0	56.1	43.9	39.3	60.7
1990	73.7	26.3	91.8	8.2	59.2	40.8	49.5	50.5
1992	70.7	29.3	90.3	9.7	55.7	44.3	52.8	47.2

(출처 : 재정통계자료집, 한국개발연구원, 1994, P. 84, 253)

의료보험에 소요되는 비용에 대한 부담은 크게 보면 가입자(근로자, 자영자)의 보험료, 사용자의 보험료, 국가부담금 그리고 본인부담금으로 나누어 볼 수 있다.

본인부담금을 제외한 의료보험 각 제도의 재정의 사회화 정도를 보기 위해 전국민 의료보험이 완성된 89년 이후 국가, 사용자, 피보험자간의 재정분담율을 산출하였는데 그 결과는 표 9.7과 같다(조홍식 외, 1992: 358-360).

표 9.7 의료보험의 국가, 사용자, 피용자 재정 분담 현황

	직장의료보험				공교의료보험				지역의료보험	
	국가	사용자	피용자	기타	국가	사용자	피용자	기타	국가	지역주민
1989	-	45.4	45.4	9.2	39.8	4.1	44.6	11.5	41.4	56.6
1990	-	44.7	44.7	10.6	40.0	4.1	44.1	11.9	36.6	60.1

(출처 : 보건사회부, 『1991 보건사회통계연보』; 의료보험관리공단, 『1990 의료보험통계연보』에서 재구성)

표9.7은 각 제도의 보험료 수입을 국가, 사용주, 피보험자의 법정 보험료 분담비율에 따라 재구성한 것이다. 90년의 경우를 보면 직장의보에 대한 국가부담은 전혀 없고, 공교의보는 40.0%(국고부담은 사용자의 성격을 갖는다), 지역의보는 36.6% 의 분담율을 나타내고 있으며, 사용자 부담은 직장, 공교의보(사립학교재단 부담금)가 각각 44.7%, 4.1%로 나타나고 있다. 이러한 비율을 전체적으로 보면 직장과 공교의보는 국가와 사용자의 보험료 분담비율이 50%를 넘지 않으며 지역의보는 오히려 주민들의 부담률이 50%를 훨씬 초과하고 있다는 것이 드러나고 있다. 특히 지역의보는 국가의 50% 재정지원 약속에도 불구하고 1990년의 경우 36.6% 지원에 불과한 것으로 나타나고 있다. 결국 이것이 의미하는 바는 우리나라 사회보장제도 중에서 국가와 자본 부담 정도가 가장 높은 의료보험조차도 국가와 자본의 총 부담이 50%를 넘지 못한다는 것을 의미하는 것이다.

의료보험의 재정은 국가, 사용자, 피보험자의 보험료 외에 본인부담금이 있기 때문에 본인부담액까지 포함해야 전체적인 재정의 분담 정도를 파악할 수 있다. 의료보험재정과 관련해서 더 큰 문제는 과중한 본인 부담금의 문제라 할 것이다. 우리

나라는 외국에 비해 높은 본인부담금을 가지고 있다고 평가되고 있다. 외국의 경우 본인부담금이 총진료비의 대략 0% 내지 11% 수준에 머무는데 비해 우리나라는 1988년의 35.4%(외래의 경우 44%)의 수준을 기록하고 있다. 게다가 우리나라는 제도시행 초기부터 비급여비용의 몫이 외국에 비해 상대적으로 커서 총 본인부담률은 50%를 넘어서는 것으로 나타나고 있다. 1989년 인구보건원이 1983년 이후부터 1989년 1월 사이에 수진자가 의료보험관리공단에 이의 신청한 4,602건(입원 4,298건, 외래 304건)의 진료비내역을 토대로 분석한 본인부담금의 정도가 표 9.8에 나와 있다. 본인부담률이 외래의 경우 무려 67%에 달한다(인구보건연구원, 1991). 최근의 연구결과(1993년)에서도 총 진료비에 대한 본인부담 수준은 52%로 나타나고 있다(김연명, 1995B). 이것으로 보아 의료보험의 경우는 수익자부담의 원칙이 철저하게 적용되고 있음을 알 수 있다.

표 9.8 의료보험의 급여비 중 본인 부담률

(단위 : %)

구 분	합계	보험급여율	총 본인 부담률		
			소 계	법정본인부담률	비급여부담률
입 원	100.0	59.7	40.3	14.9	25.4
외 래	100.0	33.0	67.0	34.1	32.9

(출처: 인구보건연구원, 의료보험본인부담제에 관한 연구, 1989, p. 90.)

2) 지방정부 사회복지재정의 추이

사회복지분야에 대한 지방정부의 재정추이도 중앙정부의 경우와 유사한 결과를 보여주고 있다. 재정지출 추이를 보면, 1980년 이후로 재정지출이 계속 감소하는 추세를 보여주고 있다. 이에 비해 지방자치제의 실시 이후 지역개발비의 비중이 계속 높아지는 특징을 보이고 있다(표 9.1 참조). 이는 기존의 중앙정부 주도 아래 이루어진 지역개발 기능을 지방정부가 대신 수행하고 있는 현실을 반영한 결과라 할 수 있으며, 또한 지방정부가 지역개발을 중심으로 재정을 운용하고 있음을 알 수 있다.

이와 같은 결과는 전국을 대상으로 한 연구결과 및 지역주민들을 대상으로 한 조사결과와도 일치하고 있다. 1991년 지방자치의 실시가 우리나라 지방정부의 복지정책정향에 어떠한 영향을 미쳤는가를 110개 지방정부를 대상으로 한 실증분석 결과, 1991년 지방자치의 실시는 지방정부의 복지정책정향에 유의미하게 나타났으며, 부정적인 영향을 미친 것으로, 즉 복지사업예산(지방정부예산에서 사회복지예산이 차지하는 비중)을 감소시킨 것으로 나타났다(이승종·김흥식, 1992). 부산시민을 대상으로 한 김인(1991)의 조사연구와 수원시민을 대상으로 한 이승종(1993)의 조사연구에서도 주민들의 요구하는 행정서비스의 우선 순위에서 사회복지는 중간 순위에 불과하며, 환경과 함께 지역개발의 욕구가 높은 수준에 머무르고 있음을 보여주고 있다(김흥식, 1994: 90-92).

1993년의 경우 지방자치단체의 세출 중 사회복지비로 지출된 총 예산은 3조 4,318억 원의 규모인데 이중 80%에 달하는 2조 8천억 원 정도를 지방정부가 부담한 것으로 나타나고 있다(중앙정부는 9.7%인 6,786억 원, 광역자치단체가 27.3%인 9,376억 원, 그리고 기초자치단체가 52.9%인 1조 8,154억 원 부담). 표 9.9에 의하면 지방재정 중 사회복지비의 비율은 1991년 이후 약 11%선을 유지하고 있으나, 실질적인 지출수준은 약 8%로 추정된다(사회복지비 항목에는 분뇨처리 등 환경위생비로 지출되는 비용이 약 30%를 차지하기 때문에 이를 제외한 사회복지지출을 고려)(김연명, 1995A: 3).

표 9.9 지방자치단체 세출결산 중 사회복지비의 세부 내역(1993 결산)

(단위 : 억 원, %)

	국 비	시·도 비	시·군·구 비	합 계
합 계	6,787(19.8)	9,377(27.3)	18,155(52.9)	34,319(100.0)
사회복지행정	660(18.6)	1,077(30.4)	1,803(50.9)	3,541(10.3)
노 정 관 리	29(10.7)	153(56.3)	89(32.7)	272(0.8)
근로청소년복지	43(22.1)	89(45.6)	63(32.3)	195(0.6)
사회복지관건립운영	78(35.6)	75(34.2)	67(30.1)	219(0.6)
생활보호	3,678(49.6)	1,647(22.2)	2,086(28.1)	7,412(21.6)
• 영세민보호	1,887(50.4)	733(19.6)	1,126(30.1)	3,746(10.9)
• 의료보호	1,659(50.9)	667(20.5)	932(28.6)	3,259(9.5)
• 부랑인보호	123(53.2)	89(38.5)	19(8.2)	231(0.7)
• 재해구호	9(5.1)	158(89.8)	9(5.1)	176(0.5)
아동복지	633(38.9)	380(23.4)	614(37.7)	1,627(4.7)
묘지 및 화장장 관리	7(8.5)	38(46.3)	36(43.9)	82(0.2)
노인복지	785(36.3)	547(25.3)	829(38.4)	2,161(6.3)
청소년복지	85(7.3)	358(30.6)	727(62.1)	1,171(3.4)
부녀복지	75(11.3)	333(0.5)	258(38.7)	666(1.9)
• 부녀직업보도시설운영	28(14.3)	72(36.7)	96(49.0)	196(0.6)
• 부녀복지관건립운영	12(3.9)	215(69.8)	81(26.3)	308(0.9)
• 모자보호시설운영	35(21.6)	47(29.0)	80(49.4)	162(0.5)
보건관리	263(6.1)	784(18.3)	3,247(75.6)	4,294(12.5)
• 보건행정	116(5.4)	369(17.3)	1,649(77.3)	2,134(6.2)
• 보건소운영	126(7.7)	152(9.3)	1,364(83.1)	1,642(4.8)
• 결핵·전염병·나병관리	7(9.5)	16(21.6)	51(68.9)	74(0.2)
• 성병·기생충관리	2(6.1)	2(6.1)	28(84.8)	33(0.1)
• 의료원현대화	7(2.4)	226(78.5)	55(19.1)	288(0.8)
• 방역관리	4(3.3)	19(15.4)	101(82.1)	123(0.4)
가족계획	7(9.9)	10(14.1)	54(76.1)	71(0.2)
환경위생	413(4.0)	2,417(23.2)	7,586(72.8)	10,416(30.4)
• 분뇨처리	81(3.2)	648(25.7)	1,794(71.1)	2,524(7.4)
• 진개처리	175(2.7)	1,449(22.7)	4,762(74.6)	6,387(18.6)
• 공해방지	156(10.4)	320(21.2)	1,030(68.4)	1,506(4.4)
식품위생	3(0.9)	74(21.6)	266(77.6)	343(1.0)
기타보건시설운영	27(1.5)	1,394(75.4)	428(23.1)	1,849(5.4)

자료 : 내무부, 『지방재정연감』, 1994

4. 중앙정부와 지방정부의 사회복지 재원 확대 방안

본 장에서는 지방자치정부의 사회복지활동을 지원·통제를 하기 위해서는 중앙정부의 적극적인 활동이 요구된다고 보고, 중앙정부의 사회복지재원을 늘리는 문제와 지방자치정부 차원에서 고려할 수 있는 재원확보 방안을 살펴보았다.

1) 중앙정부 사회복지 재원확대 방안

복지재원의 규모와 관련해서는 국가의 재정지출 수준의 문제가 우선적인 중요성을 갖는다. 오늘날 대부분의 국가는 전국민의 최저생활을 보장하고 복지를 증진시키는 책임을 지고 있다. 국가는 사회보험제도를 운영할 뿐만 아니라 아동, 노인, 장애인 등 사회적 약자들을 위한 공적부조를 전적으로 국가책임으로 시행하고 있으며, 사회복지서비스 등의 경우에도 상당한 정도의 국가재정을 투여하고 있다. 그러므로 오늘날 국가의 재정지출 수준은 한 국가의 복지수준을 가늠하는 가장 중요한 지표로 통용되고 있다. 우리나라도 마찬가지로 이러한 제도들을 운영하고 있지만, 국민총생산의 30-40%를 복지재정으로 지출하는 선진국들에 비해 재정지출의 수준이 매우 낮다. 문제는 사회복지에의 재정지출의 수준이 낮아지면 복지급부의 수준이 같이 낮아지거나 혹은 수익자 부담원칙 등과 같은 비용의 전가현상이 나타나기 때문이다. 이와 같이 국가의 재정지출 수준은 국민들의 복지수준과 직결되는 중요한 문제이다.

중앙정부차원에서 사회복지에의 재정지출을 확대하는 방안은 무엇일까? 국가의 복지재정지출을 확대한다는 것은 곧 복지재원을 확충함을 의미하는데, 사회복지재원의 획기적인 증대방안을 고려하는 것은 힘들겠지만 조세부담에서 누진성을 강화하여 세입을 확대하는 방법과 세출구조를 조정하는 방법이 가능성으로 고려될 수 있다. 현재 우리의 상황에서 사회보장재원의 획기적인 증대방안을 고려하는 것은 힘들겠고 대략 두 가지 방향에서 대안을 제시할 것이다.

(1) 복지재원의 확대 방안

먼저 현 조세체계 내에서 조세부담의 절대액을 증대시킴으로써 사회보장재원을 마련하는 방안을 고려할 수 있다. 여기서는 조세수입의 대 GDP 비율, 즉 조세부담률을 현 수준에서 증대시키는 것이 바람직한가, 증대시킨다면 어느 세목의 비중을 증대시킬 것인가를 고려해야 한다.

우리나라의 조세부담률(1991년 18.6%, 1992년 19.4%, 1993년 19.1%)을 국제적으로 비교하면 중간수준 이하로 평가된다. 따라서 이론적으로 보아 조세부담을 증대시킬 여지는 있다(표 9.10 참조). 이와 관련해서 우리나라 재정의 절대규모 역시 다른 나라와 비교했을 때 별로 크지 않는 것으로 나타났다(최광, 1991:6-8). 따라서 재정규모 확대 가능성은 여지가 있다고 하겠다. 조세 부담의 확대방안에서 고려되어야 하는 문제는 어떠한 세목을 조정할 것인가를 결정하는 것과 국민들의 조세저항을 어떻게 처리할 것인가를 고려해야 한다는 것이다.

표 9.10 각국의 조세부담률

한국 (1990)	미국 (1987)	영국 (1987)	프랑스 (1987)	일본 (1987)	말레이시아 (1984)	인도네시아 (1987)	칠레 (1986)
19.4	20.8	30.1	24.5	20.8	19.9	17.7	21.0

자료 : 경제기획원, 주요업무지표, 1991. p. 4.
출처 : 한국개발연구원, 국가예산과 정책목표 -1991년도, 1991, p. 307.)

둘째, 기존 조세의 세원을 확대하는 방안으로 재산, 토지과세 강화와 같은 직접세의 비중을 높이는 방법, 조세체계 내에서 각종 불필요한 조세감면제도를 축소내지 폐지하고 준조세를 공조세화하며 금융자산실명제 등을 통해 지하경제를 근절시키는 것 등을 들 수 있다. 특히 지방세제의 주축을 이루는 재산관련세제의 낮은 과표 현실화률과 조세감면제도를 축소한다면 중앙재정은 물론이고 직접적으로 지방재정의 합리적 운용에 큰 도움이 될 것이다

실제 재산관련 세제에 대한 낮은 과표 현실화율은 우리나라 재산보유과세의 기능정상화를 저해하는 주된 원인이라고 할 수 있다. 예를 들어 종합토지세의 경우 1993년 과표현실화율이 공시지가 대비 전국 평균 21%에 불과하다. 따라서 이를 대폭 상향 조정한다면 세수의 확충과 조세의 형평성 제고에 도움을 줄 수 있을 것이다. 다만 종합토지세의 과표기준을 공시지가로 전환하는 과정에서 세부담의 급격한 증대를 완화시키기 위해 어떻게 세율을 인화조정해야 할 것인가를 고려해야 할 것이다. 현행 종합합산과세하는 종합토지세의 세율을 보면 과세시가 표준액을 상향조정하기 어렵도록 과세계급의 폭을 너무 좁게 설정하고 있다. 따라서 향후의 세제개편에서는 토지의 과표현실화를 반영하여 과세구간을 넓히면서 현실화하는 방향으로 개편이 이루어져야 할 것이다(노기성 · 오영수, 1994: 78-79).

비과세 및 감면제도는 지방세분야에 과다하게 사용되고 있다. 현재 지방세의 비과세 및 감면제도는 15개 지방세 전 세목에 걸쳐 적용되고 있으며, 그 규모는 1992년에 1조 5천 8백 79억 원으로 지방세 수입의 16.8%, 1993년에는 1조 5천 5백 49억 원으로 지방세 수입의 14.1%를 차지하고 있다(내무부, 지방세정연감, 1993). 세목별로는 취득세와 등록세의 감면액의 합계가 전체 감면액의 73.7%를 차지하고 있으며, 여기에 종합토지세, 재산세, 도시계획세, 소방공동시설세 등의 감면액을 합하면 재산 과세의 감면액이 전체 지방세 감면액의 94.8%에 이르고 있다.

그런데 이러한 지방세 비과세 및 감면제도는 지방자치단체의 자율적인 결정에 의해서가 아니라 국가적인 정책목표를 달성하기 위하여 운용되고 있음에도 불구하고 그 재정적 부담은 지방자치단체가 지고 있는 데에 근본적인 문제가 있다. 또한 지방세 수입에 대한 비과세 · 감면액의 비중이 1990년과 1991년에는 각각 6.3%와

6.8%에 머물렀는데 1992년에 16.8%, 1993년에는 14.1%에 달하는 것에서도 알 수 있듯이 지방자치제 실시에 따른 지방재정 확충의 필요성이 증가하는데도 불구하고 오히려 비과세·감면액의 비중이 증가하고 있는 데에 문제의 심각성이 있다(하연섭, 1995: 93-94).

우리나라 지하경제의 규모는 작게는 GNP의 20%에서 크게는 40%까지로 추정되고 있다. 지하경제의 존재는 조세징수에 있어서 국가재원확보의 축소문제뿐만 아니라 조세의 수평적 공평성문제를 야기시키기 때문에 지하경제에 대한 세원확보는 국가재정의 확보 뿐만 아니라 조세의 공평성원칙을 준수한다는 점에서도 의의를 찾을 수 있다.

(2) 세출구조의 조정

세출구조 조정문제에서는 주로 국방예산의 지출과 경제개발예산의 축소가 거론된다. 곽태원(1989년)의 연구에 따르면 각국의 방위비 비중의 변동에 관한 연구결과 소득수준의 향상과 함께 방위비지출비중이 줄어들 것이라는 명제는 뒷받침되지 못하고 오히려 소득증가와 함께 방위비지출이 늘어날 가능성이 있음을 시사해주고 있다고 밝히고 있다.

경제개발비의 경우는 저소득국의 경우에는 소득수준에 따라 경제개발비 비중이 늘어나는 경향을 보이고, 중상위소득국의 경우는 1인당 소득이 늘어남에 따라서 경제개발비가 현저히 줄어드는 경향이 있다고 밝히고 있다. 따라서 우리나라의 경우 앞으로 소득이 상승함에 따라 경제개발비 비중이 낮아질 수 있으리라 전망이 되지만, 예상 수치가 대단히 낮게 추정되기 때문에 경제개발비 지출도 급속하게 하락시키기 어려운 것으로 나타났다.

세계 54개국을 대상으로 재정지출구조의 변화를 통한 복지지출증대 가능성을 고찰한 결과, 재정규모가 줄어든 때에는 복지지출비중을 줄이는 것이 어렵기 때문에 다른 부문에 대한 지출비중이 더 빨리 줄어들게 되는 반면, 재정규모가 늘어나는 상황에서는 다른 부문에 대한 지출비중을 줄여서 복지재정을 확충한 경험이 외국에서도 거의 없었음을 나타내는 것이라고 해석하고 있다. 결론적으로 곽태원은 지출구조의 조정을 통한 복지재원의 확보는 중장기적인 명제이며 단기적으로는 실효성이 없는 정책대안이라고 평가하고 있다(곽태원, 1989). 따라서 사회복지예산 확보의 주요 방안으로 자주 거론되고 있는 세출구조의 조정을 통한 세수확보는 다른 나라의 경험으로 볼 때 그렇게 현실성이 높은 정책대안은 아니라고 판단된다. 즉 국방예산이나 경제개발예산의 감소를 통한 사회복지예산의 확보가 가능하기 위해서는 정책결정자들의 사고의 획기적인 전환이 필요하겠지만, 무엇보다 이를 뒷받침할 수 있는 남북통일 같은 정치사회적인 환경의 변화가 수반되어야 할 것이다.

그렇다면 국방예산에의 지출을 줄일 경우 어느 정도의 복지예산이 가능할까? 1991년 이루어진 연구결과를 보면 1989년 기준으로 우리나라와 경제발전 정도가 유사한 국가의 수준으로 방위비 감축을 할 경우 4조 8천 70억 원, 현행보다 50% 방위비를 감축할 경우에는 3조 1천 1백 50억 원의 경제잉여가 발생하는 것으로 추정되어, 전 국민에 대한 무상연금, 완전 무상의료, 저소득층 주택문제 해결, 중학교 의무교육, 장애인 수당 지급 등이 가능하다고 한다(평화연구소 외, 1991).

2) 지방정부 사회복지 재원조달 방안

지방정부차원에서 고려할 수 있는 사회복지재원 확보 방안은 다음과 같이 대략 5가지로 나누어 고찰할 수 있다.

첫째, 지방세제 내에 목적세로 사회복지세를 신설하는 방안을 고려할 수 있다. 그러나 이 방안은 현재와 같이 지역간 재정격차가 심한 경우는 격차의 폭을 더욱 크게 할 염려가 있으며, 지역주민들의 조세저항도 예상할 수 있다.

둘째, 지방정부의 세외 수입 예를 들면 수수료, 사용료, 기부금 등을 확대하는 방안을 들 수 있다. 수수료, 사용료의 확대는 사회복지세와 마찬가지로 재정격차, 조세저항을 예상할 수 있으며, 이에 비해 기부금은 이타주의를 강조하는 사회복지의 정신과도 일맥상통하는 것으로 훌륭한 재원확보방안이 된다. 우리나라도 조만간 "사회복지공동모금법"이 만들어지면 민간 주도로 다양한 모금활동이 이루어질 것으로 기대할 수 있다.

셋째, 지방교부세율의 활용방안을 고려할 수 있다(법적 근거는 지방교부세법). 지방교부금은 자주재원의 성격을 가지고 있으며, 용도지정이 없는 일반재원(지방 간의 세원분포의 불균형때문에 국가가 징수, 배분한다.)에 속한다. 교부금은 지방 자치단체별 재정부족액에 기초하여 배분되고 있으며, 1994년 예산규모는 4조 7,246억 원이다. 지방교부세의 세율은 1969년 17.6%로 정해졌으나, 1973년 7 · 3 조치로 그 비율이 폐지되었다가, 1982년 13.27%로 재조정되어 오늘에 이르고 있다. 현 교부세율을 유지하면서 사회복지비율을 확대하는 경우에는 여타 사업이 위축될 우려가 있다.

지방교부세는 구체적인 용도의 지정이 없는 지방정부의 일반재원이기 때문에, 그것을 이전 또는 확대한다하여도 지방정부가 확대된 자원을 개발정책이 아닌 사회복지정책에 투자할 것이라는 아무런 보장이 없다. 본격적인 지방자치가 실시된 이후 표출될 것으로 예견되는 복지기능에 대한 지방정부의 정책적 노력의 상대적 위축을 감안한다면, 지방정부는 오히려 확충된 재원을 지역경제성장에 순기능적 이라는 개발정책에 투자할 가능성이 높다. 아울러, 지방교부세는 지방정부의 재정 자립정도를 감안하여 차등 교부할 수 있는 재원일 뿐, 사회복지에 대한 정책적 노력 정도를 기준으로 하여 차등 교부할 수 있는 성질의 재원은 아니다. 따라서 지방정부 의 사회복지투자에 대한 적극적인 동인이 없는 한, 지방교부세는 적절한 재원이 될 수 없다.

넷째, 국고보조금의 확대를 고려할 수 있다(법적 근거는 보조금의 예산 및 관리에 관한 법률). 국고보조금은 국가가 용도를 정하여 교부하는 보조수입으로 지방정부의 사회복지비의 대부분을 여기서 충당하고 있다. 국고보조금은 보조비율에 의거 신청내용을 심사하여 배분하고 있으며, 1994년 예산규모는 3조 398억 원이다. 국고보조금의 확대는 사회복지분야 재원의 확대라는 측면에서는 긍정적인 방안이될 수 있으나, 지방정부의 자율권 침해 가능성의 문제점을 가지고 있다. 이 문제의 해소를 위해서는 지역사회주민들의 민주적 참여가 보장되어야 한다.

국고보조금에 대한 중앙정부의 개입 가능성은 자율권 침해의 측면과는 반대로, 지방정부가 지역복지에 소극적일 때 중앙정부가 개입할 수 있는 여지를 제공하고 있다. 즉 국고보조금은 그 규모, 지급대상사업 및 보조율의 결정, 지급대상 지방정부의 선정 등에 있어서 중앙정부가 상당한 재량권을 행사할 수 있도록 되어 있는 제도이며, 아울러 국민기초생활보장법, 모·부자보호법, 정신보건법 등 사회복지와 관련된 개별 법률에 이에 관한 사항을 관리하는 조항이 이미 구비되어 있기 때문에 지역복지정책정향의 위축을 시정하는 데 특별한 법률의 제정 또는 개정이 없이 당장 활용할 수 있는 가장 효과적인 재정통제방법이다.

다섯째, 지방양여세 제도의 확대 방안을 고려할 수 있다(법적 근거는 지방양여금법). 지방양여세란 국세 중 특정 세목의 수입 일부를 지방자치단체에 양여하여 특정사업에 사용하도록 하는 제도로서 1991년 도입되었다. 1994년 예산에서는 전화세 100%, 주세 80%, 토지초과이득세 50%를 지방양여금으로 이전하여 총 1조 7,747억 원 규모로 운용되고 있다. 지방양여세는 국민에게 새로운 부담을 주지 않으면서 지방자지단체 간 재정불균형을 해소할 수 있는 방안이 된다. 그러나 현재 지방양여금은 도로정비, 농어촌 지역개발, 수질오염방지, 청소년 육성, 지역개발 등의 5개 사업에 사용되도록 용도가 지정되어 있다.

따라서, 지방양여금을 사회복지사업에 활용하기 위해서는 지방양여금의 용도를 사회복지사업에도 사용될 수 있도록 확대하는 방안이 고려되어야 할 것이다. 즉 법률의 대상사업 규정에 지역의 사회복지를 포함하는 법률의 개정이 필요하다. 만약 지방양여금 대상사업에 사회복지사업을 포함하고 그러한 용도로 지정하여 지방에 교부된다면, 지방정부는 그 재원을 사회복지와 관련된 사업들 중에서 어떤 사업이던 자율적으로 선택하여 그에 투자하고 시행할 수 있을 것이다. 따라서 지방양여금은 사회복지사업들 중에서 하나의 구체적인 사업을 미리 지정하여 교부되는 국고보조금에 비해, 지방정부의 자율권을 보장할 수 있는 방법이다(김홍식, 1994: 100).

결론적으로 지방정부에서 사회복지재정으로 활용할 수 있는 재원은 장기적으로는 지자체 자체 재정의 확대방안이 고려되어야 하겠지만, 지자체 간 재정불균형이 심한 우리의 현실을 고려할 때, 당분간은 3대 지방재정조정제도(지방교부금, 국고보조금, 지방양여금)의 합리적인 운용을 통한 재원의 확보를 기대할 수 밖에 없다(3대 조정제도의 문제점과 개선방안은 유일호, 1994:39-47을 참조할 것). 그리고 한정된 복지예산의 집행에는 행정운영의 효율성이 요구된다.

5. 맺는 글

이상에서 지방자치의 본격화를 맞이하여 중앙과 지방의 재정확대방안에 대해서 살펴 보았다. 문제제기에서 밝힌 대로 지방화의 시대는 사회복지계의 기대와는 달리 사회복지를 비롯한 삶의 질의 문제를 오히려 후퇴시킬 가능성이 크다. 그러면 지자체 하에서 삶의 질의 문제가 전면적으로 다루어질 수 있는 방안은 없을까? 이 문제와 관련해서 몇 가지 고려할 사항을 제시한다.

먼저 현재와 같이 지역간의 경제적 격차가 심한 우리의 현실에서는 지방자치의 본래의 의도와는 맞지 않겠지만 중앙정부의 강력한 통제와 개입에 의해 지방정부의 책임과 의무를 보장케 하는 것이다. 즉 지방정부의 재정확보 방안에서 밝힌 것처럼 지방재정조정제도의 적절한 운영을 통해 지역주민들의 삶의 질을 보장케 하는 것이다. 이때 문제는 지금과 같은 중앙집권적 복지체제가 유지된다고 한다면, 현재의 모습 이상으로 사회복지제도가 발전될 수 있는 가능성이 별로 보이지 않는다는 것이다. 즉 본문에서 살펴본 것처럼 제도의 핵심을 이루는 재정지원에서 우리의 경제수준에 훨씬 미치지 못하는 재정지원수준이 얼마나 획기적으로 변할 수 있을까 하는 것이 문제가 되는 것이다.

현 정부는 '삶의 질'의 세계화를 주요 정책의 하나로 제시하였으며, 이의 구체적인 실현을 위한 국민복지기획단을 구성한 바 있다. '삶의 질'의 세계화 구상은 먼저 배경에서 '선성장 후분배'의 논리를 벗어나서 성장과 복지(분배)를 상호 보완적인 관계로 파악해야 한다는 인식의 전환을 밝히고 있다. 문제는 이를 위한 구체적인 정책과제가 실현되어야 한다는 데 있다. '복지구상'은 이의 실현을 위한 기본 원칙으로 5가지를 제시하고 있는데 중요한 것은 최저수준보장의 원칙, 생산적 복지 원칙 그리고 공동체적 복지원칙이다.

최저수준보장의 원칙은 '국민최저수준' 보장을 위한 국가 책임의 원칙을 밝힌 것인데, 문제는 구체적으로 어떻게 이 원칙을 실현시켜 나갈 것인가에 있다. 그런데 여기서도 근로능력자의 자기책임의 원리를 강조하고 있으며, 사회보험과 복지서비스의 수익자부담원칙을 재삼 확인하고 있다. 문제는 여기서 이렇게 재삼 확인할 필요조차 없이 우리 국민의 대다수는 자신들의 복지를 스스로 책임지고 있다. 근로무능력자의 경우도 국가가 최저생계를 보장해 주지 못하고 있다. 뿐만 아니라 복지서비스의 수익자부담원칙의 강조는 최저수준보호의 원칙과는 전혀 맞지 않는 주장이다. 현재 우리나라 사회복지서비스 대상자들의 거의 대부분은 근로능력이 없는 자들이다. 이들에게 수익자부담원칙을 운운하는 것은 애초부터 맞지 않는 주장이다. 그리고 이들보다 조금 더 낫다고 인정받고 있는 사람들, 예컨대 생활보호대상자 선정을 받는 경우도 거의 혜택이 없는 자활보호대상자 혹은 선정을 받지 못한 저소득층에게 수익자부담에 의해서 사회복지서비스를 해결하라는 것은 거의 실현성이 없는 조치라고 생각한다.

공동체적 복지원칙은 사회복지에 관한 민간부문의 역할을 강조한 원칙인데, 국가의 기본적인 개입과 지원이 없는 민간 역할의 강조는 과거의 예에서 보듯 국가책임의 방기로 이어질 가능성이 크다. 다소 길게 정부의 복지구상을 살펴 본 이유는 우리의 복지현실에 대한 전면적인 구조적 개편이 단시간에 이루어지기는 어려우며, 더욱이 재정확대에 대해서는 복지구상에서 거의 고려되고 있지 않다는 사실을 보여주기 위해서다. 그러면 미약한 복지현실을 바꿀 수 있는 방법은 무엇일까? 이 문제 해결을 위해서는 "인간다운 삶의 보장"을 위한 전반적인 대전환이 일어나야 한다는 것이다. 이러한 대전환은 사회복지대상자 및 관련 전문가는 물론이고 노동자, 농민을 포함한 일반 시민들의 적극적인 참여와 투쟁에 의해서만 가능하며, 선진국의 사회복지 역사는 이러한 교훈을 우리에게 잘 보여주고 있다. 근본적인 대 전환이 없이는 사회복지 재원확대는 물론이고 전체적인 사회복지제도의 획기적 개편은 거의 불가능하리라 생각된다.

(1996년 작성)

참고문헌

곽태원, "재정지출구조의 개선을 통한 복지지출확대 가능성," 심상달·이계식 편,『국가예산과 정책목표』, 한국개발연구원, 1989: 37-65.

김연명, "지방자치선거와 사회복지부문의 주요 쟁점," 공개토론 자료집, 지식인 연대(준), 1995A.

김연명, "의료보험제도의 동향과 쟁점", 한국사회과학연구소 사회복지연구실,『한국 사회복지의 이해』, 한울, 1995B.

김홍식, "지방자치와 사회복지행정체계,"『우리나라 사회보장의 개혁과제』, 사회보장학회, 학술발표회 자료집, 1994: 85-195.

노기성·오영수, "지방자치제 실시에 대비한 지방세제 개선방안,"노기성·유일호 편,『국가예산과 정책목표』, 한국개발연구원, 1994: 59-92.

노인철·김수봉,『사회보장재정의 국제비교와 전망』, 한국보건사회연구원, 1996.

오영수, "지방재정에 관한 평가와 개혁과제,"『동향과 전망』,한국사회과학연구소, 1994: 50-74.

유일호, "지방재정조정제도 개선방안", 노기성·유일호 편,『국가예산과 정책목표』, 한국개발연구원, 1994: 17-57.

이영환·문진영, "사회복지예산의 현황과 과제", 참여연대 workshop자료, 1996.

이혜경, "한국 사회복지정책의 현황과 발전방향,"『한국의 사회복지 어떻게 개혁할 것인가?』, 경제정의실천시민연합, 1994: 29-55.

인구보건연구원,『의료보험 본인부담금제에 관한 연구』, 1989.

조홍식외 9인, "한국사회의 민주적 개혁과 사회복지의 실천적 대응," 학술단체협의회 편,『한국 사회의 민주적 변혁과 정책적 대안』, 서울: 역사비평사, 1992: 347-391.

최광,『우리나라 재정의 주요 정책과제』, 국민경제제도연구원, 1991.

평화연구소·중앙대 사회와 복지연구회,『한반도의 군축과 사회복지』, 한울출판사, 1991.

하연섭, "지방재정의 효율적인 개편방향,"『경제정의』, 경제정의실천시민연합. 1995: 89-102.

한국개발연구원,『사회보장제도의 정책과제와 발전방향』, 1988.

한국보건사회연구원,『생활보호제도 개선방안에 관한 연구』, 1990.

한국보건사회연구원,『사회복지장기발전계획』, 1992.

ILO,『ILO조약권고집』, 국제노동연구소 편, 돌베개, 1991.
경제기획원, 예산 개요, 1989 - 1994.
의료보험관리공단,『1990년 의료보험통계연보』, 1991.
한국개발연구원,『재정통계자료집』, 1994.

제*10*장
지역사회중심 재활사업(CBR)의 전망과 과제

1. 지역사회중심 재활사업의 기본 가치와 특성

　　지역사회중심 재활사업이란 장애인의 재활과 사회통합을 달성하기 위하여 장애인 자신과 그 가족 및 지역사회의 인적, 물적 자원을 가동, 활용하고 지역사회를 기초로 하여 채택된 모든 방법을 포함하는 것으로써 1977년 이후 세계보건기구의 중요한 재활정책으로 권장되어 온 재활방법이다. 2000년에는 '전 인류에게 건강을'이라는 슬로건 하에 건강 증진, 예방, 치료 및 재활이 평등하게 모든 사람에게 적용되도록 하는 전략이 대두되었는데, 그 중 재활과 관련해서는 지역사회중심재활사업이 중요하게 제안되었다. 지역사회재활이 지향하는 기본 가치는 인권차원의 재활사업 그리고 지역사회에 기반한 재활사업의 강조로 정리될 수 있다(ILO 외, 2001; 변용찬 외, 2001).

1) 장애인의 인권과 재활사업

인권보장의 사각지대에 있는 대표적인 부류 중 하나가 장애인들이다. 장애인은 연령, 성별, 지역을 가리지 않고 차별의 대상이 되고 있다. 장애인들에 대한 인권침해는 다양한 영역에서 이루어지고 있다(한국장총, 1999). 우선 공공건물이나 도로 이용 등 물리적인 환경의 제약으로 인해 공공기관 이용 등 생활환경 전반에서 차별대우를 받고 있다. 그 외 직업생활, 주거생활, 의료시설 이용, 교육환경, 가족생활, 문화/체육생활 등 인간이 살아가면서 만나게 되고 상호작용하게 되는 거의 모든 영역에서 인권침해가 이루어지고 있다.

그럼에도 우리 사회에서 장애문제를 인권차원에서 접근한 것은 그리 오래되지 않았다. 1980년대 중반 이후 민주화운동의 본격화 이후 이에 영향을 받은 사람들을 중심으로 장애인인권운동이 본격적으로 시작되었다. 장애인인권운동의 가장 오랜 주제이며, 시급한 주제는 생존권운동이다. 모든 국민의 기초생활을 보장해야 하는 생존권적 기본권이 장애인에게도 예외일 수는 없다. 참여연대의 최저생계비 관련 행정소송, 1980년대부터 최근까지 이어지는 최저생계보장을 요구하며 죽음으로 항거한 다수 장애인들의 문제제기는 생존권 보장을 위한 다양한 장애수당, 장애인 기초연금제 도입의 욕구로 이어지고 있다.

장애인의 노동권은 1990년 장애인고용촉진 등에 관한 법의 제정과 동 법의 1997년 경증장애인에 초점이 있는 기존 법을 중증 장애인의 고용까지 포괄한 직업재활법으로 개정되면서 어느 정도 노동권 보장이 체계화되었다. 최근 들어 장애인들의 요구가 집중되고 있는 이슈는 이동권의 보장이다. 1997년 장애인노인임산부 등의 편의증진보장에 관한 법의 제정 이후 물리적인 사회환경 변화가 시도되었으며, 장애인들의 보행권 보장을 위해 지하도나 육교 대신 횡단보도 설치 등이 이루어졌다. 그러나 대중교통의 이용 등 장애인들의 이동문제는 여전히 많은 난관에 봉착해 있다. 이를 해결하기 이해 이동권연대 중심의 휠체어 장애인 버스 타기 등 이동권 확보를 위한 운동이 활발하게 이루어지고 있다. 그 외 참정권, 교육권의 보장 등을 위한 운동이 부분적으로 진행되고 있다.

장애인인권에 대한 정부의 의지는 1998년 한국장애인인권헌장의 제정을 시점으로 본격화된다. 1998년 선포된 한국장애인인권헌장은 편견과 시혜의 대상으로서의 장애인을 대하는 것을 벗어나 사회 구성원인 권리의 주체로서 "완전한 참여의 권리와 평등을 통한 사회통합"을 재확인하고 이를 선언한 것이다. 장애인인권헌장은 장애인의 인간 존엄과 가치를 확인하고 건전한 사회구성원으로 장애인의 자립 노력과 인권보호, 사회참여와 평등을 보장하는 것을 기본원리로 하고 장애인의 기본적인 권리인 차별받지 않을 권리, 인간다운 삶의 권리, 시민권과 정치적 권리, 자유로운 이동과 의사표현/정보이용 권리, 교육과 근로의 권리, 가족과 함께 생활할 권리, 학대/멸시받지 않을 권리, 법률상의 도움을 받을 권리, 여성 장애인의 권리, 국가정책 참여 권리 등을 명시하고 있다.

1948년 세계인권선언을 시초로 인권에 관한 국제 규약과 선언은 다양한 측면에서 끊임없이 수정, 보완되면서 발달해 오고 있다. 이러한 인권일반에 관한 국제규정을 토대로 장애인은 일반적 상황과 다른 측면에서 강조되어야 할 권리와 장애인의 인권을 보장하기 위하여 추가적으로 보완되어야 할 권리들을 각종 선언과 계획의 형태로 규정하였다. 장애인인권과 관련된 국제규정에는 "정신지체인 권리선언"(1972), "농아인 권리선언"(1972), "장애인 권리선언"(1975), "세계 장애인의 해"(1981), 장애인에 관한 "세계행동계획"(1981), "UN 장애인 10년"(1983-1992), 그리고 1993년 통과된 "장애인의 기회평등화에 관한 기본규칙"이 있다(김정열 외, 2002). 아시아/태평양 지역에서는 이러한 흐름에 동승하여 1993년부터 2002년에 걸친 "아시아 태평양 장애인 10년"(1992)을 선포하였고, 우리나라에서는 1998년 "한국 장애인 인권 헌장"이 선포되었다.

2) 지역사회 기반한 재활사업

지역사회중심 재활사업의 기본 가치 중 하나로 지역사회 기반한 재활사업의 강조는 당연한 사항이다. 장애인에게 전달되는 서비스의 대부분은 전문재활기관에서 제공되는 서비스(IBR, institutional based rehabilitation)인데 반해, 지역사회중심 재활사업은 지역사회에 기반한 재활사업를 의미하며 그것의 특성은 다음과 같다.

첫째, 지역사회 내의 장애인 또는 장애인 자조집단의 참여에 기반한 재활서비스를 지향한다. 재활의 전 과정에 지역사회 내의 장애인 개인 또는 장애인 자조집단이 참여하여야 하며, 장애인이 재활서비스 소비자로서 지역사회 재활 프로그램의 계획과 평가과정에 주체적으로 참여하도록 한다. 전문재활기관에서 제공되는 재활서비스의 경우도 장애 당사자의 참여를 중요시하지만, 지역사회중심 재활사업은 장애인의 참여에 기반한다는 중요한 특성을 갖는다. 이와 같은 의미에서 지역사회중심 재활사업은 최근 강조되고 있는 장애인 자립생활(IL, independent living)운동과 밀접한 연관을 갖는다.

둘째, 지역사회 내 발전프로그램의 한 요소로서 장애인 재활문제가 다루어지도록 하여 삶의 질 보장 측면에서 장애문제를 간주해야 한다. 즉 지역사회 내의 모든 사람들의 권리가 보장되고 삶의 질을 향상시키기 위한 대책의 하나로서 장애인문제가 검토되어야 하며, 그럴 경우 지역사회 중심 재활프로그램이 지역사회 발전계획의 한 요소로서 자리매김이 가능해지고 지속성을 확보하여 장애에 대한 물리적 환경과 정신적 환경을 개선해 나갈 수 있을 것이다.

셋째, 지역사회중심 재활사업에서는 연계와 협력체계를 강화하기 위하여 지역위원회 또는 조정위원회를 구성, 운영한다. 지역사회중심 재활사업은 장기간에 걸쳐서 지속적으로 유지되어 궁극적으로 장애에 대한 사회의 인식과 태도가 변화되도록 유도하여야 한다. 이를 위해 지역사회차원에서 장애인 문제에 대한 책임의식을 갖도록 할 필요가 있으며, 지역사회차원에서 관련 분야의 서비스의 협력체계를 유지하고 장기적인 전략을 수립해 나가도록 하기 위한 지역위원회 혹은 조정위원회가 필요하다. 지역사회중심 재활사업의 운영이 지역사회 내의 지역위원회나 조정위원회를 통해 이루어질 수 있도록 하기 위하여 사업의 결정권이 지역사회에 주어져야 할 것이다.

넷째, 지역사회중심 재활사업에서는 지역사회 내 다양한 부문의 통합적 접근 방법을 시도한다. 장애인이 사회의 한 구성원으로서 갖게 되는 여러 가지 욕구는 어느 한 부문의 서비스만으로는 충족시켜줄 수 없기 때문에 지역사회 내에서 의료재활, 교육재활, 직업재활, 사회재활 등의 다면적인 서비스가 필요하며, 이러한 서비스가 단편적으로 제공되기보다는 장애인과 그 가족의 욕구에 기반을 두고 장애인의 입장에서 지역사회수준에서 수평적으로 통합될 필요가 있다.

2. 지역사회중심 재활사업의 변천 과정

1) 지역사회중심 재활사업 변천과정과 수서지역 재활사업

지역사회중심 재활사업은 1985년 보건복지부 재정지원을 받아 한국장애자재활협회에서 서울시 관악구 신림동과 충북 청원군에서 4년 간 실시한 시범사업이 첫 사업이었다. 민간주도의 전형적인 농촌지역 시범사업은 1987년-1995년간 전북 완주군대상의 전주예수병원 사업을 들 수 있다. 이 사업은 열악한 환경가운데서도 지역사회 주민과 지도자의 인식고취, 방문 치료를 통한 장애인 각자의 기능증진, 재활의료 후송체계의 확립, 장애인 조직을 통한 사회활동의 촉진 등 많은 사업효과를 거두었으나 재정지원이 중단되면서 더 이상 지속되지 못하였다(변용찬 등,

2001; 김완호, 2001).

민간사업의 중단은 결국은 국가적인 재활전략이 수립되고 이와 연관된 정책으로 시행하는 것이 바람직하나 개별적으로 그리고 시범적으로 시도되었기 때문에 지속되지 못한 측면이 있다. 이를 통해 민간이 독자적으로 주도하는 경우에는 그 연속성에서 상당한 제한이 따르는 데 결국은 어느 정도의 국가적인 계획과 지원이 필수적이라는 교훈을 얻을 수 있었다. 그리고 지역사회중심 재활사업의 중요한 원칙인 재활요원을 양성하는 데 주력하지 못한 아쉬움도 있었다. 또한 1990년대 초반 지역의 장애인복지관을 중심으로 순회재활사업이 시행되고 있는데 이는 사회복지 분야의 지역사회중심 재활사업의 참여로 그 의미가 찾을 수 있다.

민간이 중심이 된 대표적인 지역사회중심재활사업은 장애우권익문제연구소 의료특별위원회 등이 중심이 된 '수서 지역사회중심재활사업'이다(장애우권익문제연구소, 2001). 1999년부터 실시된 서울시 강남구 수서지역 재활사업은 보건복지 통합서비스를 통해 재가 장애인의 의료사회복지 욕구를 충족하며 삶의 질의 향상을 추구하며 이를 바탕으로 지역사회에의 참여와 통합을 도모하는 것이다. 사업의 구체적인 목표는 다음과 같이 3가지로 정리할 수 있다.

첫째, 보건·복지 통합서비스 제공. 보건·복지 통합서비스는 1) 수서종합사회복지관, 태화기독교사회복지관, 하상장애인복지관이라는 복지기관이 협동하는 기관간 협동(inter-agency)서비스다. 2) 장애우권익문제연구소의 의료특위라는 보건의료전문직과 복지전문직이 협동하는 전문직간 협동서비스(inter-professional care)의 특징을 갖는다. 이러한 모델은 1977년 이래 WHO가 권장하고 복지선진국에서 보편적 접근법으로 활용하고 있는 보건의료복지의 통합서비스 제공의 틀을 따른 것이다. 1999년 본 협의회가 실시한 수서 지역 장애인욕구조사 결과에 따르면 이 지역 장애인이 사회복지기관에 바라는 사회복지서비스는 의료서비스 40%, 가정지원서비스 30%이며, 생활상의 어려움은 경제적 어려움이 62%로 가장 높게 나타났다. 이는 장애인들에게 보건의료와 사회복지서비스의 통합적이고 포괄적인 관리가 필요하다는 사실을 보여준다.

둘째, 지역사회 내 지원 연계망 구축. 지역사회에서 자원을 발굴하여 욕구 발생에 대한 즉각적인 서비스 제공에 기여하며, 장애문제를 지역 내에서 해결할 수 있는 분위기를 조성한다. 사회복지기관간 연계, 팀 접근을 통해 사회복지 욕구에 대한 보다 효과적인 접근이 가능하게 한다.

셋째, 체계적인 대상자 관리를 실시하여 재활의지 고취. 실무자별 관리대상자를 선정하여 사례관리를 실시한다. 사례별 욕구에 근거한 별도의 개입계획을 수립하여 체계적인 서비스를 제공한다. 인터넷을 통한 신속한 정보교류로 사례관리 진행사항을 점검한다.

1998년 하반기부터 의료특별위원회의 6개월 간의 준비작업을 거쳐 지역복지관에 지역사회중심재활사업의 참여를 제안하였고 이에 응한 수서지역 내 수서종합사회복지관, 수서명화종합사회복지관, 태화기독교사회복지관과 함께 1999년 1월 수서지역재활사업 실무자협의회를 구성하였고, 그 후 1개월 뒤 하상장애인종합복지관이 결합하여 지역사회재활사업의 주체가 되어 사업을 추진하고 있다. 수서지역재활사업 실무자협의회 실무위원회는 각 복지관의 사회복지사와 의료특위 간사로 구성되며 정기적인 모임을 통하여 수서지역 내에서 장애인 복지서비스 담당자로서 기관간 협력서비스를 모색하고 있다. 의료특별위원회는 의사, 간호사, 재활관련치료사 등의 전문인과 관련학과 학생들이 중심이 된 자원활동가로 지역조사팀, 진료팀, 추후관리팀으로 나누어 정기적인 지역활동을 전개하고 있다.

이 프로그램은 수서동과 일원동 지역을 대상지역으로 정하고 있으며 지역내 장애인과 65세 이상 노인 중 욕구를 표현한 사람들을 대상으로 한다. 진료팀은 2주에 한번씩 지역을 방문하게 되는데 의뢰된 가정을 방문하여 의료적 평가와 간단한 처치를 시행하고 지속적 진료가 종결되는 경우와 지속적으로 진료가 필요한 경우, 지속적인 추후 관리가 필요한 경우와 지속적으로 투약은 필요하나 진료는 간헐적으로만 필요한 경우 등으로 분류하여 개인의 특성에 따라 추후관리팀으로 의뢰하거나, 지속적인 투약을 위하여 보건소 및 지역 내 의료기관에 의뢰하거나 투약과 상태관찰을 위하여 간헐적으로 진료만 하는 등 개인특성별로 진료방침을 설정하였다. 추후관리팀은 서비스 도중 발생하는 문제에 대하여 다시 진료팀에 의뢰하기도 하고, 미리 설정된 목표를 성취한 경우에는 서비스를 종료한다.

2) 보건의료 시스템을 활용한 지역사회중심 재활사업

복지부에서는 국립재활원이 중심이 되어 1993년부터 시범사업을 실시해 오고 있다. 보건소는 일차보건의료의 중심기관으로서, 1995년에 개정된 지역보건법에 보건소에서 지역사회의 재활업무를 수행하도록 명시되어 있으며, 1996년 개정된 지역보건법 시행령에는 보건소에서 지역보건의료계획을 수립할 때에 주민을 적극적으로 참여시키며, 지역보건의료와 사회복지사업간의 연계성을 확보하도록 하며, 일차보건의료기관에서 지역사회중심재활사업을 실시할 수 있는 법적인 근거를 마련하고 있다. 1990년대 초부터는 보건소에서는 방문보건업무를 전국적으로 실시하고 있는데, 이 사업이 또한 지역사회중심재활사업과 연계하여 실시하는 데 중요한 터전이 되고 있다(김완호, 2001).

국립재활원에서는 우선 지역사회 내에서 수행할 수 있는 재활서비스의 질을 높이고 이 사업이 지속적으로 수행될 수 있도록 하기 위해 지역사회 재활요원을 육성하는 것이 중요하다고 판단하여 교육에 중점을 두었다. 1993년 세계보건기구에서 예산지원을 받아 각 시도의 장애인 복지관의 순회재활서비스센터 요원 및 보건진료원 50명을 1주간 교육한 것을 시작으로 현재까지 지역사회 CBR요원과 지방자치단체 CBR관리자를 육성하기 위하여 보건소의 관리자 및 실무자(간호사, 의사, 물리치료사 등), 시/도청 보건(위생)과의 관리자 및 실무자를 대상으로 지속적으로 교육을 실시해 오고 있다.

2000년에는 국민건강증진기금의 지원을 받아 16개 거점보건소 중심 지역사회중심 재활사업이 시범사업 중에 있다. 이 사업을 통하여 각 지역마다 다른 여건을 가지고 있는 점을 감안하여 지역상황에 맞는 모델작업을 하고 있다. 즉 지역상황에 맞게 보건소를 도시형, 농촌형, 그 중간 형태로 구분하여 각각에 적합한 접근 방법과 추진체계 등의 모형을 정립하고 있다(화성시 보건소 · 서울대 보건대학원, 2003; 도봉구, 2003).

(1) 보건의료체계 지역사회중심 재활사업의 대상

우리나라의 등록 장애인은 2000년 조사에 의하면 전 인구의 3.09%로 보고되었고, 그 중 96.5%가 재가 장애인이다. 보건소 재활사업의 주 대상자는 재가 중증 지체 장애를 가지고 있으면서 의료서비스가 충분치 않는 장애인이다. 이들을 대상으로 재활관리뿐 아니라 예방 및 교육을 통한 포괄적인 서비스가 제공되도록 대상 관리를 하고 있다.

실제로 보건소에서 시행중인 재활사업의 대상을 구체적으로 구분하여 보면 먼저, 장애예방 대상자로 고혈압, 고혈당, 관절질환, 안질환 등의 만성질환이 장애로 진전되지 않도록 관리가 필요한 자 혹은 교통사고, 산업재해 등의 사고로 인한 장애발생 위험이 높은 사람 등이 여기에 속한다. 다음으로 재활관리대상자는 등록 장애인 중 건강관리, 재활훈련 등의 서비스를 필요로 한 자 혹은 재활의료기관에서 치료 후 의뢰된 장애인 등이 대상이 된다. 마지막으로 재활교육대상자는 재활서비스 제공자, 장애인, 가족, 주민 중에서 장애인식 개선, 재활에의 참여활동을 위해 교육이 필요한 사람 등이 대상이 된다.

(2) 보건의료체계 지역사회중심 재활사업의 인적 자원

지역사회중심 재활사업의 특징 중 하나는 사람을 교육시켜 자립적인 참여를 가능케 하는 것이다. 특히 장애인과 장애인 가족의 재활훈련은 가장 중요하게 생각되는 점이다. 그리고 이들을 돕는 지역재활요원(CB worker)과 지역사회의 재활사업을 계획하고 실행하는 관리자의 양성은 이 사업의 가장 핵심이다. 이는 세계보건기구의 지역사회중심재활사업의 근간을 이루는 것으로 우리나라의 경우도 이 모형을 적용하려고 많은 시도를 하였다. 우리나라의 경우 보건소에 의사와 간호사, 치료사 등이 배치되어 활동하고 있기 때문에 이들의 전문지식을 활용하는 방안이 채택되었다. 지역에서 장애인을 직접 만나면서 직접 서비스를 제공하는 재활요원과 이들을 도우면서 지역의 전체적인 재활사업을 추진하는 중간관리자로 나누어 참여인력의 개념을 정립하였다. 그리고 지역사회 내에서 활동 중인 재활 전문인들이 보건소에서 활동 중인 재활요원들과 협조하여 재활 전문지식의 전수와 사업의 자문을 위해 연계기관 특히 재활 전문병원을 선정하도록 하여 참여의 길을 열어 놓았다.

지역사회중심 재활사업에서 가장 중요한 사람은 장애인과 그 가족이다. 하지만 이 사업을 통해 현재 교육받고 있는 사람은 주로 보건의료 인력이다. 장애인과 그 가족을 위한 훈련 프로그램이 아직은 부족한 실정이다. 훈련교재도 주로 서비스를 제공하는 사람이 이용할 수 있는 조금은 전문적인 수준이 대부분이다. 지역에서 교육받은 지역사회 재활요원이 장애인을 교육하고 훈련하여 재활의 목표를 달성토록 하는 것이 가장 큰 과제라고 할 수 있다.

(3) 보건의료체계 지역사회중심재활의 사업 내용

보건소를 활용한 지역사회중심 재활사업의 내용은 보건의료재활서비스를 제공하는 것을 원칙으로 하면서 지역사회의 유관기관과의 협력체계를 유지하면서 장애인의 필요에 맞는 서비스를 제공함을 원칙으로 하였다. 주요 사업 내용은 보건의료재활서비스를 중심으로 지역내 유관기관 의뢰 및 연계활동, 교육 및 홍보활동 등으로 구분할 수 있다. 보건의료재활서비스로는 장애인의 건강증진 프로그램, 장애인의 가족지지 프로그램, 장애인의 지역사회 참여 프로그램 등이 있다. 지역내 유관기관과의 의뢰 및 연계활동으로는 자문 의료기관과 연계, 지역 내 기타 자문기관과의 연계활동 의뢰 등이, 교육 및 홍보활동으로는 보건소 직원의 재활전문교육, 광역자치단체의 인근 보건소를 대상으로 하는 CBR사업 설명회, 자원봉사자 모집/교육 및 연계 그리고 주민을 대상으로 한 재활교육 및 홍보 활동 등을 고려할 수 있다.

(4) 보건의료체계 지역사회중심 재활사업의 발전 방안

국립재활원에서 1993년부터 시행된 지역사회중심 재활사업이 이제 안착기에 접어든 상태이다. 2000년부터 시작된 거점보건소사업은 이 사업을 통해 전국적인 확대를 위한 모색을 하고 있다. 성공적인 사업 확대를 위한 몇 가지 전제 조건을 제시하면 다음과 같다(김완호, 2001).

첫째, 국가 및 지방자치단체의 보건정책에 지역사회중심 재활사업을 반영시켜 기존의 공공 보건의료조직망을 통한 행정적, 재정적 지원과 관심을 가지도록 하는 것이 중요하다. 지역사회 내 보건사업을 이용한 장애인 재활사업을 수행하기 위해서는 방문보건간호사 및 사회복지요원들이 재활사업을 꾸준히 수행할 수 있도록 국가적 차원에서의 관심과 지원이 이루어 질 수 있도록 하여야 할 것이다.

둘째, 지역사회에서 재활사업이 제대로 이루어질 수 있도록 지역사회 재활관련 인력을 교육시키고 요원으로 일할 수 있는 중간관리자들을 개발하고 활용하여야 한다. 보건소를 비롯한 재활관련기관장, 의사 및 지역사회중심 재활사업의 정책을 수행하는 데 중요한 역할을 하는 시도 보건과장 등에게 재가 장애인에 대한 재활의 중요성을 인식시키고 간호사 및 물리치료사를 포함한 보건요원, 동사무소 및 장애인 종합복지관의 재활관련 사회복지요원 등을 장애인 재활전문요원으로 양성할 수 있는 재활교육프로그램이 다양하게 개발되는 것이 중요하다.

셋째, 재활서비스 의뢰 후송체계 형성이다. 지역에서 보건간호사 등 중간관리자가 제공하기 어려운 고도의 재활기술이 필요한 장애인에 대해서는 2차, 3차 기관으로 의뢰 후송하는 체계가 형성되어 질 높은 재활서비스가 이루어져야 할 것이다. 재가 장애인들은 대부분 영세민이거나 경제형편이 어려우며, 재활을 위해서는 장기간의 지속적인 서비스가 필요하므로 의뢰시 보상체계를 보강하는 지원대책 등도 고려되어야 한다.

넷째, 재활요원들이 실무에서 활용할 수 있는 교육지침서의 개발이 필요하다. 세계보건기구에서 지역사회중심 재활사업이 활발히 수행되어 온 각 국가의 경험을 중심으로 지침서가 개발된 바 있으나 그 국가들과 우리 실정과는 차이가 있으므로 우리나라의 재활요원들이 바로 사용하기에는 미흡한 점들이 있다. 우리 실정에 맞는 쉽고도 유익한 재활지침서를 개발하고, 교육이 필요한 사람들에게 어디서나 쉽게 반복 교육할 수 있는 다양한 교재를 개발하는 것이 필요하다.

3) 장애인복지관 지역사회중심 재활사업

(1) 장애인복지관 지역사회중심 재활사업 내용

장애인복지관의 CBR팀은 1992년부터 2000년까지 장애인복지관 부설 센터로 운영되어 오다가 2001년부터 장애인복지관 기능팀으로 전환되어 운영되고 있다. 지역사회중심재활사업을 살펴보면 2000년도까지는 설치형태와 명칭이 부설과 센터의 개념에서 수행하여야 할 사업 분류를 백화점식으로 나열하였지만, 2001년도부터는 복지관과 지역의 특성을 고려하여 자율적으로 사업을 실시하도록 명시하고 있다. 2001년도 장애인복지사업 안내서에서는 지역사회중심재활사업을 복지관 사업의 일환으로 재가복지서비스(상담, 의료, 교육, 가사지원 등), 지역사회자원 활용 및 연계망 구축, 이동 목욕, 재가 자립지원 등의 사업을 행하도록 예시하고 있다.

현재 실시되고 있는 사업의 내용을 보면 지역사회중심재활사업 초창기보다 매우 다양해진 것은 사실이지만 아직까지도 대부분 직접적 서비스에 치중되어 있다. 지역사회중심재활사업은 지역사회발전 전략의 하나이기 때문에 지역사회의 참여와 변화를 유도하여 장애인의 삶의 질을 개선하고 사회통합을 도모하는 것이 궁극적인 목표이다. 그럼에도 대부분의 장애인종합복지관의 지역사회중심재활사업은 장애인에게 기본적인 서비스를 전달하는 것에 초점을 맞추어 사업을 진행하고 있다. 따라서 지역사회중심재활사업의 올바른 이해와 전략적 접근을 통하여 지역사회를 개발하고 조직화하는 사업에 집중적인 노력을 기울이고 이를 유지, 발전시켜 나가야 할 것이다.

이러한 직접적인 서비스에 비중을 많이 두게 되면서 CBR에 대한 비전과 전문성을 찾지 못한 결과 대부분의 직원들은 1-2년이 지나면 CO워커로서의 정체성 위기를 갖게 된다.

지역사회중심재활사업의 전달체계는 크게 지역사회 주민(장애인 본인, 가족, 지역사회 주민)에게 교육과 훈련을 통하여 재활요원을 양성하는 것과 지역사회 유관기관이나 행정기관, 종교기관, 각종 단체 등에게 CBR의 올바른 이해를 바탕으로 협조체계를 구축하여 서비스를 제공하는 것이다. 첫째, 지역사회 주민을 재활요원함으로써 지역사회가 장애인의 재활과 사회통합을 위하여 적극적으로 참여할 수 있도록 확산하고, CBR담당자의 업무의 효율성을 높일 수 있다는 데 큰 의의가 있다. 그러나 아직까지도 대부분 장애인 당사자나 가족, 자원봉사자들을 요원화하기 위한 교육이나 훈련에는 비중이 적고 직접 서비스에 비중을 많이 두고 있다. 둘째,

재가장애인의 복잡하고 다양한 문제와 욕구를 지역사회에서 통합적이고 효율적으로 해결해 나가기 위해서는 기관 상호간 연계와 협력이 필요하다.

(2) 장애인복지관 지역사회중심 재활사업의 발전 방안

장애인복지관 지역사회중심 재활사업의 발전 방안은 3가지로 정리할 수 있다 (이명성, 2001).

첫째, 지역사회중심 재활사업의 대상 정립. 기존의 주 서비스 대상은 중증 지체 및 뇌병변장애인이나 노령 장애인을 대상으로 하였으며, 현재 장애인종합복지관의 부설로 설치되어 있는 기존의 재가복지봉사센터가 전체 복지관의 구조로 통합되어 사업이 이루어지고 있다. 따라서 장애인종합복지관 내 다른 팀이나 사업성격이나 관계면에서 중복되지 않는 성인기를 포함한 중증 지체 및 뇌병변 장애인이나 기타 노인성 장애인을 주 대상체계로 이로 인한 서비스에 주력하는 것이 바람직할 것이다. 또한 2000년부터 장애범주에 포함된 심장장애인과 신장장애인도 서비스 대상으로 포함해야 할 것이다.

둘째, 지역사회중심 재활사업의 정체성 확립. 이를 위해서는 지역사회중심 재활사업팀의 기능과 역할의 규명, 지역사회중심 재활사업의 올바른 이해, 지역사회중심 재활사업 전담요원 양성시스템 구축, 지역사회중심 재활사업의 범주화, 지역사회중심 재활사업에서 장애인의 역량강화와 참여 확대 등이 이루어져야 한다.

셋째, 인력 및 재정의 현실화. 재가 장애인의 재활욕구 충족과 균형있는 지역사회중심 재활사업을 확대하기 위해서는 1) 지역사회중심 재활사업 재정지원을 아직까지 하지 못한 장애인복지관에 우선적으로 재정적인 뒷받침을 해주어야 하며, 2) 현행 지역사회중심 재활사업을 수행하고 있는 복지관의 지역적 특성과 사업 성격을 고려하여 인력과 재정을 현실적으로 확대 지원해 주어야 하며, 3) 장애인복지관의 핵심 기능과 역할이 지역사회중심 재활사업으로 전환되고 있는 만큼 그 중요성을 감안하여 현재 장애인복지관의 자체 인력을 자율적으로 구조 조정하는 노력들이 필요하다.

지역사회중심 재활사업의 사례로 아산장애인복지관의 2004년의 한 프로그램을 소개한다. 아산장애인복지관의 '복지플러스 네트워크 구축 프로그램'은 보건, 의료, 복지 통합서비스를 통한 지역사회 재가 장애인 건강권 확보사업이다. 본 프로그램의 구체적인 목표는 첫째, 재가 장애인의 의료적 서비스 지원에 관심있는 의사들을 중심으로 '복지플러스 의사회'를 조직하고 운영한다. 둘째, 긴급한 의료비용 지출 및 다양한 의료서비스를 위해 '복지플러스 건강기금'을 조성한다. 셋째, 지역 장애인을 위한 공공 의료 서비스의 확충을 도모한다. 넷째, 효과적인 사업진행을 위하여 지원팀을 구성한다. 이때 첫째, 둘째, 셋째 목표는 모두 재가 장애인의 보건의료 서비스 제공에 초점이 맞추어져 있는 데 반해, 넷째 목표는 지역사회 자원활용과 교육훈련을 통한 지역사회중심재활사업의 이해도를 높이는 데 일조할 수 있을 것으로 판단된다.

3. 지역사회중심 재활사업의 전망과 과제

1) 장애인의 사업참여 확대

성공적인 지역사회재활사업을 위해서는 장애인 스스로 재활과정에 참여할 수 있도록 역량을 강화하고, 지역사회를 중심으로 자립생활을 실천해 나갈 수 있는 기반을 마련해 주어야 할 것이다. 즉 장애인이 재활서비스의 소비자로서 지역사회재활 프로그램의 계획과 평가 과정에 주체적으로 참여하도록 개입시켜야 한다는 것이다. 장애인과 장애인 가족의 각종 협의회와 위원회에의 적극적인 참여가 요구되

며, 장애인 동료모임, 가족지원 모임 등 다양한 장애인 자조그룹의 활성화가 필요
하다.

장애인 자조모임을 통한 지역사회중심 재활사업의 실례로 2004년도 대구신당
복지관의 여성장애인 임파워먼트 프로그램인 "Dream Cafe" 프로그램을 들 수 있
다. 여성장애인들의 자조모임을 활용하여 동료 지도력(peer leadership)에 근거한 카
페 형식의 임파워먼트 프로그램을 실시함으로써 여성장애인의 지속적인 자조 및
자기성장의 기회를 도모하며, 지역사회의 다양한 거점 조직을 동원하여 사회참여
의 기회를 확대하려는 것이다. 프로그램 운영 전반에 지역사회 자원 활용 등의 방안
이 고려되었지만 이 프로그램이 성공적으로 운영되려면 장애인 당사자들이 적극
적으로 사업에 참여해야 한다.

2) 재활서비스의 연계/협력 체계의 강화 및 장애인복지관 중심 재활사업 활성화

지역사회중심 재활사업의 성공을 위해서는 지역사회 내 다양한 공급자원과 욕
구를 연계하며 협력관계를 구축할 수 있는 '지역사회 재활서비스 협의체'의 공식화
가 필요하다. 2004년 7월1일부터 시범사업에 착수한 사회복지사무소와 2005년 7
월부터 공식화되는 지역사회복지협의체 시스템의 가동은 재활서비스의 연계/협력
체계 구축의 계기를 제공할 것이다.

지역사회 재활서비스 협의체에서는 장애인들이 필요로 하는 보건서비스, 복지
서비스, 고용서비스 등 다양한 재활서비스 공급자망 관리는 물론이고 지역사회에
서 사업 선도조직의 설정 및 지원체계 마련이 가능하게 할 것이다. 효과적인 지역사
회 재활서비스의 전달체계 구축을 위해서는 보건의료체계와 복지전달체계간의 효
율적인 연계/통합체계가 만들어져야 한다. 국가수준의 보건, 복지, 교육, 고용 등의

상호협력 체계뿐만 아니라 지방자치단체 수준 그리고 공공과 민간기관과의 연계 체계 구축도 요구되고 있다. 지역사회중심 재활사업의 확대와 통합적인 서비스 전달체계의 구축을 위해서는 무엇보다 지역사회중심 재활사업 전담요원은 장애인과 가족 및 지역사회 주에게 직접 서비스 전달방법을 전수 교육하고 자문 지도하여 재활요원화시키고 지역사회 토착지도자나 유력 인사들에게 지역사회 내에서 협조체계를 구축하는 등 간접적 서비스에 더욱 주력하여야 한다.

재활서비스의 연계/협력체계 강화와 동시에 의료재활 위주의 거점보건소 중심의 지역사회재활사업과 마찬가지로 장애인복지관 중심의 지역사회중심 재활사업의 활성화 방안을 모색해야 한다. 국립보건원이 주요 기관이 되어 진행 중인 거점보건소 중심 지역사회재활사업은 상당 정도 자리를 잡아가는 데 비해, 장애인복지관의 지역사회중심 재활사업은 아직 정확한 방향 설정도 되어 있지 못하고 사업의 구체성도 미약하다. 장애인복지관 지역사회재활 사업의 본격화를 위해서는 거점보건소 사업과 유사한 형태의 장애인복지관 지역사회중심 재활사업의 활성화 방안이 필요하다.

3) 지역사회중심 재활사업 전문인력 개발 및 교육

지역사회중심 재활사업 전문인력으로 보건소의 간호사, 물리치료사를 포함한 보건요원, 사회복지전담공무원, 장애인종합복지관의 재활전문요원 등의 개발 및 교육이 필요하다. 현재 국립보건원에서 실시하고 있는 CBR 전담요원에 대한 교육/훈련을 단계적으로 연수교육으로 보완하고 체계적이고 지속적으로 실시될 수 있도록 요원양성 시스템을 구축하여야 한다. 교육훈련방법으로는 교육 내용 구성에서 장애인복지관 협회 등을 통하여 의견을 수렴하여 실제적으로 활용 가능한 이론과 사례중심으로 교육내용을 구성하고, 전문영역별 실무자를 구분하거나 도시와 농촌형에 따라 교육 대상을 분류하는 것이 필요할 것이다. 교육 전담요원과 관련해서도 영역별로 학계, 실무 유경험자 등으로 구성하여 일정 기간 각 영역별 실무 사례를 중심으로 연구할 수 있도록 추진위원회를 구성하고, 실무지도형 교육 매뉴얼을 제작하여 지역사회중심 재활사업의 접근방법과 전략을 지도, 전수하여야 할 것이다. 교육훈련을 통해 CO 워커로서의 비전과 전문성을 향상시키고 정체성을 찾게 함으로서 지역 특성에 맞는 CBR사업을 지속적으로 유지해 나가고 효과적으로 추진해 나갈 수 있을 것이다.

(2004년 작성)

참고문헌

김완호(2001), "보건의료 시스템을 활용한 지역사회중심재활사업"『제9회 RI KOREA 재활대회 자료집』, 한국재활협회.
도봉구(2003),『함께 가는 길 - 지역사회중심재활거점보건소 3주년 자료집』.
변용찬 · 윤상용(2001),『지역사회중심 재활사업(CBR) 평가를 위한 기초 연구』, 한국보건사회연구원.
이명성(2001), "장애인복지관 지역사회중심재활사업의 현황과 과제"『제9회 RI KOREA 재활대회 자료집』, 한국재활협회.
장애우권익문제연구소(2001)『장애우복지개론』, 나눔의집.
한국장총(1999),『한국장애인 인권백서』.
화성시보건소 · 서울대학교보건대학원(2003),『경기도 화성시 지역사회중심 재활사업 평가 및 모형 개발에 관한 연구』.
ILO · UNESCO · UNICEF · WHO (2001) "Community-Based Rehabilitation for and with People with Disabilities" Joint Position Paper.

제 *11* 장
지역복지 연구 동향과 쟁점

1. 지역복지 분야 최근 쟁점

1) 실천지향적 지역복지 교육의 지속적 강조

선진국 지역복지 연구 동향에 대한 검토 결과 특징적인 사실 중 하나는 대학에서의 지역복지 교육에 대한 지속적인 강조이다. 특히 실천현장에 근거한 교육훈련에 대한 지속적인 관심은 연구활동과 실천활동의 연계에 기반한 지역복지활동의 활성화의 중요한 계기가 된다.

실천 지향적인 지역복지 교육에 대한 관심은 어떤 교육을 시킬 것이며 교육의 목표는 무엇이고, 교육 장소는 어디이며, 교육은 누가 시키며, 교과 과정은 누구에 의해서 어떻게 만들어지며, 지역복지 교육의 주요 이론적 근거는 무엇이며, 그에 따른 전력, 전술, 모델 구축과 지역복지 활동가, 지역복지 교육자 및 전문가의 역할 등에 대한 다양한 연구가 이루어지고 있다.

(1) 지역복지 교육의 목표는 실천성과 전문성의 조화(실천적 전문가의 배출)

지역사회문제를 다루는 지역사회활동가는 실천적 전문가의 역할을 수행해야 한다. 사회복지실천 현장에서 사회복지사가 당면하게 되는 최우선 과제는 실천 현장의 실질적 문제 해결과정에서 사회복지의 고유한 가치지향과 전문성을 어떻게 조화시킬 것인가 하는 점이다. 실천 현장에서 사회복지사들의 역할 갈등의 핵심 중 하나가 바로 실천성과 전문성의 조화 여부이며, 지역복지 활동가들에게도 이 문제는 예외는 아니다.

지역복지 활동가는 지역사회복지활동에 적극적으로 참여해야 한다. 지역사회복지는 개인의 변화를 우선으로 추구하는 자선조직협회의 전통과 사회환경의 변화를 강조하는 인보관 운동의 전통을 동시에 가지고 있다. 그러나 지역복지활동의 특성은 개인이나 가족의 변화를 돕는 미시적 실천보다 집단활동을 통한 지역사회 환경변화를 추구하는 거시적 실천에 있다. 따라서 지역복지활동가는 사회복지의 전문적 가치지향을 지역사회변화에 반영시키는 실천활동을 해야 하며, 지역복지 교육의 목표는 여기에 초점을 두어야 한다.

사회복지학에서 전문성에 대한 논쟁은 1915년 Flexner의 문제제기로부터 Greenwood(1957)가 제시한 전문성의 5가지 기준, 즉 체계적 이론, 권위, 지역사회 인준, 윤리강령, 문화에 대한 논쟁을 거쳐 Freidson(1971), Roth(1974), Popple(1985) 등이 제시한 사회복지학 전문성의 특성은 일차적으로 그 목표로서 사회적 약자에 대한 가치지향(사회적 약자 보호관리)을 강조하고 있으며, 배타적 지식과 기술은 이러한 가치지향 실현을 위한 2차적 기준이 된다는 것이다.

지역사회조직론의 전문적 가치지향의 실천은 지역사회구성원들의 집단적 의사 결정을 통한 사회문제 해결에 있으며, 이러한 참여 강조 특성은 전문적 지식, 기술에 의존한 상향적 문제해결방식을 선호하는 전문가주의와 종종 갈등을 야기한다. 특히 지역복지활동가들은 사회개혁적이고 평등 지향적인 가치와 전문가로서 전문가집단의 이해 사이에서 갈등하고 있다. 그러나 지역복지활동의 궁극적인 목표는 지역사회의 발전에 있다. 지역사회가 문제해결의 주체가 되기 위해서는 정책결정 과정에 전문가들의 독점적 지위가 반영되어서는 안 된다. 전문성과 지역사회조직화의 특성이 조화를 이룰 수 있는 하나의 방안으로 참여적 행동조사(participatory action Research)와 이에 기반한 전문가들의 학자/옹호자 접근법(scholar/advocate approach)이 제시되고 있다. 이것은 지역사회 변화를 위한 학계와 실천현장의 파트너십에 기반하여 지역주민들의 적극적 참여(group empowerment)를 반영한 실천방법이다(Johnson, 1994).

실천을 배제한 이론 위주의 담론, 부분화되고 전문성 위주의 전문가주의를 지향하는 학계는 지역사회문제를 해결하는 실천적 전문가를 배출할 수 없다. 따라서 학술 활동은 지역사회의 실천활동과 긴밀한 연결망을 가져야 하며, 지역사회 문제해결을 위한 조사활동에 적극적으로 참여해야 한다. 지역복지활동을 수행한 실천적 전문가의 실례로 미시간 대학교 학생들의 활동을 들 수 있다. 1987년 미국 미시간 주 앤아보 지역 홈리스 운동 조직(HAC) 활동에는 미시간 대학교 학생들의 적극적인 동참이 있었다. 그들은 경제개발 위주의 시 정책에 따른 노숙자 주간보호시설 폐쇄에 맞서 노숙자들과 함께 그들의 주거 마련을 위한 운동을 전개하였다. 1989년-1994년까지 계속된 운동을 통해 지방 건축정책은 친성장 정책에서 지역사회 친화적인 정책으로 전환되어야 함을 강조하였다(Kline etc.: 2000).

지역복지활동 중 특히 사회적 약자들의 이해관계를 대변하는 사회 운동적 지역복지영역에서는 교육의 핵심가치로 '실천(praxis)'을 강조하는 Paulo Freire의 교육이론을 중요시한다. 그이 이론에 따르면 지역복지 교육은 사회변화에 관한 교육에 머무를 것이 아니라 사회변화를 위한 교육활동이 되어야 한다는 것이다. 성공적인 사회운동 사례로 Kline 등(2000)이 제시한 앤아보 지역 홈리스 운동의 이론적 근거는 프레리의 실천교육론이었다. 전략/전술로는 Alinsky의 실천론이 대표적인 이론이다. 알린스키의 실천이론을 실제 현장에 적용하기 위한 대표적인 풀뿌리 운동조직(IAF)이 1940년에 시카고에 설립되어 지역운동 지도자들에 대한 체계적인 교육 훈련을 제시하고 있다(Robinson & Hanna: 1994).

(2) 실천현장에 기반한 교육

지역복지론 교육은 일차적으로 지역사회에 뿌리를 둔, 즉 지역사회의 변화하는 욕구를 반영한 교육이 이루어져야 한다. 이를 위해서는 지역복지 교과과정에 지역 사회 기반 실천영역들이 반영되어야 하며, 교과과정 편성은 물론이고 교육과정에 지역사회 실천 현장 이해 당사자들의 실질적인 참여가 필요하다(소비자 위주의 교육). 구체적으로 지역사회 변화를 위해 활동하는 다양한 집단들에 초점을 둔 교과 과정의 편성이 요구된다. 풀뿌리 조직, 이익 집단, 노조 등 기능 집단에 대한 실천교 육, 집단지도론 교육과의 연계, 학교, 지역복지관, 교회, 노동조직 그리고 인권조직 등과의 연대활동을 고려한 교육이 요구되고 있다.

지역사회복지 영역의 교육이 얼마나 이러한 특성을 반영하고 있는가를 평가한 연구를 통해 지역사회복지론 교과과정의 발전방안을 모색해 볼 수 있다.

Margolis 등(2000)은 지역사회에 기초한 교육프로그램의 평가연구를 통해 지역 사회와의 파트너십에 의한 전문 교육프로그램의 틀을 제시하고 있다. 노스 캐롤나 이나 대학 지역사회 기반 공공보건교육 프로그램은 지역사회 능력배양의 중요성 이해, 취약계층 주민들의 참여역할 판단, 지역사회 자원동원 기술 개발 등을 프로 그램 배경으로 지역사회 능력 향상을 추진하고 있다. 여기서 지역사회 능력배양이 란 정책결정과정 참여 및 주도, 보건기관과 지역사회와의 관계 재 규정, 연구 및 교 육에 지역사회 지향 확대를 의미한다. 교육프로그램의 평가는 목표, 파트너, 지역 사회 현장교육 정도, 결과물, 수업시간, 교육자 등의 6가지로 이루어진다. 교육의 목표는 지역사회 능력배양을 얼마나 고려하는가를 의미하며, 파트너는 1차 보건의료서비스 제공기관부터 취약계층에 서비스를 제공하는 풀뿌리조직까지 얼마만큼 광범위한 집단을 포함하는가를 평가한다. 지역사회 현장교육 정도는 교육활동 중 한번의 지역사회 관찰이 이루어지는가 아니면 모든 교육활동이 지역사회 내에서 이루어지는가를 평가한다. 결과물은 보고서 등에 지역사회 주민들의 참여 정도가 어느 정도인가를 의미하며, 수업시간은 수업시간에 얼마나 지역사회 참여가 이루어지는가를 평가한다. 마지막으로 교육자는 다양한 관계자들의 조직적 참여가 어느 정도 이루어지는가를 평가한다.

Rothman(2000)은 대학원 과정에서 초기에 지역사회 실천현장을 경험하는 학생들은 거시적 실천에 대한 관심이 고양되며, 거시적 사회복지실천 교육은 "개인을 둘러싼 환경(environment-surrounding the person)"의 관점에서 시작된다. 그는 Case Western Reserve 대학의 사회복지 전공 대학원생 15명을 대상으로 지역사회실천시험프로젝트를 연구하였다. 프로젝트의 목표는 3가지로 지역사회실천에 대한 통합된 교육내용 구성, 학생들에게 지역사회 조직화 주도 경험 제공, 석사과정 교과과정 마련 등이다.

지역사회실천 교육내용 구성은 먼저 학생들의 관점을 개인이나 가족을 대상으로 한 미시적 실천으로부터 지역사회기반의 거시적 실천으로 전환시키는 데서 출발한다. 이를 위해 학생들에게 세미나 참석, 실천현장 방문 등 정규 수업 외 교육 기회 제공을 확대하였다. 그리고 학생들에게 지역사회를 보다 잘 이해할 수 있도록 '지역사회 평가 과제'를 부과하였다. 과제는 지역사회 관찰 및 묘사(산책, 버스/자전거 타기 등을 통한 지역사회 이해), 지역사회 자료 조사 및 검토, 주요 인사 면담 등을 통해 이루어진다.

오늘날 지역사회의 주요 문제는 빈곤 해소와 가족관계 강화에 있다. 이 문제 해결은 지역사회 협의체 구성을 통해 이루어지는데, 기본 접근법은 "사람중심, 장소중심" 접근법이다. 지역사회 조직화 주도 경험을 위해 학생들은 전통적인 사회복지실천영역 이외의 실천의 장에 소개되었다. 그 결과로 학생들의 취업기회 확대를 가져왔으며, 학생들 상호간 인적 연결망, 실천 현장간 연합체 결성의 긍정적 결과를 가져왔다. 그러나 실제 프로젝트를 위한 자금 지연, 사전 방문교육 취소, 실천현장과 학교간의 연계 수퍼비전의 미비 등의 난점도 동시에 나타났다.

석사과정 교과과정 문제는 그 동안 거시실천방법 교육 부족은 거시실천영역 전공학생 수의 감소, 미시실천 전공 학생들의 거시과목 선택 감소의 결과를 가져왔다. 그러나 석사과정 초기에 지역사회 관련 과목의 교육 기회 제공은 거시실천 선택의 폭을 확대시키는 결과를 가져 왔다. 연구 결과 Rothman은 사회복지 교육과 관련하여 4가지를 제안하였다. 먼저, 거시실천 전공 학생들의 경우 실천관점을 "환경 속의 개인(person-in-the-environment)"에서 "개인을 둘러싼 환경(environments-surrounding-the-person)"으로 전환시켜서 지역사회에 대한 관심을 제고시켜야 한다. 둘째, 지역사회 활동가들의 활동의 장을 확대해야 한다. 셋째, 단일 지역, 특히 빈민지역, 에 일정 학생들을 배치해야 한다. 학생들 간 인적 연결망이 형성되어 실천활동을 원활하게 한다. 넷째, 초기에 정규 수업 외 지역사회실천 관련 교육기회 확대가 이루어져야 한다.

(3) 다양한 실천 모형/전략/전술/활동가의 역할 연구

실천현장에 기반한 교육을 위해 다양한 실천 모형, 전략, 전술, 지역복지 활동가의 역할에 대한 활발한 연구가 이루어지고 있다.

지역복지의 기본 모형으로 Rothman의 3가지 모형, 사회행동(social action), 지역사회개발(community development), 사회계획(social planning)과 여성주의모형(feminist), 변환모형(transformative model) 등 다양한 모형이 제시되었다. 모형의 구분 기준은 조직가의 역할/과업과 서비스 이용자의 정책결정과정에의 참여 정도에 의해 결정된다. 3대 주요 전략/전술로 협동(collaboration), 집단운동(campaign), 대립

(contest/confrontation)이 있으며, 그 외 교육활동(education), 연결망 활용(network-ing), 협상(negotiation), 제휴 맺기(coalition buildings), 평가(assessment/evaluation), 중재(brokering)와 정치적 행동(political action) 등의 전략/전술이 있다.

그러나 실제 교육현장에서는 지역사회 실천현장에서 요구되는 다양한 전략/전술 등이 충분히 교육되지 못하고 있다. 미국의 경우 특히 지역복지실천의 다양한 전술 중 사회적 약자에 대한 옹호를 위한 대립전술이 회피되고 있다(Hardina, 1997). 옹호 전략(advocacy)은 개별차원의 옹호부터 정치적 옹호활동까지 그 편차가 크다(case, self-help, class, legislative, political advocacy). 그러나 실제 교육현장에서 옹호 전술 교육의 한계는 교육자의 이념적 편향(개인 책임), 위계적 정책결정과정의 무비판적 수용, 교과과정에서 사회변동 전략분석의 제외 등의 요인에 근거하고 있다.

교육현장에서 대립전술 교육방식에 대한 Hardina의 제안은 다음과 같다. 서비스 이용자의 관점에서 현재 사회복지서비스 시스템에 대한 비판적 검토(비판적 사고의 필요), 사회에서 일어나고 있는 불평등과 차별에 대한 개인들의 경험 공유, 문제해결를 위한 정책결정과정을 분석한 결과 토론(정책결정에 대한 엘리트주의적 접근과 다원적 접근 등), 대립전술 사용(옹호 전술)과 사회복지 윤리에 대한 집단 토론(전술 결정은 집단 구성원들의 몫, Alinsky 논의 토론), 특정 이슈에 대한 지역사회 포럼을 통한 이해 등의 교육방식이 대립전술을 배우는 데 도움을 줄 수 있을 것이다. 지역복지 교육과정에서 대립 전술에 대한 교육은 학생들의 권한강화에도 많은 도움을 줄 것이다.

미국에서 지역복지 교육자 대상 조사연구 결과도 대립전술 교육이 회피되고 있음을 보여준다(Hardina, 2000). 조사결과에 의하면 수업시간에 많이 다루는 모형은 사회행동모형-4가지 모형(여성모형 포함)-지역사회개발-사회계획 모형 순이며, 선호하는 모형은 사회행동모형-지역사회개발모형- 모든 모형 동일 순으로 나타났다. 전술의 경우 3가지 전술을 모두 가르치고 있으며, 선호도는 협동전술을 가장 선호하는 것으로 나타났다. 전술 중 비윤리적으로 간주하는 것은 폭력과 개인 공격으로 나타났다. 선호하는 모형과 전술이 상치되는 것은 사회복지 전문가와 기관 활동가들이 정치적 행동과 로비를 선호하는 반면 시위, 피켓팅 등 직접적 사회행동에의 참여도는 낮다는 사실과 일치한다. 그리고 응답자들의 사회 경제적 특성(50대 백인이 다수)이 정책결정자들과 유사한 점이 협동전술을 옹호하고 대립전술을 기피하는 것으로 나타나고 있다.

Gardella(2000)는 현재 미국 지역사회가 처한 현실과 지역복지활동의 문제점을 세 가지 사례를 통해 제시하고 있다. 인종차별적인 사회환경(사회개발 과정에서의 소수 인종 배제--불이익), 보편적 인권 적용의 사각지대 존재(교통위반 흑인에 대한 무차별 총격), 지역사회 건강문제(초등학교 부모 사별 집단조사)가 그것으로 각 사례에서 지역복지활동가의 역할이 미미한 수준에 머무르고 있음을 지적하고 있다. 이에 대한 해결방안으로 인종차별적인 사회환경의 변화를 위해서는 지역복지활동가의 사회통합적 접근에 의한 사회개발 계획과정부터 적극적 참여를 주문하고 있다. 보편적 인권적용의 사각지대를 없애기 위해서는 집단 성원들의 보편적 인권 보장을 위한 연대와 의식화 확산에 지역복지활동가의 지도적 활동을 요청하고 있으며, 사별 집단아동을 위한 실천활동을 위해서는 다양한 전문가집단 들의 참여가 필수적이며 이 경우 지역복지활동가의 조정, 중재적 역할이 기대되고 있다고 밝히고 있다.

2) 21세기 환경 변화와 지역복지 활동영역 확대

21세기의 새로운 사회경제적 변화를 맞아 지역복지 활동에도 새로운 이슈들이 제기되고 있다.

(1) 복지제공에 대한 지역사회 역할 재발견

사회복지에 대한 지역사회의 역할이 새롭게 조명되고 있다. 자본주의 사회에서 복지모형에 대한 연구는 국가와 시장을 양 축으로 어느 쪽에 복지제공의 주된 책임을 줄 것인가가 논쟁의 핵심이 되어 왔다. 이와 관련된 대표적인 연구자인 에스핑엔더슨은 사회복지에 대한 국가의 역할을 강조하는 모형(social-democratic model)과 시장의 역할을 중시하는 모형(liberal model) 그리고 그 중간에 해당하는 모형(conservative-corporatist)을 제시하고 있다. 그러나 그의 연구에서는 지역사회와 노조를 비롯한 다양한 기능집단의 복지활동, 즉 시민사회의 역할에 대한 관심은 배제되어 있다. 그러나 실제 시민사회 역시 복지활동의 중요한 일 주체라 할 수 있으며, 이와 관련하여 지역사회복지활동에 대한 관심이 새롭게 제기되고 있다.

Wagner(1995)는 복지자본주의의 새로운 전형으로 공동체적 복지 레짐(communitarian welfare regime)을 제시하고 있다. "공동체적" 복지 레짐은 경제력에 대한 민주적 통제와 사회집단의 완전 참여의 전제하에 복지제공에 대한 정부의 역할을 지방정부와 노조와 같은 기능적 공동체와 분담하는 시스템을 의미한다. 이 모형의 특성은 나눔과 공용에 있으며 복지제공은 비강제적이며 상호성에 의해서 이루어진다. 공동체와 비교하여 시장 역시 비강제적이나 개인의 이해관계에 의해 거래가 이루어지며, 국가의 복지제공은 강제적인 특성을 갖는다. 스위스의 사회정책은 이러한 공동체적 특성을 반영하고 있다.

전통적으로 스위스 노조는 사회변화와 관련해서 중요한 정치적 역할을 수행해 왔다. 스위스의 노조는 노동시장에 대해 분권화된 정책결정시스템의 유지와 작업장에서의 노사의 파트너십에 기반한 "집합주의적 동의"시스템을 중요한 활동의 근거로 삼고 있다. 이러한 특성은 작업장 민주주의, 참여적 노사관계, 경영에의 공동책임 등으로 나타나고 있으며, 상호주의적 복지레짐의 중요한 전제가 되고 있다.

또 하나의 요인은 복지제공 주체로서 지방정부의 역할에 주목할 수 있다. 오늘날

서구 대부분 국가들이 직면하고 있는 대량 실업의 문제는 자본주의 시장경제에서 완전고용의 실현이 하나의 환상이었음을 잘 보여주고 있다. 자본주의가 발달할수록 일정 수의 실업자의 존재는 필수 불가결한 사항이 되었으며, 이들에 대한 복지제공, 실업보험, 사회부조, 사회복지서비스 등은 중요한 과제가 되었고, 스위스에서는 복지제공의 책임은 "지역성"에 뿌리를 둔 지역사회의 몫이다. 지방정부는 지역의 교회, 민간 사회복지기관, 노조 등에서 제공하는 복지서비스를 조정/통제하는 역할을 수행하고 있다.

미국의 경우도 지역사회에 기반한 공동체적 복지제공의 전통을 가지고 있다. 1950년대 후반까지만 해도 미국의 노조는 선거권 운동, 인권운동에 중요한 주도적 역할을 담당하고 있었으나, 1960년대 이래 점차 그 관심의 폭이 조직노동자들의 이해관계로 협소해졌다. 그러나 이러한 경향에 대한 반성이 이루어져, 1990년대 이후로 미국 노조(AFL—CLO)는 사회운동의 전통으로 복귀하는 경향을 보여주고 있다. 미국 사회에서 공동체적 복지레짐의 정착을 위해서는 지역에 뿌리를 둔 '지역 노조'(community unions: 작업장에 노조가 없는 노동자들로 구성된)의 건설이 시급한 과제로 인식되고 있다. 미국에서 지역사회 역시 중요한 복지제공의 일 주체였다. 그러나 도시화의 급속한 진행은 도시빈곤의 확대 등 희망 없는 지역사회를 만들어 더불어 살아가는 공동체로서 지역사회의 붕괴를 초래하고 있다. 이에 지역사회가 복지제공의 중요한 일 주체로 역할하기 위해서는 중앙정부의 지방재정 균형을 위한 노력이 선행되어야 한다.

(2) 지역복지 활동 영역의 확대

지역복지실천가(사회복지사)들의 활동 영역 확대가 이루어지고 있다. 먼저 새로운 정보통신 기술의 적극적인 활용을 통한 영역 확대가 모색되고 있다. 즉 가상공간을 이용한 지역복지활동(McNutt, 2000), 지역복지활동에서의 국토정보시스템

(GIS, Geographic Information System)의 활용방안(Hoefer etc, : 1994) 등이 논의되고 있다. 또 하나 그 동안 지역복지 활동의 영역은 전통적인 의미의 사회복지활동에 한정되어 이루어져 왔는 데 반해 최근에는 지역사회의 다양한 영역에서 지역복지 실천가들의 활동 모색이 이루어지고 있다. 군축과 평화운동 영역(Mary, 1994), 환경운동 영역(Kaminstein, 1995; Kauffman, 1995) 등에서 지역복지활동가들의 역할이 모색되고 있다.

정보통신학의 발전은 사회복지실천에도 중요한 영향을 미쳤다. 이메일, 웹페이지 운용, 데이터베이스 제공 등 가상공간을 활용한 사회복지활동의 모색이 활발하게 이루어지고 있다. 정보통신 발전에 따른 지역사회복지활동에의 변화요인을 살펴보면 다음과 같다. 첫째, 가상공간을 통한 의사소통 즉 전자메일, 홈페이지 운용을 통해 지역주민들과의 의사소통 및 조정활동의 강화가 기대된다. 둘째, 각종 자료 검토 및 시간, 공간 제약 없는 토론을 가능하게 한다. 의견수렴을 위한 온라인 데이터베이스와 토론그룹의 활용이 가능해진다(http://www.rtk.org , http://www.censu.gov). 셋째, 데이터 분석을 위한 지도/GIS 프로그램, 데이터베이스, 통계패키지의 사용이 확대된다. 그 외 옹호집단 홈페이지 가동, 온라인 자금 모집과 회원 및 자원봉사지 모집/관리, 행정업무의 자동화 등이 지역사회복지활동에 영향을 미칠 것이다. 이에 지역복지 활동가들은 지역사회컴퓨터 네트워크의 가동과 전자 상거래의 확대에 대비해야 하며, 정보통신기술을 활용할 수 있는 인적 인프라 구축에 관심을 기울여야 할 것이다.

변화하는 중요한 사회환경 중의 하나로 GIS시스템의 사회복지활동에의 활용도 모색되고 있다. 사회복지기관에서 GIS와 같은 경영관리시스템의 도입은 사회조사, 사회계획, 경영관리 측면에서 개선을 가져온다. 그러나 GIS와 같은 새로운 시스템의 도입은 예산문제, 그리고 새로운 시스템의 도입에 따른 구 시스템에 익숙한 기존 성원들의 소극적 대응 등이 문제가 될 수 있다.

Mary(1994)는 군축과 평화운동조직에서 지역복지 활동가들의 역할에 대해 논하고 있다. 탈냉전의 시기를 맞이하여 경제정책의 전환에 따라 지역사회는 지역복지 활동가들의 적극적 참여를 요구하고 있다. 경제정책의 전환이란 군수산업으로부터 사회적으로 유용한 경제활동으로 자원을 재배치하는 것을 의미한다. 지역사회복지활동은 상당정도 지역의 경제발전과 연계되어 있으며, 중요한 경제적 전환기에는 이를 위한 사회계획, 지역사회교육, 연대활동, 옹호활동 등의 역할이 기대되고 있다. Mary의 연구 결과 경제적 전환과 관련해서 사회사업가에게 기대되는 주요 역할은 "국방 예산과 사회복지예산 관련 청문회에서의 증언"이다. 그러나 실제 이와 관련된 활동은 미미하다. 그 주요 이유는 사회사업가는 주로 대상자의 긴급한 욕구 충족에 관심이 있으며, 사회사업가와 경제적 전환과의 관련성 정도가 낮으며, 사회사업가는 대체로 정치적으로 보수적이라는 속성에 기인한다. 그러나 경제적 전환은 사회복지에 필요한 물질적 자원의 확대를 가능하게 할 것이며, 이를 기반으로 한 활발한 지역복지활동이 요구되고 있다.

Kamininstein(1995)은 뉴저지 피터만(Pitman, New Jersey)지역의 쓰레기 매립지 환경오염을 둘러싼 지역주민운동에 대한 사례연구를 통해 지역주민 조직화의 기여요인과 방해요인을 제시하고 있다. 먼저 주민 동원이 가능했던 요인은 정책 결정자에 대한 도전, 자원동원 능력, 조직적 일관성 유지, 관의 인지 등이다. 쓰레기 매립지 정비 계획 관련 설명회에서의 관의 불성실한 태도는 정책 결정자들에 대한 도전 요인이 되었으며, 평상시 지역주민들의 친밀한 관계 유지, 전국적 규모의 환경단체와의 유대, 지역출신 정치인과의 유대, 언론매체의 관심 등은 초기 지역주민들의 참여를 확대시켰다. 그리고 쓰레기 매립지 정화에 관련된 기술문제에 대한 일관된 관심과 교육, 주민조직에 대한 관의 인지 등이 주민동원을 용이하게 했던 요인들이다.

이에 비해 지역의 재산가치 고려, 전술의 단순함, 환경문제의 기술적 전문성에의 집착, 주민조직화에 대한 무관심 등은 계속적인 주민동원을 어렵게 한 요인들이다. 즉 사례 지역은 중산층 지역으로 환경운동을 둘러싼 분쟁은 집 가치를 하락시킬 우려가 있으며, 주로 설득 전술에만 의존한 점과 환경문제의 전문 기술적 문제에 지나치게 집착한 점, 초기 성공에 만족하여 주민조직성원 충원에 무관심하게 된 점과 정책결정집단에 환경전문가의 출현 등은 조직활동 중지의 결과를 가져왔다.

Kauffman(1995)은 뉴저지 피터만(Pitman, New Jersey)지역의 쓰레기 매립지 환경오염을 둘러싼 지역주민운동을 Kamininstein(1995)과는 달리 갈등해소 과정에 초점을 맞추어 분석하였다. 정책결정에 대한 시민참여가 갈등을 유발하는 것은 시민참여에 대한 역할 기대의 차이(시민들은 정책결정의 권한을 갖는 것으로 생각하나 관은 단순한 조언으로 간주), 제한적 기회 제공(불완전한 정보, 관 주도의 설명회, 토론회의 제한적 정보 제공) 그리고 사회변화를 위한 의도적 갈등 등의 요인에 기인한다. Kauffman은 시민참여의 장벽을 분석하기 위하여 3가지 차원의 장벽을 제시하고 있다. 첫째, 제도 장벽으로 시민이 참여한 모임에서 정책 결정이 이루어지는 것이 아니라 결정된 정책을 홍보하는 경우가 대부분임을 의미한다. 둘째, 정보 장벽으로 정보이용의 부적절성과 접근성 문제, 단기간에 많은 양의 정보 이해의 어려움과 기술적 난점 등을 의미한다. 셋째, 대인관계 장벽으로 관의 무관심하고 불친절한 태도 등을 의미한다. 피터만 지역에 이것을 적용한 결과, 제도 장벽의 경우 공청회에서의 관의 해결책이 신뢰를 받지 못했으며, 관은 주민의 의견을 배제한 채 정책을 결정하였다. 정보 제공과 관련해서도 관은 공식보고서 조차 지연시켜 제공하였으며, 대부분의 기술적인 보고서도 한정된 시간에 이해하기가 힘들었으며, 연방정부의 평가서도 표피적인 수준에 머물렀다. 그리고 주민들에 대한 관의 태도도 무관심하고, 무례하였으며, 상호불신으로 의사소통이 만족스럽지 못하였다. 그 결과 시민참여를 둘러싼 갈등이 고조되었다.

그러나 매립지 환경정화 책임자의 교체와 전체 진행과정의 변화 이후에는 상황이 완전히 반전되었다. 관과 주민조직과의 공식대화채널(자문 그룹)을 가동하고 주민건강문제와 관련된 평가연구작업에 실질적인 주민참여를 보장하고 연구결과를 합의에 의해 도출하며 자료 사전배포 및 충분한 검토 시간 제공 등에 의해 제도 장벽은 제거되었다. 지역주민들에 대한 충분한 교육 기회 제공과 지역사회가 기술정보 보조금을 받는 과정에 관의 협조를 받게 되었으며 독자적으로 전문가를 고용하여 쓰레기 매립지 문제에 대한 이해의 폭을 넓힐 수 있게 되어 정보 장벽도 없어졌다. 그리고 새로운 관리자의 친환경적 태도와 소규모, 비공식모임을 통한 지역주민들과의 대화 확대 등으로 대인관계 장벽 역시 약화되었다. 그 결과 쓰레기 매립지 정화문제를 둘러싼 관과 지역주민들과의 갈등은 어느 정도 해소되었다.

연구 결과, 시민참여를 둘러싼 관과 지역주민들의 입장 차이는 정책결정과정과 결과를 분리하여 정책결정과정에 지역주민들의 동등한 참여를 보장하는 것으로 갈등을 해소하고 있다. 그리고 주민조직과 관과의 비공식적 접근성 확대와 지역주민들에 대한 교육기회 확대를 강조하고 있다. 조직 이론적 측면에서는 지역사회 환경문제에 대한 관심의 확대, 조직가의 개입 목표의 명확화, 공정한 과정 관리, 관과의 조정역할 등이 강조되고 있다.

2. 지역복지 영역별 현황과 쟁점

지역복지 일반에서는 미국 지역복지의 역사와 지역사회조직론 모형 연구를 검토하였다. 지역개발과 주민자조조직과 관련해서는 성공적 주민자조형 지역개발사업의 전제 조건, 지역개발을 위한 주민자조조직에 관한 사례연구 등을 다루었다. 사회계획활동과 주민참여사례에서는 사회계획 활동의 합리적 지향과 조직적—정치적 지향의 통합적 접근, 10대들의 사회계획과정에의 참여 등이 논의되었다. 사회운동과 운동사례와 관련해서는 미국 사회운동변천사의 특성, 홈리스 운동사례와 주택정책을 둘러싼 운동사례, 사회운동 참여의 규모 추정의 문제, 풀뿌리 운동조직 사례연구 등을 다루었다. 지역사회협의체 변화와 집단활동에서는 소규모로 시작하여 협의체 활동을 성공한 사례연구, 범주적 사회복지서비스 대안으로서 지역사회협의체의 의의, 정책결정과 이익집단활동을 살펴보았다. 풀뿌리조직과 관련해서는 풀뿌리조직에서 토착지도력 개발, 지역복지 활동가의 권한강화 등의 이슈를 검토하였다.

1) 지역복지 일반

(1) Weil의 연구

미국 지역복지활동의 발전과정을 일목요연하게 정리한 것으로 Weil(1996) 연구가 있다. Weil은 원시모형단계 — 개념정의 및 실천모형 발달 단계 — 실천모형특정화 단계 — 기본모형 명료화 단계 — 모형 확장 및 명료화 단계의 5단계로 미국 지역복지발달사를 구분하고 있다.

① 원시모형 단계(1890년-1910년대)

초기 단계는 역사는 인보관운동, 자선조직협회, 농촌개발사업에서 찾을 수 있다.

가. 인보관 운동

인보관 운동은 지역사회개발, 계획, 조직화, 사회변동의 기원이 된다. 제임 아담스가 시카고에 세운 헐하우스는 인보관 운동의 효시가 되었다. 그녀는 지역사회조사, 계획과정에 지역주민들을 참여시켰으며, '모든 사람은 정치, 경제, 사회적으로 평등해야 한다'는 급진적 민주주의를 신념으로 일관되게 시민참여를 옹호하였다

나. 자선조직협회

자선조직협회는 서비스 조정, 지역사회 계획, 기관 상호간 관계정립의 기원이 된다. 자선조직협회는 자원봉사 지도력에 기초하여 발전되었다. 협회의 과제는 어떤 자원으로 누구를 도울 것인가에 있었는데, 이를 둘러싸고 전문 직원과 자원봉사자, (지원 받는)풀뿌리 조직과 (지원하는) 재정조직 간에 긴장이 형성되었다. 이를 해소하는 방식은 상호간 의사소통을 강화하는 것이며, 사회적 약자들의 문제해결을 위해 활동하는 풀뿌리 조직들을 적극적으로 평가하는 것이다.

다. 농촌개발사업

이 시기 농촌개발사업은 지역개발과 자조의 기원이 된다. 농촌지역의 조직화는 미국의 조직화 전통에 기반하고 있다. 농촌개발사업의 초기 주역은 농업기술자들이며, 농촌개발의 주요 동력은 연방정부의 자금지원과 입법화에 있다. 농민들을 대상으로 농업기술 교육을 실시하였으며, 1933년 기준으로 전체 농민의 1/3 정도가 적어도 하나 이상의 조직활동에 참여하고 있었다. 이러한 농민들의 자조전통은 최근 환경보호운동으로 발전하고 있다.

그러나 당시 남부지역을 중심으로 활동하던 아프리카출신 미국인 농민 조직, 이민자들의 자조 조직에 대해서는 주류 학계가 거의 관심을 보이지 않았다.

② 개념정의 및 실천모형 발달 단계 (1920-1930년대)

이 시기는 실천방법, 개입의 발전과 명료화와 전문성의 영향이 나타난 시기라 할 수 있다.

지역사회복지 활동이 1930년대의 대공황을 거치면서 사회사업학의 전문 실천 영역의 하나로 인정받게 된다. 지역복지 영역이 사회사업학의 전문영역인가를 둘러싸고, 개별지도론, 집단지도론과의 관계, 지역복지 활동가의 역할에 대한 관심이 확대되었다. 사회문제와 환경변화에 초점을 둔 구조적 접근을 강조하였으며 실천방법은 '연구 · 진단 · 치료'의 사회사업적 전통을 따랐다. 이 시기에는 소규모 지역사회의 구축 및 재건에 관심을 두었으며, 지역주민과 전문실천가와의 관계는 지역주민이 정책결정을 통제하는 것을 전제로 하였다.

1930년대 대공황으로 인한 대량실업문제의 발생은 지역복지활동을 국가적 관심사로 대두케 하였으며, 1935년 사회보장법에서는 "지역 조직화"가 명문화되었다. 1939년 전미사회사업위원회가 위임한 Lane의 '지역사회조직화' 연구보고서는 지역복지활동을 3대 실천방법의 하나로 인정받게 하는 계기를 제공하였다.

③ 실천모형 특정화 단계 (1940-1950년대)

이 시기의 사회경제적 환경 변화와 사회과학의 발달은 지역복지활동가들의 초기(개별지도론 중심의) 개입과정의 한계를 인식할 수 있게 하였다. Lane은 2차 보고서를 통해 지역사회조직론의 주요 개념으로 집단 발달, 집단간 관계, 통합, 그리고 자원과 욕구와의 조정을 제시하였다.

실천모형의 특정화는 Ross, Dunham, Sieder 등의 논의를 거쳐 이루어졌다. Ross(1995)는 개혁지향모형, 계획지향모형, 과정지향모형 3가지 모형을 제시하였다. 그의 모형에는 사회행동이 제외되어 있지만 Rothman의 모형정립에 중요한 영향을 미쳤다. Dunham(1958)은 지역사회조직론과 집단지도론의 관련성을 강조하였으며, 사회행동을 지역사회조직론의 주요 모형으로 생각하였다. Sieder(1947; 1950)은 지역사회 계획, 지역 조직화와 사회행동간의 상호관련성과 사회사업 실천에서 지역사회조직론의 독자적 특성을 강조하였다.

사회사업 교육위원회 논의에서는 지역사회조직론의 기본 방법으로 "연구-진단-행동"을 제시하였다. Shimp(1959)는 2년 과정 지역사회조직론의 교과과정에는 사회사업 철학, 사회적 서비스에 대한 일반적, 구체적 지식, 인간행동의 역동성(개인,

집단, 지역사회), 방법과 기술, 행정과 조사가 포함되어야 한다고 주장하였다.

그 외 이 시기에는 가톨릭 노동자 운동, Alinsky의 노동운동(사회행동의 갈등 모델)이 나타났다. 그리고 Horton이 성인교육기관으로 테네시에 설립한 Highlander센터는 남부지역 지역사회조직론에 지대한 영향을 미쳤으며, 1960년대 시민권 운동 지도자들의 교육기관으로 중요한 역할을 담당하였다.

④ 기본모형 명료화(1960-1970년대)

이 시기는 빈곤의 재발견 시기로, 시민권운동, 대빈곤전쟁, 월남전 등을 거치면서 사회정의를 위한 시민 참여, 즉 직접 조직화와 사회행동, 옹호계획 등이 이슈화되었다. 이 시기에 Rothman(1967)은 지역사회조직론의 3대 모형, 지역사회계획모형/ 지역사회개발모형/사회행동모형을 제시하였다(주: 그가 제시한 3대 모형은 Rothman(1987) 자신에 의해 수정되었다). 그는 개발, 계획, 행동이 지역사회조직과정에서 분리되어 있는 것이 아니라 공존하는 것으로 보고 3모형의 혼합과 지역사회조직과정의 단계적 접근을 제시하였다.

이 시기에는 지역사회조직론에 관한 다양한 문헌들이 소개되었다. 지역사회조직론에는 Brager and Specht(1973), Cox, Erlich, Rothman, Tropman(4판, 1987) 등의 문헌이, 사회계획론에는 Lauffer(1978), Ecklein and Lauffer(1972), Gurin and Jones(1970) 등의 문헌이, 사회행동분야에는 Saul Alinsky(1971), Kahn(1982) 등의 문헌이, 지역사회개발분야에는 Blakeley(1979), Christenson and Robinson(1989), Rubin and Rubin(1986) 등의 문헌이 대표적인 연구서들이다.

사회사업 백과사전 15판(1965)에서는 지역사회조직론 관련 논문이 4편에 불과했으나, 16판(1971)에서는 관련논문이 5편으로, 18판(1987)에서는 12편으로 늘어났다는 것은 지역사회조직론의 영역 확대를 한 눈에 보여 주고 있다.

⑤ 모형확장 및 명료화 단계 (1980-1990년대)

이 시기에는 5가지 모형이 제시되었으며, Rothman의 초기모델의 수정이 이루어졌고, 8가지 모형이 제시되고, 일반 모형에 더하여 여성주의 모형에 대한 연구가 진행되었다.

(2) Rothman의 수정모형

Rothman은 기본 3대 모형의 혼합모형으로 행동/계획 모형, 개발/행동 모형, 계획/개발 모형을 제시하고 지역사회실천 과정의 단계론을 제시하였다.

그의 수정모형의 핵심은 3대 모형의 혼합과 지역복지 조직화 과정의 단계별 변화의 반영에 있다. 3대 모형은 실제 실천과정에서 서로 겹치기도 하고 혼합된 형태로 나타난다. 혼합모형은 개발/행동 모형, 행동/계획 모형, 계획/개발 모형과 3가지 혼합 모형이 있다.

개발/행동 모형은 여성주의자 조직활동과 파울러 프레리식의 풀뿌리조직활동에서 찾을 수 있다. 파울러 프레리의 브라질, 칠레 농민들의 실천 교육을 통한 의식화활동은 개발/행동모형 특성을 잘 보여준다. 이에 비해 Neighborhood block club 활동은 사회개발적 특성을, United farm workers(이민 농민) 활동은 사회운동적 특성을 더 많이 보여 준다.

행동/계획 모형은 랄프 네이드의 소비자보호 운동 조직에서 찾아 볼 수 있다. 그리고 아동 방어기금, 지역단위 시민주택위원회의 활동도 이 유형에 가깝다. 사회계획적 특성을 더 많이 보여주는 활동으로는 정부지원 개혁계획(정책)이 대표적이며, 사회민주주의 연구소 활동(미국 사민주의자들의 핵심 연구소)은 사회행동적 특성에 더 가까운 혼합모형에 속한다.

계획/개발 모형은 United way활동에서 찾을 수 있다. 지역사회 보건을 위한 시민자문위원회 활동은 사회계획적 특성을, 자조활동을 통한 빈곤 탈피를 추구하는 이웃기업 전국센터활동은 사회개발적 특성을 더 많이 가지고 있다. 세 가지 혼합 모델로는 지역복지계획 위원회(community welfare planning councils) 활동이 대표적이다.

Rothman은 혼합모형의 적용과 동시에 조작활동에의 단계별 전환을 강조하고 있다. 조직의 발달단계에 따라 요구되는 주요 활동 특성이 전환된다는 것이다. 지역복지활동이 특정가치지향 하에 이루어지는 것은 아니지만, 대체로 지역개발 실천가는 지역사회 성원간의 조화와 의사소통을 강조하며, 사회계획 실천가는 합리성을 선호하며, 사회운동 실천가는 사회정의 실현을 강조한다. 각 모형들은 각각의 기능적 한계를 가지고 있다. 사회개발 모형은 사회적 조건변화에 한계를, 사회계획 모형은 재분배나 권력문제에 한계를, 사회행동모형은 지역사회를 벗어나는 전체 권력의 문제를 해결하는 데는 명확한 한계를 보인다. 지역복지 실천이 실제적으로 사회변화를 가져오기 위해서는 지역사회 차원을 넘어서서 전체 사회문제의 근본적 해결이라는 관점에서 자유, 평등의 가치실현에 관심을 기울여야 할 것이다.

(3) Weil과 Gamble의 8대 모형

8대 모형은 이웃과 지역사회 조직화, 기능적 지역사회 조직화, 지역사회 사회적/경제적 개발, 사회계획, 프로그램 개발과 지역사회 연결, 정치적/사회적 행동, 연합, 사회운동 모형이다. 이 모형의 특성은 이웃/지리적 지역사회 조직화, 기능적 지역사회 조직화와 지역사회 사회적/경제적 개발을 구분하는 점과 지역사회 사회개발과 경제개발의 연결에 있다. 그 외 사회행동)영역을 정치적/사회적 행동, 연합과 사회운동으로 구분한 것과 사회계획과 프로그램 개발과 지역사회 연결을 나눈 것 등을 특성으로 한다.

8대 모형은 지역사회복지 실천의 주요 4가지 과정, 즉 개발, 조직화, 계획, 변화 등으로 구분된다. 개발과정에는 사회적/경제적 개발, 조직화에는 이웃/지리적 지역사회 조직화, 기능적 지역사회 조직화, 계획에는 사회계획, 프로그램 개발과 지역사회 연결, 변화에는 정치적/사회적 행동, 연합과 사회운동이 포함된다.

2) 지역개발과 자조 조직

Rothman(2000)은 그 동안 지역사회개발사업이 이론적, 실천적으로 성공적이지 못했다고 결론짓고 62개의 지역사회개발 프로젝트에 대한 검토를 토대로 (자조적) 지역사회개발 사업의 성공을 위한 8가지 전제조건을 제시하고 있다.

첫째, 지역사회 내 기본 능력이 갖추어져야 한다. 지역사회 인적, 구조적 요소가 변화의 매개체 역할을 해야 한다. 프로그램을 담당할 조직과 과업을 수행할 수 있는 지도력, 지식, 기술이 필요하다.

둘째, 목표 달성과 관련해서 상대적으로 단순한 과업이 적절하다. 복잡하지 않고 쉽게 숙련할 수 있는 기술이 관련된 지역개발사업의 성공률이 높다.

셋째, 소규모 프로젝트의 성공률이 높다. 소규모 프로젝트일수록 지역주민들의 참여도가 용이하고 높다.

넷째, 프로젝트에 대한 지역사회의 관심(헌신)이 필요하다. 지역사회의 지지는 과업 성공의 중요한 요소가 된다.

다섯째, 공동의 이해가 전제되어야 한다. 인도, 페루의 일부 지역사회개발사업의 경우 지주들의 경제적, 사회적 지위에 손실이 예상되자, 참여도가 하락했으며, 한국의 경우 지주들의 이해관계가 비교적 동질적인 지역의 경우 사업의 성취도가 높게 나타났다.

여섯째, 사업의 성과는 가시적이고 지역적이며 결과가 빠르게 나타나야 한다. 결과가 나오기까지 오랜 시간이 소요되는 사업은 참여도를 저하시킨다.

일곱째, 성과물이 비용에 비해 더 가치 있어야 한다.

기본적으로 지역사회의 여건이 성숙하지 못한 경우는 자조적 접근보다는 직접 사회적 서비스를 제공하는 것이 더 효과적이다. 그리고 성공적인 지역사회개발사업의 실천을 위해서는 프로젝트 사전계획의 철저(유연하고 적절하며 과업중심적 계획), 활동가들의 자질(지역주민들의 특성에 대한 이해도), 상위 행정부서의 적절한 지원과 조정이 필요하다.

Lauffer(1994)는 이스라엘 정착촌의 주민자조조직 활동 평가를 통해 정부와 지역조직간 그리고 전문가와 지역주민간의 조정 역할에 주목하고 있다. 이스라엘은 1960년대 후반 정착민들을 위한 자치도시를 건설하였다. 지역사회조직 전문가와 자원봉사자들은 신도시 주민들의 위원회 조직화와 정부와의 협상 과정에 도움을 제공하였으며 그 결과 주민자조조직(Minhelets)이 결성하였다. 자조조직은 초기에는 전통적인 사회복지서비스 이슈만 다루었으나 전체적인 환경개선 등 활동 영역을 확대하였다. 활동의 확대와 함께 우선순위를 둘러싼 갈등과 활동 참여 여부에 따른 개인적 혜택의 차이 등의 문제점이 나타났다. 지방정부는 대규모 자원봉사조직(JDC)과 협력하여 자조 조직의 활동을 지원하였다. 이들의 활동과 관련해 Lauffer는 중앙정부의 지방으로의 책임 이양은 어떤 조건 하에서 이루어지는가와 지방정부가 지역주민들과 서비스 계획과 전달 책임을 공유하는 것은 어떤 조건 하에서 가능한가의 두 가지 이슈를 제기하였다.

탈중앙집중화와 권한 이양과의 관계는 일반적으로 전문성에 대한 요구가 낮을수록 시민참여의 정도가 높아지며, 과업이 일상화 관료화될수록 시민참여 정도는 낮아진다. 그리고 문제해결에 필요한 재원, 전문적 지식이나 이념이 충분하지 못할수록 지방정부로의 위임이 확대된다. 이스라엘 자조조직의 혼선은 문제해결, 지역개발 그리고 탈중앙집중화의 3대 목표의 혼선에 있다. 만약 목표로서 탈중앙집중화를 강조하면 자조조직은 중앙정부의 분점 역할로서 중앙정부와 지역주민사이에 중재, 조정기능을 하게 된다. 이에 비해 문제해결과 지역개발을 위한 수단으로서 탈중앙집중화를 보게 되면 참여, 리더십 개발, 효과적인 의사소통 등 지역개발 사업이 목표가 되며 탈중앙집중화는 목표달성을 위한 유연한 구조로 이해하게 된다.

지역주민 참여는 목표(과업 목표) 달성을 위한 수단으로서의 가치와 그 자체 목표(과정 목표)로서 가치를 가진다. Abatena(1997)는 지역사회문제 해결과정에 주민 참여(풀뿌리 조직)는 문제 진단 및 욕구조사, 정책결정과정 그리고 정책집행과정을 원활하게 한다는 점에서 필수적이라고 주장한다.

첫째, 문제 진단 및 욕구조사 과정은 4단계를 거쳐 이루어진다. 지역주민들의 참여는 문제의 근원과 현황, 이와 관련된 지역사회의 여건들에 대한 검토로 시작된다. 이어 사회 문제에 대한 지역사회 내 다양한 견해들의 검토를 통해 문제에 대한 이해 수준을 향상시킨다. 다음으로 다양한 집단들의 견해에 대한 공정한 설명회를 개최한다. 마지막으로 지역 사회내 긴급한 욕구를 발견하게 된다.

둘째, 정책결정과정에의 참여는 정상적이고 효과적인 정책결정과정에 기여하는 역할과 정책결정과정에서의 갈등을 해소하는 역할을 수행한다. 여러 가지 대안들 중에서 한 가지를 선택하는 정책결정과정에서 판단 기준으로는 문제해결과의 관련성, 목표달성 정도/실행가능성, 상대적 장점, 지역사회 이해와의 일치성, 장래의 기대효과의 5가지가 제시되고 있다. 정책결정과정에서 갈등의 근원은 가치체계의 다양성과 긴급 욕구에 대한 차이점에 있다. 이 문제는 지역사회포럼, 집단 토론회 등 공론화를 통한 합의 도출에 있다.

셋째, 정책집행과정에의 참여는 초기집행과정의 준수, 정책의 유지, 정책의 발전과 확대과정에의 참여를 의미한다. 정책결정이 이루어지더라도 정책집행이 바로 이루어지는 것은 아니다. 지역주민들이 초기집행과정을 준수하는 것은 정책성공의 중요한 요인의 하나이다. 이어 정책이 제대로 유지되기 위해서는 정책 대상집단의 강력한 지지가 이어져야 한다. 정책집행과정에의 계속적인 참여는 교육의 효과도 동시에 가지며, 한 가지 정책의 성공 경험은 정책을 확대시키고 발전시키는 중요한 원동력이 된다.

3) 사회계획활동과 주민참여 사례

사회사업 외의 다른 분야에서 사회계획이란 합리적 활동과 조직적—정치적 활동을 통합적으로 적용한 과정을 의미한다. 이에 비해 Rothman(1968)이 정의한 대로 지역사회복지조직활동에서 사회계획이란 합리성 지향의 활동이며, 이에 비해 조직적—정치적 활동은 지역사회개발과 사회운동모형에 적합한 활동으로 간주한다. 합리성에 기반한 사회계획모형은 지역복지영역의 주민참여/개입의 전통과는 달리 전문가의 합리적 판단에 의존하는 점에서 상이성을 갖는다. 그러나 지역사회복지 활동이 이해관계를 달리하는 집단들 간의 권력관계와 직접적으로 관련되는 경우가 많다는 사실에서 사회계획론 모형의 통합적 접근이 모색되고 있다.

Boehm과 Litwin(1999)은 이스라엘 지역복지활동가들의 사회계획 활동 분석을 통해 그들의 활동지향성에 대해 논하고 있다. 지역복지활동가들의 합리적 활동은 자료분석과 평가 그리고 구체적 목표 설정 활동이며, 이에 비해 조직적-정치적 활동은 지역주민이나 서비스 이용자들을 계획과정에 참여하도록 격려하는 것과 직원들을 정책변화로 이끄는 행동을 의미한다. 조사 대상자(138명)들을 4집단으로 분류한 결과, 양쪽 성향의 활동을 모두 활발하게 전개하는 활동가들이 전체의 37.68%, 양쪽 다 미흡한 경우가 34.05%, 조직적—정치적 지향이 14.59%, 합리적 지향이 13.86%로 나타나 실천현장에서의 통합 정도를 보여주고 있다. 연구 결과의 함의에 대해 저자들은 지역복지 활동가들이 전통적 사회계획 모형에 기반한 활동을 전개하는 것으로 평가하였다. 즉 문제 정의, 개입 기술 적용, 그리고 종결 과정으로 전문개입활동을 정의하고 있다. 지역복지활동가들이 새로운 지식/기술의 도입이나 실천에는 상대적으로 관심이 없는 것으로 판단하고 있다. 그럼에도 실천현장에서의 양 활동지향성의 통합 움직임에 대해서는 양 입장의 의식적 혼합 혹은 양 입장에 대한 양가감정의 반영으로 해석하고 있다. 또 하나 조직적 · 정치적 성향의 활동에 대한 분포가 상대적으로 더 분산되어 있는 것은 과업에 대한 다양한 정의 혹은 정치적 개입의 요구에 기인하는 것으로 보고 있다. 그러나 한편으로는 특정 정치적 입장으로부터의 중립에 대한 요구도 있다. 이것은 지나친 당파성으로 인해 전문성의 기준이 무시될 수 있기 때문이다. 합리적 성향의 활동에 대한 응답 분포가 상대적으로 더 밀집되어 있는 것은 활동에 대한 유사한 견해에 기인한다. 그럼에도 전문성에 대한 견해의 편차가 다양한 것으로 나타나 아직 전문성에 대한 개념이 정립이 이루어지지 못하고 있다는 것을 알 수 있다.

지역사회문제 해결 과정에 지역사회 거주 10대들을 참여시킴으로써 지역사회에 대한 그들의 이해 증진과 지역주민으로서의 정체성 고양에 일조하는 결과를 가져왔다. Ross와 Coleman(2000)은 매사추세스 주 Worcester지역 사례연구를 통해 도시행동계획과정에 10대들을 참여시킴으로써 그들이 원하는 지역사회를 만드는 데 공헌하는 계기를 제공하게 되었다고 보고 있다. 도시행동계획과정(UCAP)은 문제/정보 수집 및 자원 점검, 조직화, 우선순위선정/자원조직화, 외부자원활용과 실천의 4단계로 이루어진다. Worcester 지역의 경우 1,2 단계에서 지역사회조사를 통해 아동문제 등 8가지 문제 영역을 수집하였다. 3단계에서는 지역 계획위원회 모임을 통해 지속성, 효과, 형평, 시간, 비용/기술적 요인 등 5가지 평가기준을 가지고 문제영역을 10대 문제 등 4가지로 조정하였다. 4단계에서는 실천을 위한 행동 계획을 작성하는 것으로, 10대 문제를 해결하는 데 10대들을 계획가로 참여시켰다. 그들의 욕구와 이의 실현을 가로막고 있는 장애물(어른들의 편견과 술, 약물, 그리고 활동공간의 부족 등)을 제시하고 이것을 개선하는 구체적 실천방안을 논의한 결과 도심내 공원정비를 하나의 과제로 선정하였다. 도심내 공원정비가 아젠다로 선정되는 과정은 먼저 지역선정(maping), 욕구조사(10대들 욕구 조사--일기 등), 지역조사(환경 등), 선정위원회(조사 결과 논의)를 거친 결과물이다.

4) 사회운동과 운동 사례

MacNair 등(2000)은 미국 아프리카 아메리칸 운동, 여성운동, 동성애 옹호운동 등 사회운동의 변천사를 살펴보았는데, 그 결과 이들의 역사는 직선적인 궤적으로 그리는 것은 아니지만 유사한 경로를 보이면서 변화해 왔다고 본다. 그 경로는 동화(accommodation/assimilation)-규범적 대립(normative confrontation)-파괴적 대립(disruptive confrontation)-분리(separatism)-반성적 자조(introspective self-help)-다원적 통합(pluralistic integration)이다.

동화는 주류 문화에 따르는 것으로 지역복지활동가는 동화과정에서 개인에게 미치는 긍정적, 부정적 영향을 고려할 수 있는 리더십을 발휘해야 한다. 규범적 대립은 정치적 로비활동 등 합법적 통로를 이용한 로비활동을 의미하며, 활동가는 로비활동을 위한 사회정책적 지식을 활용할 수 있다. 파괴적 대립은 합법 공간을 넘어선 투쟁활동을 말하며 활동가는 옹호적 역할을 수행할 수 있다. 분리는 주류집단으로부터의 탈피를 통한 독자 공간으로의 고립을 말한다. 반성적 자조는 다양한 자조활동의 전개를 의미하며, 활동가들의 집단지도실천이 요구된다. 다원적 통합은 주류문화로의 통합을 의미하며, 활동가들의 사회연대에 기반한 지역복지활동이 다원적 통합활동을 도울 것이다.

사회운동은 정상적 정책결정과정에 영향을 미칠 수 있는 통로가 제한되어 있을 때 많이 발생하며, 사회운동에의 참여규모는 정책결정의 영향력에 중요한 기준이 된다. 사회운동에의 참여 규모는 어떤 기준을 사용하는가 그리고 누가 측정하는가에 따라 차이가 난다. 일반적으로 신문을 위시한 대중매체가 사회운동의 중요성과 참여규모를 결정하게 된다. 그러나 언론매체는 매체의 특성에 따라 다루는 사회운동이 다르며, 엘리트 관련 사회운동에 대한 관심이 높다. 그리고 급진적 사회운동은 부정적으로 묘사하고, 현상 유지니 대중들의 정책 지지도가 높은 사회운동을 선호하며, 이러한 사회운동에 대한 편견은 참여규모 추정에 영향을 미친다. 따라서 사회운동 참여규모 추정을 정확하게 하기 위해서는 관련단체의 직접관찰, 다양한 언론매체, 전국 단위 신문, 지역거점신문, 정기간행물, 전문 저널 등을 동시에 고려해야 한다(Swank & Clapp: 1999).

성공적인 사회운동 사례로 홈리스운동을 들 수 있다(Kline etc.: 2000). 이 사례의 특성은 학계와 실천현장의 연대에 기초한 운동이 진행되었다는 사실이다. 1987년 미국 미시간 주 앤아보 지역 홈리스 운동 조직(HAC) 활동에는 미시간 대학교 학생들의 적극적인 동참이 있었다. 그들은 경제개발 위주의 시 정책에 따른 노숙자 주간보호시설 폐쇄에 맞서 노숙자들과 함께 그들의 주거 마련을 위한 운동을 전개하였다. 1989년-1994년까지 계속된 운동을 통해 지방 건축정책이 친성장 정책으로 이를 지역사회 친화적인 정책으로 전환되어야 함을 강조하였다. 실천활동의 근거를 제시한 이론은 브라질 교육학자겸 활동가인 파울로 프레리의 실천교육론이다. 프레리는 교육자나 지식인들은 사회변동에 대한 교육이 아니라 사회변동을 위한 교육을 할 것을 주문하고 있다. 그리고 전문성, 분파 학문에 기반한 전문성 담론 위주의 학계문화는 진보적 지식인들조차도 그들이 투쟁과정에서 동참의 대상으로 생각하고 있는 사람들을 배제하게 하는 결과를 초래할 가능성이 높다고 경고한다.

Kahn(1994)은 뉴저지 지역 주민조직 사례연구를 통해 구조개혁의 조직화에 대해 논하고 있다. 1969년 월세비 인상을 반대하는 뉴저지 주민조직은 집주인들의 자의적 퇴거조치를 금지하는 법안의 마련 이후 '선거전략'을 통해 친세입자 후보 격려, 후보자 교육효과 등의 성과와 지역차원의 입법화(local rent control laws)를 통해 지역주민들의 관심 고양, 의식화 고양과 조직 구성원 확대의 결과를 가져왔다. 그러나 집주인들도 월세 통제의 합법성 여부를 문제삼으면서 집주인들을 위협하는 재산세를 이슈화하여 그들을 조직화하였다. 집세 문제는 궁극적으로 조세제도의 개혁으로 연결되어, 이를 위한 지역 연대모임이 만들어졌다.

사례연구를 통해 먼저 조직 구조를 살펴보면, 조직의 리더는 대다수 지역세입자 조직 지도자들이며, 일부 공익변호사들이 참여하고 있으며, 재원은 자체 조달하고 있다. 조직구성 상의 문제는 세입자의 이사비율이 높으며, 일정 성과 후 탈퇴하는 조직원(free rider)들이 늘어난다는 점이다. 그리고 중산층 백인 노동자계층의 주도로 저소득층 소수민족집단의 참여가 미흡한 문제가 있다. 지도력의 경우 다양한 출신성분에도 불구하고 주도권은 백인 중산층이 가지고 있으며, 초기 주도권은 공고했다. 1970년대 중반 이후 조직이 관료화되고 전문가 주도로 바뀌며, 외부자금에 의존하게 되면서 위기를 맞게 된다. 그러나 1970년 후반 다시 초기 진보적 인사들이 주도권을 회복하게 된다. 조직의 관료화는 조직 유지 욕구와 근본적 조직의 목표 달성 과제 사이의 긴장을 야기 시킨다. 초기 성공을 보장하였던 선거전략은 민주당 정책의 보수화로 딜레마에 봉착해 있다. 그리고 근본적으로 주택시장이 시장경제 시스템에 의존하는 이상 주택의 탈상품화 시도는 한계가 있으며, 정부의 공공정책의 확대를 통한 주거권리의 실현이 과제가 된다.

5) 지역사회 협의체 변화와 집단 활동

지역사회조직의 협의체의 변화는 조직내부 변화(collaborative empowerment)와 조직외부 개선(collaborative betterment)이 동시에 고려되어야 한다. 협의체의 조직내부 구조는 조직의 크기, 의사결정의 집중도, 제공되는 서비스의 복잡성, 조직간 기능분화의 정도, 조직간 활동의 긴밀도 등의 5가지 요인에 의해 결정된다. 오늘날 미국의 지역사회는 서비스 제공의 지방 위임, 지역적 불평등, 분야별 서비스 제공기관의 분화에 따른 서비스 조정, 협동의 필요성 증대, 민영화로 인한 시장에 의한 서비스 제공의 확대 등의 특성을 가지고 있다. 협의체의 발전사례를 살펴보면, 먼저 3단계로 나누어 단계별 접근이 필요하다(Mulroy, 2000). 첫 단계는 접근단계(access)로 중심조직 대표들로 운영위원회를 구성하고, 최소한의 행정조직을 만들며, 제공할려는 서비스의 틀을 만든다. 둘째 단계는 분화단계(differentiation)로 운영위원회에 참여단체를 확대하고 서비스 이용자대표를 포함시킨다. 서비스의 내용을 확대하고 서비스간 연계를 강화하며, 서비스를 제공하는 직원들과 지역주민들간의 파트너십이 만들어진다. 셋째 단계는 연계단계(connectiveness)로서 서비스 이용자들 간에 비공식적 사회적 지지망이 만들어지며, 운영위원회에 서비스 이용자 대표들의 참여가 확대되며, 운영위원회는 운영에 적절한 최적의 규모로 구성된다. 제공되는 서비스들의 연계망이 확대되며 점차 제도화된다. 본 사례 연구를 통해 유연한 조직구조의 유지, 지역의 특성 고려, 강력한 비이윤추구 서비스 기관의 역할의 중요성을 알 수 있으며, 마지막으로 작은 규모로 시작하는 것이 협력작업의 용이성과 갈등 최소화를 위한 초창기 참여인원 제한을 가능하게 하여 협의체 활동의 성공 가능성을 높여 주었다.

Gillespie & Nackerud(2000)는 조지아주 Dawson 카운티 사례연구를 통해 지역 차원에서 범주적 사회복지서비스의 대안으로 지역사회 협의체 모델을 통한 서비스 제공을 제안하고 있다. 협의체는 협동, 통합과는 다르다. 협동이 개별기관의 목표를 견지한 채 서로 도움을 주는 것이라면, 협의체는 참여 기관들이 공동 목표를 추구하며, 재정자원의 공동 책임, 협의체 활동을 지원하는 정책 협상 등을 고려한 근본적 변화를 요구한다. 지역사회 협의체 활동에는 현재 제공되는 서비스 협의, 협의체 참여 기관 경영자의 지지, 지역사회 지지를 위한 측정할 수 있는 결과 마련, 새로운 기관 환영, 비전의 명료성 제시, 활발한 토론 등이 요구된다. 아동/가족에게 서비스를 제공하는 조지아주 협의체 평가는 결과 책임성, 관리 권한, 혁신적 구조, 행정 능률화, 자원재구조화의 기준에 의해 이루어졌다.

사회사업가들의 목표달성의 한 방법은 정책결정과정에 이익집단을 활용하는 것이다. 지역복지운동 역시 다양한 형태의 집단(풀뿌리 집단, 전문가 집단, 이익집단 등)의 주도로 이루어진다. 그런 의미에서 지역에서 활동중인 집단에 대한 이해는 필수적이다.

Hoefer(2000)는 지역복지정책과 관련된 이익집단의 활동에 대한 경험적 연구를 통해 이익집단활동에 대한 이해의 폭을 넓혀주고 있다. 이익집단의 영향력이 엄청난 것에는 그 이유가 있다. 무엇보다 유급 직원을 두어 그들과 관련된 정책결정과정을 항시 관찰하며, 정책의 변천을 장기적으로 추적한다. 정책과 관련된 정보에 대한 접근성이 뛰어나며, 선거과정에서 이해관계를 관철시킬 만큼의 구성원을 확보하고 있다. 그리고 인적, 물적 자본이 풍부하다. 그가 이익집단에 대해 조사한 내용은 사회복지와 관련된 이익집단의 수, 이익집단의 규모(직원 수, 회원 수 등), 회원 충원 방법, 정책결정과정에 영향을 미치는 활동, 집단 지도자의 평가 등이다. 이익집단활동 가입동기는 아이디어 옹호, 집단성원의 견해를 정부에 제시, 공적인 일에 참여 기회 제공, 전문가 동료 사귐 순으로 나타났다. 중요하게 생각하는 전술에 대해서는 관료와 접촉, 입법부(의원) 접촉, 여론을 위해 대중 매체 접촉 순으로 나타났으며, 관료, 입법부를 통한 직접 정책 결정에 영향을 미칠 수 있는 방법을 간접적인 방법(소송, 집회, 선거과정 개입)보다 더 중요하게 고려하였다. 이익집단의 지도자들은 자신들의 집단활동에 대해 대체로 효과적인 것으로 평가하고 있다. 본 연구 결과 이익집단 활동의 실천적 원리는 집단중심 활동, 비전 제시를 통한 성원 충원, 관료/입법부를 통한 직접전술 사용, 선도적 활동, 목표달성을 위한 현실적 접근법 채택 등이다. 사회복지실천에서 중요한 원리 중 하나는 '서비스 이용자'가 있는 곳에서 실천활동을 수행하는 것이며 풀뿌리 지역복지조직의 경우 이 원칙을 충실히 수행한다. 그러나 동시에 칸(1991)이 언급한 대로 전술이 누구를 대상으로 하고 있으며 그들에게 영향을 미칠 수 있는 전술이 무엇인지를 파악하는 것이 중요하다. 그런 의미에서 이익집단 활동의 주 대상은 행정관료와 입법부 의원들이며, 이들에게 영향을 미치는 주요 전술은 "우호적이고 비공격적인" 방법이다.

6) 풀뿌리조직 활동과 사회복지활동가 권한 강화

풀뿌리조직에서 지도력 특히 토착 지도력 개발은 중요한 과제의 하나이다. Zachary(2000)는 풀뿌리조직 지도력 개발의 비전과 방법에 대해 논하고 있다. 자원활동을 기반으로 하는 풀뿌리조직의 경우 통제와 지시에 근거한 권위주의적 지도력은 적절한 방법이 될 수 없다. 지도자는 개인의 아니라 풀뿌리조직을 통해 권력을 부여받아야 하며(지도력에 대한 집단 중심적 접근법), 조직활동을 통해 구성원 개인들에게 참여의 동기부여가 이루어져야 한다. 집단 중심적 지도력 개발 프로그램 연구 결과 다섯 가지 요인이 논의되었다.

첫째, 지도력 개발 프로그램은 '지도자들의 적극적 참여'를 통해 이루어져야 한다. 교육 중에 지도자들 집단의식이 만들어져야 하며, 교육의 중심이 가르치는 사람이 아니라 교육받는 지도자집단이 되어야 한다.

둘째, 권한의 공유가 이루어져야 한다. 교육 프로그램의 주제와 내용 작성에 함께 참여해야 하며, 교육생들의 욕구와 경험이 존중되어야 한다. 그리고 교육생 집단 내 행동원칙도 교육생 스스로 함께 만든다.

셋째, 참여의 문화를 활성화한다. 대부분 교육은 일방적인 강의보다는 토론식으로 이루어지며, 공유와 경청을 통해 활성화된다. 유사한 문제를 고민하고 있다는 동지의식은 그들에게 감정적, 심리적 안전감을 가져다 준다.

넷째, 집단내 연대감과 평등의식을 개발한다. 특히 교육자와의 관계에서 교육자 역시 특정 분야의 전문가에 이며, 그 역시 실수를 할 수 있다는 것을 인정함으로써 교육생들과의 거리감을 좁혀주고 상호간에 결속감을 강화시켜준다.

다섯째, 교육자들 사이에 집단의식을 강화하여 도전의식을 심어준다. 교육 과정에서 상호지지, 상호 존중, 신뢰감을 증진시킨다.

Robinson과 Hanna(1994)는 유명한 풀뿌리 운동조직(IAF)의 활동에 대한 사례연구를 통해 지역복지교육에의 함의를 제공하고 있다. IAF는 1940년 알린스키가 시카고에 설립한 단체로서 갈등론적 입장에서 지역조직화에 접근하고 있다. 이 조직이 개발한 일반 모형과 특정 기술은 주요 지역운동교육기관에서 채택하고 있다. 1972년 알린스키 사후 조직을 지도한 Chambers는 지역조직가 대상 교육훈련을 제도화하는 데 집중하였다.

IAF 목표는 체계적 교육훈련을 통해 '지도자'를 양성하는 것이다. 구체적으로는 지역 조직과 계약을 맺고 지역단위 이슈를 다루는 능력을 고양시키는 것이며, 이 경우 지역차원 조직의 핵심은 교회가 담당하였다. IAF에는 비기독교 조직들의 참여, 그리고 사안에 따라 지역 노조의 참여도 있지만, 대체로 중앙 노조연맹(AFL-CIO)과의 실제적 관계 형성은 아직 이루어지지 않았다. 그리고 다른 조직적 네트워크와도 관련성이 없다.

IAF의 조직화 방식은 가치 지향적이다. 이것은 하나의 조직은 공동 "가치"를 기반으로 조직화된다는 것이다. 사회정의를 실현한다는 교회의 공통된 가치지향이 조직의 결성을 쉽게 이룰 수 있게 해 주었다. 많은 지역에서 지역차원의 문제해결은 어느 정도 이루어 내고 있으며, 점차 주 정부 차원으로 범주를 확대하고 있다. 그리고 연방정부 차원의 논의를 위해서 연 4회 분기당 모임을 지속하고 있다. 모임에서는 조직간 관계, 시민참여 문화의 이슈를 다루고 있다. 조직의 기본 철학은 실용주의와 타협, 유대-기독교 윤리와 미국식 민주주의 지향이다. 지역에서 조직화 방법은 빈곤, 불의에 관심을 갖는 교회지도자들이 먼저 지역사회의 역사, 문화 등에 관한 인식을 확대시킨 후, 실천조직을 만들어 일반적으로 2-3년 기간 내 1,000여 명의 회원을 확보하여 이들의 문제를 해결하기 위한 지속적인 공공 감시자의 역할을 담당하게 한다.

이때 이뤄지는 교육훈련은 조직가 과정과 조직 지도자 과정으로 나누어지며, 지도자 과정의 경우 10일 집중 교육훈련이 대표적이다. 10일 교육훈련은 숙련된 선임 조직가가 주도하는데 집단 토론, 역할 놀이, 일대일 모임, 실천기술 숙지훈련 등으로 이루어져 있다. IAF의 교육훈련에서는 기본 가치로 권력(power), 자기이해(self-interest), 공적 영역과 사적 영역과의 관계(public and private spheres)의 3가지 가치를 중요시한다. 권력은 관계적(호혜적, 공유된) 권력을 추구 해야하며, 지역사회 권력관계에 대한 분석이 필수적이다. 그리고 인간의 자기보존과 자기희생 사이의 긴장에서 균형은 결국 개인의 가치지향에 의해 이루어지며, 조직의 제도화된 자기이해에 대한 인식이 필요하다. 공적 영역과 사적 영역의 구분은 필수적이며, 교회는 교회 구성원의 가족으로서의 사적 영역이 아니라 지역사회 속에서 공적 영역으로서 간주되며 지역운동의 중심이 된다. 3가지 기본 가치 외에 관계, 지도력, 책임성, 문제와 이슈, 긴장, 분노 등의 가치가 교육훈련의 기본을 이룬다. 구체적인 조직화 기술로는 행동, 일대일 면담, 모임 결성, 평가, 전략적 계획, 개별 반성 등이 있다.

IAF의 눈부신 성공에도 불구하고 방법론과 전략상의 난점도 역시 존재한다. 무엇보다 교육위주의 방법론의 한계로 교회조직에 참여하지 않는 사람들, 즉 대도시 지역 이외의 교회, 교회 내 성직자를 반대하는 사람들이 배제되어 있다. 그리고 교회를 기반으로 활동하는 것의 대가로 현존 교회와 사회구조를 그대로 인정해야 하는 문제와, 지나치게 지역차원의 이슈만을 다루는 한계가 있다. 둘째, 조직의 지도자는 대부분 여성들인데 이들은 공적 영역에서의 문제해결에는 성공했지만 개인 차원에서 가족에의 관심은 배제되었다. 셋째, 중요한 문제의 근원인 인종, 여성, 문화에 대한 적극적 고려가 이루어지지 않았으며, 그 결과 가사일의 공론화에는 실패했다. 마지막으로 지역 사회 내 타 집단과의 관계를 강조했음에도 불구하고 실제 타

집단과의 관계 맺음이 미흡했으며, 때로 적대적이기까지 하였다. 그것은 타 조직을 불신하여 타 조직의 성공사례 조차도 관심을 보여주지 않았다. 향후 IAF 조직발전을 위해서는 학계와의 교류를 포함하여 타 조직과의 고려를 통한 협의체 구성노력이 필수적으로 요구된다.

3. 한국 지역복지실천과 과제

1) 한국 지역복지실천 현황

우리나라에서 본격적인 지역복지활동의 뿌리는 1970년대 이후의 대도시의 대규모 재개발사업을 위한 강제 철거에 맞선 철거민들의 운동에 두고 있다. 안정적인 주거 마련을 위한 지역복지운동은 선진국의 경우도 최근까지 중요한 이슈로 제기되고 있으며(Kline, etc.: 2000; Kahn: 1994), 주거복지 이슈는 우리나라에서도 도시빈민들의 주요 투쟁 과제가 되고 있다. 도시 철거민운동은 1990년대 지역자조운동으로, IMF경제체제 이후에는 지역실업극복운동으로 계승되었다. 1990년대 중반 이후 도시빈민지역을 중심으로 나타난 주민자조형 지역복지운동(관악주민연대, 노원 나눔의집 등)은 자활공동체 사업으로 확대되었다. IMF가 가져온 경제위기는 전국적으로 자활사업의 확대를 가져왔으며, 자활후견기관 활동은 중요한 지역복지활동의 사례가 된다(8장 참조). 지역을 중심으로 한 실업극복운동도 활발하게 이루어졌다.

정보통신기술의 발전을 지역복지활동에 활용하는 방안이 활발하게 모색되고 있다. 정보화와 사회복지활동과의 관계에 일찍이 관심을 두고 꾸준히 연구해온 한덕연은 온라인상의 가상조직형 복지관[58]을 제안하였으며, 실제 성공회대학교의

늘푸른복지관(http://evergreen.skhu.ac.kr) 개설에 일조하였다. 그 외 전통적인 사회복지기관과는 다른 지역사회를 대상으로 전문적 서비스를 제공하는 사회복지벤처조직들도 선보이고 있다.59)

2) 한국 지역복지의 과제

지역복지의 과제를 크게 4가지 차원에서 모색해 보았다. 지역문제 해결의 주체로서 지역사회 재인식의 필요성, 지역복지활동 영역의 확대와 적극적인 연대활동의 모색, 지역복지 교육훈련의 강화, 지역복지 연구활동의 변화와 확대가 그것이다.

(1) 문제해결의 주체로서 지역사회 변화

지역복지활동가와 같은 거시실천가는 사회복지학의 오랜 전통인 '환경 속의 개인'의 관점에서가 아니라 '개인이 활동하는 환경으로서의 지역사회'의 관점에서 지역사회 문제에 개입해야 한다. 무엇보다 자신이 살아가는 지역사회, 활동하는 지역사회에 대한 전문가가 되어야 한다. 지역사회 역사, 지역사회 사회/경제/문화적 특성, 공공부문과 민간부문, 전문복지활동, 교회 등 비영리복지활동, 풀뿌리 운동조직, 지역사회의 인적, 물적 자원 등에 대한 관심과 지식을 보유해야 한다.

지역사회 역할의 재발견은 현재 우리 사회가 처해 있는 심각한 지방 소외 현실의 근본적인 변화에서 출발해야 한다. Wagner(1995)는 복지 제공의 주체를 국가와 시장에 한정하는 것이 아니라 지방정부, 지역단체 등 지역사회까지 확대하고 있다.

---

58) 가상복지관은 건물이 없어서 외형상 · 명목상은 복지관이 아닌 것 같으나, 특정 지역사회를 대상으로 실제 복지관 사업을 수행하는 조직으로서, 정보시스템을 의사소통과 기록 및 지식관리의 기반으로 하는 사실상의 복지관으로 복지관 자체 건물을 두지 않고 기본적인 사무공간만 둔다.

59) 품 청소년놀이문화연구소(심한기), 한국치료레크레이션협회(채준안), 사회복지조사전문 H&S Research Center(우수명), 나우리정신건강센터(김정진), 정선영 선생님의 "석계나눔터"(정선영) 등이 사회복지 벤처의 예가 될 수 있다.

우리 사회의 경우 복지 제공의 주체인 지역사회의 역할을 재고하는 차원이 아니라 붕괴되고 있는 지역사회 재건을 위한 지역사회의 정체성 회복이 검토되어야 한다.

이를 위해서는 국가발전전략차원에서 지역사회 발전의 주제가 다루어져야 하며, 지역사회 차원에서는 지역주민들에 의한 지역사회 능력강화가 모색되어야 한다. 지역사회복지학의 관점에서는 Rothman(2000)이 제시하는 바와 같이 지역사회 실천현장에 대한 강조는 교육훈련과정에서도 꾸준하게 제기되고, 학생들에게도 지역사회 조직화의 경험이 제공되어야 한다.

(2) 지역복지 활동영역의 확대와 연대활동

현재 지역사회복지관 중심의 단편적이고 미시적으로 이루어지고 있는 지역복지활동의 지평을 넓혀야 한다. 지역 자활활동, 지역 빈민운동, 지역 실업극복운동, 협동조합운동, 기타 지역운동영역으로 지역복지활동의 장을 확대해야 한다. 지역복지활동 영역 확대에는 가상공간을 활용한 지역복지 활동 등 지역복지 벤처조직의 활동도 고려되어야 한다.

복지의 정의도 확대하여 전통적 의미의 좁은 범주를 넘어서서 지역사회 환경, 주택, 교육, 교통 등 지역주민들의 삶의 질을 향상시킬 수 있는 모든 영역에 관심을 두어야 한다. 미국 지역복지실천 동향을 통해 살펴 본 바 대로 지역사회의 삶의 질의 문제는 빈곤과 의료 등 전통적인 사회복지분야에만 한정되는 것이 아니다. 군축과 평화운동(Mary, 1994), 환경운동(Kamininstein, 1995; Kauffman, 1995), 주택문제(Kahn, 1994) 등 다양한 영역에서 사회복지활동가들의 참여를 기대하고 있다. 지역복지활동가들의 일차적인 관심은 일자리 창출, 적절한 의료서비스 등 전통적 의미의 지역복지 욕구를 제공하는 것이 되어야 한다. 이에 더하여 우리나라 지역사회가 직면하고 있는 문제의 현장으로 뛰어 들어 활동의 장을 확대해 나가야 할 것이다.

이때 지역복지활동가는 조직가, 조정 역할, 리더의 역할을 수행할 수 있을 것이다. 그리고 성공적인 활동을 위해서는 지역별, 전국적 활동가의 조직화가 모색되어야 한다. 우리나라에서 사회복지실천가의 조직화 성향은 전문성 지향이 강한 것으로 알려져 있으나, 노조와 같은 좀더 실천적인 조직화의 가능성도 내재되어 있다. 우리의 열악한 지역실천 현장과 주기적으로 발생하는 복지기관의 비리, 인권침해 등의 문제는 전문직 조직화로는 해결이 어려우며, 노조와 같은 좀더 실천적인 조직화를 통해 해결이 가능할 것이다. 희생과 봉사를 강조하는 사회복지현장에서 노조의 이미지는 익숙하지 않으며, 사회복지기관장들의 노조에 대한 인식도 긍정적이지 않다. 그러나 최근 교수노조의 출현 등은 자본주의에서 노조의 원래적 의미가 육체노동자, 정신노동자 모두 포함하여 노동자의 단결권 보장에 있다는 사실을 확인해주고 있다. 사회복지활동가들의 단결권 보장차원과 더불어 사회복지 전문직의 가장 중요한 특성인 사회적 약자를 보호하는 가치지향을 실현하기 위한 조직화가 어떻게 가능할 것인가의 관점에서 노조문제에 대한 제고가 필요하다. 그리고 캐나다 사회복지사들의 50%를 넘는 높은 노조 조직률(Hardina, 1994) 등이 보여주는 의미를 간과하지 말아야 할 것이다.

　문제는 개별 사회복지 조직 차원에서 노조 결성의 어려움을 극복하는 일이다. 이를 위해서는 Wagner(1995)가 제시한 '지역노조' 등의 대안을 중심으로 노조 조직화의 과제를 현실화시키는 데 있다. 성공적인 지역복지활동을 위해서는 지역운동단체들과의 연대활동이 필수적이다. 사회복지 전공, 비전공을 고려하지 말고 복지활동을 수행하고 있는 다양한 실천주체들, 주민자조조직, 교회 등 비영리조직, 지역실업극복단체 등과 연대하여 지역사회 문제 해결에 나서야 한다. 우리 사회에서 지역사회를 이해하고 지역사회 문제해결의 주체역할은 전통적 의미의 사회복지활동가들 보다 기존의 지역활동가들이 담당하고 있는 경우가 더 일반적이다. 이들과 연대하여 지역사회를 변화시키는 데 적극 참여해야 한다.

(3) 지역복지 교육훈련의 강화

이상에 살펴 본 활동이 가능하기 위해서는 지역복지 교육 및 훈련 강화가 필수적이며, 대학의 지역복지 교육의 근본적 개선이 필요하다. 즉 현장에 기반한 교육이 이루어져야 한다. 더 이상 교실에서만 이루어지는 교육으로는 변화하는 지역사회의 다양한 요구에 부응할 수가 없다. 지역사회 활동가들과의 정기적인 교류, 팀 작업, '실천적인 전문가' '전문적인 실천가'를 목표로 현장에 뿌리를 둔 교육훈련 프로그램을 마련해야 한다. Rothmam(2000)의 거시실천 교육방안 연구와 Margolis 등(2000)이 제시한 지역사회기반 교육프로그램 평가 연구는 교육프로그램 마련에 많은 도움을 줄 수 있을 것이다.

Rothman 제안의 핵심은 지역사회활동가들의 지역사회 중심 문제해결 관점, 실천현장에 기반한 교육프로그램 마련, 학생들의 지역사회 조직화 경험 제공 등으로 정리된다. Margolis 등이 제시한 지역사회기반 교육프로그램이란 지역사회의 능력을 향상시키는 것을 목표로 하며, 이를 위한 교육을 위한 실천현장과의 파트너십, 지역사회 현장교육 등의 중요성을 강조하고 있다.

그리고 지역복지활동가들을 대상으로 한 정기적인 교육훈련이 마련되어야 한다. 활동가 대상 교육훈련은 학계와 실천현장, 지역실천현장 연구/교육기관(도시연구소 등)과 협동작업을 통해 마련되어야 한다. Robinson & Hanna(1994)의 풀뿌리운동조직 교육훈련 프로그램 연구, Zachary(2000)의 풀뿌리조직 지도자 대상의 집단중심적 지도력 개발 프로그램 사례연구는 활동가 대상 교육훈련 프로그램 준비에 참고할 수 있을 것이다.

Robinson & Hanna(1994)는 풀뿌리운동조직 지도자 양성을 위한 조직가 교육, 조직지도자교육과정 운영 경험을 통해 집단토론, 일대일 교육, 실천기술 숙지 훈련 등 10일 교육훈련의 특성을 제시하고 있다. Zachary(2000)는 지도력 개발 프로그램은 교육생들인 지도자들의 적극적 참여에 의해 만들어져야 하며, 권한의 공유, 토론식 강의를 통한 참여문화 활성화, 집단내 연대감과 평등의식 개발 등이 고려된다고 보았다.

(4) 지역복지 연구활동의 변화와 확대

그 동안 단편적이고 일반론적인 관점에서 주로 연구되어 오던 지역복지 연구 동향을 실천활동 지향적으로 변화시키며, 다양한 연구 주제들이 다루어져야 한다. 우리나라 지역복지의 역사, 지역복지 모형, 전략, 전술, 지도력 개발, 풀뿌리 집단, 이익집단 활동, 지역사회 협의체, 지역주민들의 권한강화와 지역복지 활동가들의 권한강화, 지역복지 실천가의 조직화, 자활후견기관의 역할 등의 연구 주제들이 심도 있게 다루어져야 한다. 구체적인 사례 연구로는 실천 현장의 사례는 물론이고 지역복지운동을 포함한 지역운동을 정책적으로 지원하는 것을 목적으로 한 도시연구소, 한국주민운동정보교육원의 활동 연구가 필요하다.[60] 협동조합연구소 활동 등에 대한 관심과 연구가 필요하다.

정보통신기술을 활용한 지역복지활동에 대한 연구와 제안이 이루어져야 한다. 그 외 지역복지활동에 실천적 함의를 제공하는 몇 가지 제안은 다음과 같다(http://welfare.or.kr). 첫째, 사회복지 프렌차이즈 경영 도입. 프랜차이즈 경영이란 생산성과 질을 높이기 위해, 나아가 사회복지 프로그램에 대한 대중적 이미지를 개선하기 위해 사회복지 프로그램을 브랜드화, 체인화 하자는 것이다. 열악한 인적, 물적 자원의 현실을 고려하면 적극적으로 고려할 수 있는 방안이라 할 수 있다. 둘째, 복지상품 유통사업: 외부 프로그램 조달.[61] 역시 선도적인 지역복지 관련 프로

---

60) 한국도시연구소(KOCER)는 도시빈민운동, 환경운동, 지역주민운동 등 관련분야에서 활동하고 있는 사회운동단체들과 긴밀히 연계하여 현장운동에서 요구되는 각종 사안에 대해 정책적으로 지원하기 위하여 1994년 10월에 설립되었다. 한국주민운동정보교육원(CONET)은 주민운동의 역사성을 계승하고 발전시키는 가운데, 21세기 주민운동의 가치인 주민자치와 지역사회 공동체를 구현하기 위하여 1996년 11월 29일 설립되었다. 양 단체는 합동으로 지역주민운동 조직가 대상 교육훈련 프로그램을 수행하고 있다.

그램을 적극 활용하자는 것으로 자원의 효율적인 활용과 프로그램 효과성의 고양의 측면에서 고려할 수 있다.

(2003년 작성)

---

61) 한국치료레크레이션협회나 아동학대예방협회, 좋은 아버지모임, 어린이 독서지도회, 장애우권익문제연구소, 한국이웃사랑회, 품청소년문화공동체, 헤모, YWCA, 한가람고등학교, 김제사회복지관 등 앞서가는 곳들의 프로그램을 살펴보고 이것을 전체 사회복지기관에 보급, 확산시키되 중간에서 가공, 유통, 사후관리까지 담당해주는 브로커가 있다면 복지관의 프로그램이 훨씬 다양하고 전문적인 것이 될 수 있을 것이다.

참고문헌

Abatena, H. (1997). "The Significance of Planned Community Participation in Problem Solving and Developing a Viable Community Capability," *Journal of Community Practice*, 4(2), 13-34.

Bischoff, U. M. & Reisch, M. S. (2000). "Welfare Reform and Community-Based Organizations: Implications for Policy, Practice, and Education," *Journal of Community Practice*, 8(4), 69-91.

Boehm, A. & Litwin, H. (1999). "Measuring Rational and Organizational-Political Planning Activities of Community Organization Workers," *Journal of Community Practice*, 6(4), 17-35.

Butler, S. S. & Seguino, S., (2000). "Working in Coalition: Advocates and Academics Join Forces to Promote Progressive Welfare Politics," *Journal of Community Practice*, 7(4), 1-20.

Checkoway, B. (1997). "Core Concepts for Community Change," *Journal of Community Practice*, 4(1), 11-29.

Cohen, B. J. & Austin, M. J. (1997). "Transforming Human Services Organizations Through Empowerment of Staff," *Journal of Community Practice*, 4(2), 35-50.

Colby, I. C. (1997). "Transforming Human Services Organizations Through Empowerment of Neighbors," *Journal of Community Practice*, 4(2), 1-12.

Gillespire, D. M., & Nackerud L. (2000). "A Case Study of Community Collaboration: Georgia's Experience with Local Governance and System Reform," *Journal of Community Practice*, 7(3), 1-20.

Hardina, D. (1994). "Social Action and the Canadian Social Worker: A Study in the Political Economy of the Profession," *Journal of Community Practice*, 1(2), 113-130.

Hardina, D. (1995). "Do Canadian Social Workers Practice Advocacy," *Journal of Community Practice*, 2(3), 97-121.

Hardina, D. (1997). "Empowering Students for Community Organization Practice: Teaching Confrontation Tactics," *Journal of Community Practice*, 4(2), 51-63.

Hardina, D. (2000). "Models and Tactics Taught in Community Organization Courses: Findings from a Survey of Practice Instructors," *Journal of Community Practice*, 7(1), 5-18.

Hoefer, R. (2000). "Human Services Interest Groups in Four States: Lessons for Effective Advocacy," *Journal of Community Practice*, 7(4), 77-94.

Hoefer, R. A., Hoefer, R. M., & Tobias, R. A. (1994). "Geographic Information Systems and Human Services," *Journal of Community Practice*, 1(3) ,113-127.

Jeffries, A. (1996). "Modelling Community Work: An Analytic Framework for Practice," *Journal of Community Practice*, 3(3/4), 101-125.

Johnson, A. K. (1994). "Linking Professionalism and Community Organization: A Scholar/Advocate Approach," *Journal of Community Practice*, 1(2), 65-86.

Johnson, A. K. (2000). "The Community Practice Pilot Project: Integrating Methods, Field, Community Assessment, and Experiential Learning," *Journal of Community Practice*, 8(4) , 5-25.

Kahn, M. (1994). "Organizing for Structural Reform: The Case of the New Jersey Tenants Organization," *Journal of Community Practice*, 1(2), 87-111.

Kaminstein, D. S. (1995). "A Resource Mobilization Analysis of a Failed Environmental Protest," *Journal of Community Practice*, 2(2), 5-32.

Kauffman, S. (1995). "Conflict and Conflict Resolution in Citizen Participation Program: A Case Study of the Lipari Landfill Superfund Site," *Journal of Community Practice*, 2(2), 33-54.

Kline, M., Dolgon, C. & Dresser, L. (2000). "The Politics of Knowledge in Theory and Practice: Collective Research and Political Action in a Grassroots Community Organization," *Journal of Community Practice*, 8(2), 23-38.

Lauffer, A. (1994). "Community Self-Help as Strategy and Outcome: The Examination of Israeli Experience," *Journal of Community Practice*, 1(1), 43-56.

MacNair, R. H., Fowler L & Harris J. (2000). "The Diversity Functions of Organizations That Confront Oppression: The Evolution of Three Social Movements," *Journal of Community Practice*, 7(2) 71-88.

Margolis, L. H., Stevens, R., Laraia, B., Ammerman, A., Harlan, C., Dodds, J., Eng, E., & Pollard, M. (2000). " Educating Students for Community-Based Partnerships," *Journal of Community Practice*, 7(4), 21-34.

Mary N. L. (1994). "Social Work, Economic Conversion, and Community Practice: Where Are the Social Workers" *Journal of Community Practice*, 1(4), 7-25.

McNutt, J. (2000). "Organizing Cyberspace: Strategies for Teaching About Community Practice and Technology," *Journal of Community Practice*, 7(1), 95-109.

Mulroy, E. A. (2000). "Starting Small: Strategy and the Evolution of Structure in a Community-Based Collaboration," *Journal of Community Practice*, 8(4), 27-43.

Popple, K. (1996). "Community Work: British Modeds," *Journal of Community Practice*, 3(3/4), 147-180.

Robinson, B., & Hanna, M. G. (1994). "Lesson for Academics from Grassroots Community Organizing: A Case Study - The Industrial Areas Foundation," *Journal of Community Practice*, 1(4), 63-94.

Ross, L., & Coleman M. (2000). " Urban Community Action Planning Inspires Teenagers to Transform Their Community and Their Identity," *Journal of Community Practice*, 7(2), 29-45.

Rothman J. (1996). "The Interweaving of Community Intervention Approaches," *Journal of Community Practice*, 3(3/4) 69-99.

Rothman, J. (2000). "Collaborative Self-Help Community Development: When Is the Strategy Warranted" *Journal of Community Practice*, 7(2), 89-105.

Rubin, H. (2000). "What Conferences Accomplish for Social Change Organizations: Illustrations from the Community-Based Development Movement," *Journal of Community Practice*, 7(4), 35-55.

Swank, E. & Clapp, J. D. (1999). "Some Methodological Concerns When Estimating the Size of Organizing Activities," *Journal of Community Practice*, 6(3), 49-69.

Telfair, J., & Mulvihill, B. A. (2000). "Bridging Science and Practice: The Integrated Model of Community-Based Evaluation(IMCBE)," *Journal of Community Practice*, 7(3), 37-65.

Wagner, A. (1995). "Reassessing Welfare Capitalism: Community-Based Approaches to Social Policy in Switzerland and the United States," *Journal of Community Practice*, 2(3), 45-63.

Weil, M. (1996). "Model Development in Community Practice: An Historical Perspective," *Journal of Community Practice*, 3(3/4), 5-67.

Zachary, E. (2000). "Grassroots Leadership Training: A Case Study of an Effort to Integrate Theory and Method," *Journal of Community Practice*, 7(1), 71-93.

Morris, Jr., J. A. (1995). "A Leadership Role for Social Work in the Mental Health Transition to Local Care," *Journal of Community Practice*, 2(3), 65-95).

Bayne Smith, M. A., & Mason, M. A. (1995) "Developmental Disability Services to Caribbean Americans in New York City," *Journal of Community Practice*, 2(1), 87-106.

찾아보기

기타

이인재

약력
서울대학교 사회복지학과, 동 대학원 사회복지학과 졸업(문학박사)
현재 한신대학교 인간복지학부 교수, 경기복지시민연대 운영위원장.

저/역서
공저로『참여형 지역복지체계론』,『사회보장론』,『사회복지통계학』
공역서로『지역복지실천전략』등이 있음.

한국지역복지실천론

초판1쇄 인쇄 2004년 8월 24일
초판1쇄 발행 2004년 8월 30일

지은이 / 이인재
펴낸곳 / 사회복지전문출판 나눔의집
펴낸이 / 박정희
주 소 / 서울특별시 관악구 신림1동 1631-19
전 화 / 02-839-7845
팩 스 / 02-839-7846
www.mynanum.com

값 : 15,000원
ISBN : 89-5810-018-4 93330

잘못된 도서는 바꿔 드립니다.